羅光著

形上生命哲學

臺灣學生書局印行

序

研究生命哲學，現已經寫了五冊書，第一冊初本，爲嘗試的冊子，接着就寫了修訂本，再接着又寫了訂正本，越研究越發生了許多問題，乃寫了續篇和再續篇，現在我想該是結束的時候了，寫了一冊形上學綱要訂定了全書的導統和次序，照着這種系統和次序，寫了這本《形上生命哲學》，把兩冊續集中的形上問題的篇章，代替訂正本的篇章，使全部的生命哲學問題，都由生命本身作基礎。

生命哲學由「在」研究「有」，「在」爲具體性的具體的「在」，是動的「在」，而且是內部的自動，所以是生命具體的「在」，也就是「存有」。「存有」的一切問題，都要以「在」爲根基，由「在」出發，認識動作，倫理道德，美和美感，社會國家，最後生命的超越，都是生命的發展，都是「在」即「存有」的動。生命哲學研究這一整串的問題，站在生命的立場遂成了形上生命哲學。

形上生命哲學

目　錄

第二章　創　造……三七

第五章　生命的發展……一八一

附錄

第一章　形上生命哲學

一、中西形上本體論比較研究

1.西洋形上學研究「有」的性

形上學追究宇宙萬物的根本理由，從一切萬物的基本上著想，我們分析宇宙萬物時，從一個人而到人，從人而到動物，由動物而到生物，由生物而到物，由物而到「有」。一切萬物都是有，有以上再不能分析。若不是有，便是無，無則沒有可談。所以「有」，乃是萬物的根本，爲萬物的基本觀念。亞里斯多德和聖多瑪斯便以「有」爲形上學本體論的研究對象。

「有」，這個觀念非常單純。在研究萬物時，分析再加分析，最後剩下這個觀念。在分析時，把特點舉出，把一切的持點都舉出，繼續予以排除，所存下的就只是「有」。

有和無相對立。

然而「有」是一切萬物的根本;不僅是宇宙萬物,就連超越宇宙的精神體,也是以「有」爲根本。因此對於萬物的研究,都要以「有」爲基本。不建立在「有」上的理論和學說,都如同建立在沙灘上的房屋,沒有基礎,經不起批評或辯駁,常要倒下來。

亞里斯多德和聖多瑪斯就在「有」的基礎上建立自己的學說。

「有」是什麼?什麼意義?「有」是「在」。一個物體是「有」,這個物體就在。不在當然不算有。

一個物體怎麼「在」呢?需要兩個因素:一個因素是自己的「性」,一個因素是自己的「在」,「性」是一個物體所以是這物體而不是另一物體的理,「在」是一個物體實際存在。實際存在的有,也稱爲「存有」,即是存在的有。

「理」是抽象的,「在」是實際的。抽象的理怎麼成爲實際的有呢?那或者是「自有」,或者「從他有」。「自有」常是在,「性」和「在」同一,爲一完全的有,爲一絕對之有,也爲唯一的有。「從他有」是從他一實際的有而得存在。追根即是從「自有」者而得有。

「從他有」,在未存在以前,爲一可能之有,乃一「潛能」。由「潛能」而到「現實」，需要一個動力因。宇宙間的動力因環環相結，最後的動力因必是絕對之有。因爲絕對之有爲「自有」，常爲「現實」，不需要另一動力因。

一個實體既然是「有」，便不能是無。有和無相對立，不能同時存在。這便是矛盾律。

一個實體是實際的「有」，這個實際的「有」，包括這個整體，這個整體便是這個整體，不能不是這個整體，這便是同一律。莊子所說的齊物論，認爲大家對於一個客體所講的雖不相同，卻都能是對；因爲人的知識有限，不能認識整體的客體，只認識一部份，一個客體的各部份可以不相同。莊子所說的是關於認識論，不關於本體論。在本體論上一個實際的「有」，只有一個自己，便不能不是他自己。在認識論上，對於矛盾律便加上一句，「在同一觀點上」，對立者不能成立。

一個「有」既然在，爲一實際之有，便應有自己該當有的，否則本體不完全，便不能存在。本體和具體的個體意義不相同，本體是具體個體的基本。例如這個人，人的本體是這個人的基本，他必定要有人之所以是人該有的一切。這就是「眞」。

有了本體所該有的一切，便是一個完全的本體，沒有缺憾，在本體方面便是善的。善是完全Perfection。

不僅有完全的本體，而且本體各份子都各在應在的份，彼此相調協，有次序。

這就是美。

眞美善的基礎，建在本體上，不隨時隨處漂蕩。而且在倫理方面，倫理的美惡也以本體之「有」作根基，因爲倫理的規律，以性律爲根本。

「有」，在具體上爲「存有」，乃一切哲學問題的據點。形上學研究「有」，便是研究宇宙萬物的最後理由。但是「有」是在，「有」是「有者」，「有者」所以有，是因爲「在」，「在」又是什麼呢？西方傳統哲學沒有解釋，海德格的存在論便是想解釋「在」。

2.中國形上學研究「有」的在

中國形上學，儒家的易經，便答覆這個問題。

易經研究宇宙的變易，由宇宙到萬物，從變易而認識萬有。宇宙爲一變易的宇宙，由變易而生萬物，萬物也常在變易，每一物體爲一種變易。「在」便是變易。

「變易」有什麼意義？易經說明宇宙的變易爲「生生」，「生生」爲創生生命。「變易」的因素爲陰陽，陰陽爲兩種動力，陰陽兩動力繼續變動不停，宇宙乃有各種物體。陰陽在每種物體內，仍變動不止。整個宇宙常在變易，每物也常在變易。變易爲生生，每一物爲一生命，易經說：

「一陰一陽之謂道，繼之者善也，成之者性也。」（繫辭上　第五章）

「生生之謂易。」（繫辭上　第五章）

「天地之大德曰生。」（繫辭下　第一章）

宇宙的每一物體，爲一具有內在活動的「在」，這個「在」稱爲「生」，即生命。生命即是說是具有內在的動，內在的動，因陰陽兩動力的動而成。每個「有」或「存有」爲生生。宇宙的變易固然爲創生萬物；每一物的變易爲發展自己的性體，以求自己的成全，便也可以稱爲生生。

西洋形上學在傳統上以「有」爲對象，研究「有」的定律和特性，中國哲學的形上學以「在」（存有）爲研究對象、「在」是動的，是自有的繼續的動，乃稱爲生命、生物，哲學便是「存有」的哲學。

生生的變易，由陰陽兩動力的動而成，陰陽兩動力的變易是以「互輔互成」爲原則，不是互相否定。陽不否定陰，陰不否定陽，陰陽互相輔助，互相調協。例如春夏秋冬，春是陽漸盛，陰漸衰；夏是陽盛陰衰；秋是陰漸盛，陽漸衰；冬是陰盛陽衰。每一季都具有陰陽，彼此互相調劑。

爲能互輔互成，生生的第二原則爲「中庸」。「中庸」的原則是每事恰得其當，陰陽各在所應有份上，爲有中庸，便有時和位的觀念。易經的卦講求時位，每一卦的爻代表位，也代表時，凡是變易都要適合時和地位的境遇，適合者則爲中庸。孟子以孔子爲「聖之時者」，常能「時中」，孔子自己則非常看重中庸。

生生變易的另一原則，爲宇宙萬物「互相連繫，天然和諧。」每一物和另一物，互相連繫，生命不能孤獨存在，整個宇宙連繫在一起，互相溝通。彼此間的連繫，天然具有次序，造成宇宙全體的和諧。

這幾項原則，爲本體方面的原則，爲形而上之道，宇宙變易循著這幾項原則而繼續不停。因此，宇宙萬物繼續生化，形成一道生命洪流，長流不息。

在西洋近代哲學裏，有討論動的哲學。黑格爾以宇宙乃絕對精神的非我，絕對精神循著正反合原則而變易。馬克思以宇宙爲物質，物質常動不停，物質的動以正反合爲原則，建立了唯物辯證論。達爾文的進化論也假定宇宙在變，由變而有進化，進化的出現也由於正反合的規律，乃有物競天擇的原則。至於柏格森認爲宇宙只有動，動是生命創新力的流行，超越時間空間。西洋當代哲學胡塞的現象論，海德格的存在論從「在」研究存有。天主教會的神學教也有從「在」方面講神學。

易經生生變易的原則，稱爲天地人之道，即宇宙萬物的原則。在這原則中含有人生之道。

人生之道，總括一句稱爲「仁」。「仁」是「生」，在宇宙變易中爲生生，在人生活中爲「仁」，易經的天地有好生之德，朱熹以天地之心爲好生，人得天地之心爲心，故仁，仁即好生。天地好生使萬物的生命能夠存在，能夠發揚，能夠繼續。人好生，使自己的生命發揚，也使萬物的生命能夠發揚。孔子說：「夫仁者，己欲立而立人，己欲達而達人。」（論語雍也）中庸以至誠之人，盡性而盡人性，而盡物性，然後贊天地之化育。儒家的聖人乃「肫肫其仁，淵淵其淵。」（中庸 第三十三章）

仁既化育萬物，便和萬物相連繫，張載乃說「民吾同胞，物吾與也。」（西銘）王陽明講「一體之仁。」（大學問）孟子進一步說明聖人「仁民而愛物。」（盡心上）所以仁爲好生，實則廣愛宇宙的萬物。

人生之仁道，既爲「贊天地之化育」，使萬物的生命能夠發展，便是互相互成，而不自相鬥爭，達爾文所講進化由於「弱肉強食」不合理，馬克斯認爲社會進化由於階級鬥爭更不合理。

互助互成要適合時位，這便是孔子的中庸之道。不走極端，以求適宜。孝道在中國實行數千年，孝道的原則不變，孝道的實踐則適合人、地、時。所以孟子的後喪逾前喪，有適宜人、地、位之道。

有中庸，應有次序。儒家最重禮。禮由聖人按照天理而製成，使人的行動都有次序。所以禮爲分，分上下的等級。有了次序，乃能有和諧，和諧爲平安。儒家的家庭爲大家庭制，數十人或數百人同居，然而家中和睦，一片安寧。國家既由家族而結成，國家的幸福就在於國泰民安。

中國哲學的形上學原則，應用於人事，成爲倫理規律，而以形上本體論的生生爲根基。

從中西形上學研究對象的趨勢，就造成中西哲學精神的不同。西洋哲學研究「有」，予以分析，建立原則。西洋哲學的精神便在於求知求眞，就事實的本體深加分析，事事清楚。這種精神導致科學的發達。中國哲學研究「在」，探討在的意義和原則，「在」爲「生生」乃造成儒家發展人性以達生活美滿的境界，而成聖人。這種精神爲人文精神，以求發展心靈生活，求美求善。因此，中國哲學偏重倫理道德。但兩者不相衝突，萬物都是「有」，萬物也都是「生生」。西洋形上學從靜的本體分析「有」，得有各種學術的基本原則，也可以用於中國的學術。中國形上學從動的本體研究「在」，釐定形上的原則，應用於人生。中國哲學可以說是「在的哲學」，也可以稱爲「生命哲學」。

一、中國生命哲學的發展❶

1.原始的生命哲學

原始的哲學思想，常發源於哲學人對具體生活和生活的環境所有的探討，就如易傳述說伏羲作八卦的來由：「古者庖犧氏之王天下也，仰則觀變於天，俯則觀法於地，觀鳥獸之文，與地之宜，近取諸身，遠取諸物，於是始作八卦，以通神明之德，以類萬物之情。」（繫辭下　第二章）原始哲學人探討人類生活之道，以爲君王治民的政則。中華民族的原始哲學思想，從書經裏可以見到。

堯典述說帝命羲和與羲仲、羲叔，掌管人民的生活，配合天象和四時；人民的生活是農耕的生活，四時四方對於農產物有密切的關係。天時、地質，對於人、畜、農作物都有影響。

在洪範篇有「四、五紀：一曰歲，二曰月，三曰日，四曰星辰，五曰曆數。」「八、

❶這一章寫的，也刊載在余所著儒家哲學的體系續編，第十一、中國生命哲學的發展，稍加增刪。

庶徵，……曰：王省惟歲，卿士惟月，師尹惟日；歲月日時無易，百穀用成，又用明，俊民用章，家用平康，……庶民惟星，星有好風，星有好雨。日月之行，則有冬有夏；月之從星，則以風雨。」這一篇所講，關於人民的生活，使「百穀用成，家用平康。」重要的因素，在於歲月日星能夠順時不亂。

這種思想在周禮中也表現明白，周禮所記的官制，是天官、地官、春官、夏官、秋官、冬官，每種官職的職位，不是按照名字去分，而是按照國家的事務去分，但是官制的名稱，就明顯地指示，國家的事務和天時互相連繫。禮記書中則有月令一長篇，記述每月所行的政事，莫不以天時爲準則。禮記月令和呂氏春秋的十二月紀相同，呂氏春秋爲呂不韋所編，屬秦始皇時代的作品，然秦朝並未能遵照月令行政，姑不論月令和月紀的作者是周公或呂不韋，月令的思想則是古代的思想。人君行政總按天時，天時由日月星辰而顯，天時的影響在於宇宙萬物的生命，宇宙萬物的生命，和人的生命相關。立春之月，天子迎春於東部，向上帝祈穀，親載耒耜以耕。因爲在這一月，天氣下降，地氣上騰，天地相合，草木萌動。月令和月紀的思想來自古代，細的節目和禮規，乃是後代秦漢人的作品。這種思想，以宇宙萬物的變化，由春夏秋冬四季而顯，在四季所顯的變化，是萬物的生化過程。

2. 生命哲學的成熟

中國古代生命哲學的思想，到了易經，已經成熟，結成了一種系統。

宇宙一切都在變，稱爲「易」，變易的目標在於生生，「生生之謂易」（繫辭上 第五章），變易的成因，爲陰陽兩元素，陰陽繼續相交，交乃成物，「一陰一陽之謂道，繼之者善也，成之者性也。」（同上）陰陽兩元素各有特性，陽爲剛，陰爲柔；剛爲進，柔爲退；進則動，退則靜；動有進取，靜則迎合；兩種特性互相調協，以成萬物。陰陽的變易，繼續不停，循環運行，如日夜相繼續，如春夏秋冬四季相替換，宇宙乃形同一道生命的洪流，浩浩蕩蕩，生化不息，「剛柔相推，乃生變化……變化者，進退之象也。」（繫辭上 第二章）

易經以卦象代表物形，以爻代表變，以辭解釋變的意義。「聖人有以見天下之賾，而擬諸其形容，象其物宜，是故謂之象。聖人有以見天下之動，而觀其會通，以行其典禮，繫辭焉以斷其吉凶，是故謂之爻。」（繫辭上 第八章）「八卦成列，象在其中矣；因而重之，爻在其中矣；剛柔相推，變在其中矣；繫辭焉而命之，動在其中矣。吉凶悔吝者，生夫動者也；剛柔者，立本者也；變通者，趣時者也；吉凶者，貞勝者也；天地之道，貞觀者也；日月之道，貞明者也；天下之動，貞夫一者也。」（繫

辭下　第一章）「是故易者，象也；象，像也。彖者，材也；爻也者，效天下之動者也；是故吉凶生而悔吝著也。」（繫辭下　第三章）

易經的卦變，代表天地之變，天地之變爲化生萬物；易傳乃說：「天地之大德曰生。」（繫辭下　第一章）天地之變以乾坤爲元素，乾爲生化的開端，易經乾卦彖曰：「大哉乾元，萬物資始，乃統天，雲行雨施，易物流形。……乾道變化，各正性命，保合太和，乃利貞，首出庶物，萬國咸寧。」坤卦彖曰：「至哉坤元，萬物資生，乃順承天。坤厚載物，德合無疆，含弘光大，昌物成亨。」「夫乾，其靜也專，其動也直，是以大生焉。夫坤，其靜也翕，其動也闢，是以廣生焉。」（繫辭上　第六章）乾坤象徵天地、宇宙萬物的化生，全仗天地的合作，乾動坤合。易經泰卦象徵春天，萬物發生，易經泰卦彖曰：「泰，小往大來，亨，則是天地交而萬物通也。上下交而其志同也。」天地相合，風調雨順，農耕和時間空間關係非常大；易經的卦，乃講中正，陽爻陰爻各正其位，易經卦辭常說：「時之意義大矣」。農產物的化生和四季及地域必須配合了時間和空間的意義和生化相連；易經的時間和空間所有的意義由生生去定，而不是由物質的變去定。易經的變易不是物質的變易，因爲變易是生生，即是生命，易經乃稱變易爲神，爲神秘莫測。「生生之謂易，成象之謂乾，效法之謂坤，極數知來之謂占，通變之謂事，陰陽不測之謂神。」（繫辭上　第五章）「範圍天地之化而

不過，曲成萬物而不遺，通乎晝夜之道而知，故神無方而易無體。」（繫辭上 第四章）

「易，無思也，無爲也，寂然不動，感而遂通天下之故，非天下之至神，其孰能與於此？」（繫辭上 第十章）

孔子研究易經，給弟子們講授易經。易經原來爲占卦以卜吉凶，吉凶按陰陽之道去推算，順者爲吉，逆者爲凶，卜吉凶爲知道事情的禍福，有禍則不作事，有福才作事。孔子以禍福不在於事情的吉凶，而在於事情的善惡，善事必得福，惡事必得禍，福禍乃事情的賞報。賞報由上天所定，由鬼神去執行。

孔子既把吉凶和善惡相連，便把易經天地變化之道，延伸爲行爲倫理之道。人乃天地萬物整體的一部份，人生之道乃天地變化之道的一部份。易傳乃說：「易之爲書也，廣大悉備，有天道焉，有人道焉，有地道焉，兼三才而兩之故六；六者非它，三才之道也。」（繫辭下 第十章）。人道和天地之道相連，成爲三才之道。天地之道爲生，人道爲仁。「天地之大德曰生，聖人之大寶曰位，何以守位？曰：仁。」（繫辭下 第一章）仁和生相連。易經乾卦文言曰：「夫大人者，與天地合其德。」大人即是聖人，也即是聖王，聖人之德，在於和天地同具生生之德。

聖人之德既和天地相同，聖人之德的原則也和天地之德的原則相合；天地生生之德由陰陽相調協而成，適合時地而居中正，聖人之德也是陰陽相合，常有中庸。聖人的行動，常以天地爲法。易經的彖辭、象辭和文言，把天地變化之道，常常配合人的行爲。所有的「象曰」，都講君子之道。易經將人的生命連接在宇宙萬物的生命以內，宇宙的生命，乃是一個生命，層次雖不同，但彼此相連；這種思想成爲中國哲學思想的特點，又是中國各家哲學的共同性。

3.中庸禮記的生命思想

孔子在論語裏，祇有一次講到了天的好生，他說：「予欲無言！子貢曰：子如不言，則小子何述焉？子曰：天何言哉？四時行焉，百物生焉，天何言哉？」（陽貨）孔子主張法天，天的好處，在於使四時按序而行，百物乃得生化。這種思想完全和易傳的思想相同。孟子也沒有明確地講生命哲學，但有兩處表明和易經的思想相類。他說：「君子，親親而仁民，仁民而愛物。」（盡心上）「萬物皆備於我。」（同上）

中庸在這方面則較論語說得多。中庸第二十六章說：「天地之道，可一言而盡也：其爲物不貳，則其生物不測。」天地之道總括在一個生字，天地生生有次序，依照物性，而且功能神妙莫測，生生不息，聖人效法天道，易傳曾說聖人以仁配天地之生，聖人和天地合德。中庸乃說：「大哉聖人之道，洋洋乎發育萬物，峻極于天。」（第二十七章）中庸主張人應率性而行，率性爲誠，「唯天下至誠，……能盡物之性，則可以贊天地之化育；可以贊天地之化育，則可以與天地參矣。」（第二十二章）「唯天下至誠……知天地之化育，夫焉有所倚？肫肫其仁，淵淵其淵，浩浩其天。」（第三十二章）與天地參，即是易傳的天地人三才；三才相連，化生萬物。

中庸稱讚孔子，效法天地，與天地合德，具有天地的偉大。「仲尼，祖述堯舜，憲章文武，上律天時，下襲水土；辟如天地之無不持載，無不覆幬；辟如四時之錯行，如日月之代明，萬物並育而不相害，道並行而不相悖，小德川流，大德敦化，此天地之所以爲大也。」（第三十章）這段話和易傳乾卦文言：「夫大人者與天地合其德，與日月合其明，與四時合其序。……」意義相同。孟子曾稱「孔子，聖之時者也。」（盡心下）中庸以孔子和易傳的大人，精神相同，都在於贊天地之化育，使萬物生生不息。

中庸的人生哲學，以率性爲基本原則，性爲人生的根基。人若能率性而行，則能盡性以發展，進而發展人性和物性，以達到贊天地的化育。萬物的性相連，因爲生命相連，發展了自己的生命，就該發展萬物的生命，「己欲達而達人」。

禮記爲戴聖收集的儒家關於禮的文字，月令一篇不足以代表孔孟時代的著作，樂記一篇也不是漢武帝時，河間獻王所收集；但兩篇中的思想則和周代的禮樂思想連繫。月令篇的思想，留在後面去講，在這裏只講樂記的思想。

「天高地卑，萬物散殊，而禮制行矣。流而不息，合同而化，而樂與焉。春作夏長，仁也；秋斂冬藏，義也；仁近於樂，義近於禮。」仁義樂禮相配，象徵天地萬物的生化，萬物有類，生命不同，禮制以別；萬物生命相連，合同而化，樂歌以和。「方以類聚，物以羣分，則性命不同矣。在天成象，在地成形；如此，則禮者，天地之別也。地氣上齊，天氣下降，陰陽相摩，天地相蕩，鼓之以雷霆，奮之以風雨，動之以四時，煖之以日月，而百化興焉；如此，則樂者，天地之合也。」天地相合則萬物化生，爲易傳的思想，樂記篇也表明這種思想。音樂，象徵萬物的生命，同化合流。

是故先王本之情性，稽之度數，制之禮義，合生氣之和，道五常之行，使之陽而不散，陰而不密，剛氣不怒，柔氣不懾，四暢交於中而發作於外，皆安其位而不相奪也。」樂既是和，則須調協，音樂有節奏，有度數，一切合於中道。然後音樂對於人的情感，也能調協，「四暢交於中」。

「是故大人舉禮樂，則天地將爲昭焉。天地訢合「陰陽相得，煦嫗覆育萬物，然後草木茂，區萌達，羽翼奮，角觡生，蟄虫昭蘇，羽者嫗伏，毛者孕鬻，胎生者不殰，而卵生者不殈，則樂之道歸焉耳？」樂使天地昭明，屈生曰區的能夠萌達；有羽翼的能夠奮發，有角無觡的解可以生，以及胎生或卵生者都能不夭傷。樂的意義和功能，便全在生命上。中國古代所以非常重樂，詩經中許多樂章，象徵古代樂曲的興盛，可惜古樂在後代都失了傳，衹留下了這些哲理的文章。

然而樂的直接影響在於人心，樂是因人的情動於中，乃發音於外。「夫樂者，樂也，人情之所不能免也。樂必發於聲音，形於動靜，人之道也。」因此，樂對於人心，非常重要。「君子曰：禮樂不可斯須去身，致樂以治心，則易直子諒之心油然生矣，易直子諒之心生，則樂，樂則安，安則久，久則天，天則神，天則不言而信神，不怒而威致，樂以治心者也」。注曰：「易謂和易，直謂正直，子謂子愛，諒謂誠信，言樂能感人使善心生也。」

4.老莊講生命的發揚

老子爲絕對的自然主義，他說：「天地不仁，以萬物爲芻狗。」（第五章）但是他的自然主義，不是一種呆木的唯物論，而是有情的生化。「致虛極，守靜篤，萬物並作，吾以觀其復；夫物芸芸，各歸其根。歸根曰靜，是謂復命；復命曰常，知常曰明，不知常，妄作凶。」（第十六章）「大道氾兮，其可左右，萬物恃之而生而不辭，功成不名有，衣養萬物而不爲主，常無欲可名於小，萬物歸焉而不爲主可名爲大，以其終不爲大，故能成其大。」（第三十四章）老子以道爲萬物的根源，道不是造物主也不是呆板元素，而是活動的主體，生化萬物，衣養萬物，自己不稱功道寡，自作主人，道的變化之原則，以退爲進，以弱爲強，以往爲復，無爲無欲，任憑自然；人生之道即在於遵守這種原則。「是以聖人欲上民，必以言下之；欲先民，必以身後之。是以聖人處上而民不重，處前而民不害；是以天下樂推而不厭。以其不爭，故天下莫能與之爭。」（第六十章）「我有三寶，持而保之：一曰慈，二曰儉，三曰不敢爲天下先。慈故能勇，儉故能廣，不敢爲天下先，故能成器長。」（第六十七章）老子的哲學看來很消極，實際上則是很積極追求生命的發揚，例如他說有三寶，慈、儉、不敢爲天下先，看來都是消極的品德；但是他說慈則勇，儉則廣，不敢爲天下先則能成器長，則效果都屬於積極的功效；而且若不守執三法，「今舍慈且勇，舍儉且廣，舍後且先，死矣！」可見老子不是求生命的死亡而無爲無欲，乃是以無爲無欲以高度發揚生命，如同他不求小智而求若愚的大智．不求小德而求無仁義的大德，不求小的生命而求發揚生命到極度，如同道之大。

莊子爲一位追求生命的超越境界之哲學家，他的哲學思想是生命流通的哲學。他繼承老子的道之無限觀念，然它著實在氣的實體上。「雜乎芒芴之間，變而有氣，氣變而有形，形變而有生。」（至樂篇）萬物由氣而生，氣通流於萬物，「通天下一氣耳！聖人故貴一。」（知北遊篇）「凡物無成與毀，復通爲一；唯達者，知通爲一。」（齊物論篇）天地一氣，適於萬物；人的生命，由氣而成；人能摒除外面一切形色，生活於氣，人的生命便和萬物相通，在宇宙內可以流通無阻，逍遙自在。「若夫乘天地之正，御六氣之辯，以遊無窮者，彼且惡乎待哉。」（逍遙遊篇）生命的發展，在於一切任其自然，保全天眞。「何謂天？何謂人？北海若曰：牛馬四足，是謂天；落馬首，穿牛鼻，是謂人：故曰，無以人滅天，無以故滅命，無以得殉名，謹守而勿失，是謂天眞。」（秋水篇）天是自然，人是人爲，天眞則是保守自然，莫被人爲所害。

「老聃曰：意幾乎後言，夫兼愛不亦迂乎，無私焉乃私也，夫子若欲使天下無失其牧乎，則天地固有常矣，日月固有明矣，星辰固有列矣，禽獸固有羣矣，樹木固有立矣，又何偈偈乎揚仁義，若繫鼓而求亡子焉，意夫子亂人之性也。」（天道篇）這是老子教訓孔子的話，爲莊子所編造，意思是人性本來仁義，若是有人偏偏以仁義教人，則是自造的仁義，反而亂了人性。

宇宙的氣，運行不息，往返循環，「四時迭起，萬物循生，一盛一衰，文武倫經，一清一濁，陰陽調和。」（天運篇）「萬物一齊，孰短孰長？道無終始，物有死生。不恃其成，一虛一滿，不位乎其形，年不可舉，時不可止，消息盈虛，終則有始，是所以語大義之方，論萬物之理也。物之生也若驟若馳，無動而不變，無時而不移，何爲乎何不爲乎，夫固將自化。」（秋水篇）易經也說萬物的變易是神妙莫測，無爲而無不爲。莊子解釋宇宙萬物的變化，以爲不可解釋，動而不動，變而不變，爲又不爲，乃稱爲自化。「性不可易，命不可變，時不可止，道不可壅，苟得於道，無自而不可，失焉者，無自而可。孔子不出三月，復見曰：丘得之矣！烏鵲孺，魚傅沫，細要者化，有弟而兄啼，久矣夫！丘不與化爲人，不與化爲人，安能化人。老子曰：可！丘得之矣。」（天運篇）萬物化生，純乎自然，鳥類卵生，魚類溼生，細腰蜂化生，人類胎生。有了弟弟，兄長失愛乃哭，一切都純乎自然。因此，人應當知道生化之理，和「化」爲友，才能化人。

人和化爲友，及能大通，和天地爲一。莊子說：「又況萬物之所係而一化之所待乎。」（大宗師篇）和天地相合乃爲一，和人相和則不一。「性修反德，德至同於初。同乃虛，虛乃大，合喙鳴，喙鳴和，與天地爲合，其合緡緡，若愚若昏，是謂玄德，同乎大順。」（天地篇）同乎大順的人便是眞人或至人。「何謂眞人？古之眞人，不逆寡，不雄成，不謨士；若然者，過而弗悔，當而不自得者也。若然者，登高不慄，入水不濡，入火不焚，是知之能登假於道也若此。」（大宗師篇）眞人如同儒家的聖人，代表生命發揚到最高境界，人和天地萬物的生命相通。

5. 秦漢的生命哲學

春秋戰國時期的思想，到了秦朝，已經呈現衰頹的現象；同時戰國時的迷信，也混進了哲學，開始漢朝的陰陽五行思想。法家的學說，因著秦始皇的一統政治，獲得了政客的信任。秦漢的哲學思想，學術的價值很低，但對中華民族的生活，卻影響很大很深。當時的生命哲學思想，可以從呂氏春秋和董仲舒班固以及漢易學者去看，而秦漢的哲學，頗受管子的影響。

管子說：「地者，萬物之本原，諸生之根菀也；美惡賢不肖愚俊之所生也。水者，地之血氣，如筋脈之通流者也；故曰：水具材者也。……夫齊之水道躁而復，故其民貪麤而好勇；楚之水淖弱而清，故其民輕果而賊；越之水濁重而泊，故其民愚疾而垢；秦之水泔最而稽埉，滯而襍，故其民貪戾罔而好事齊；晉之水枯旱而運，埉滯而襍，故其民諂諛葆詐巧佞而好利；燕之水萃下而弱，沈滯而襍，故其民愚戇而好貞，難疾而易死；宋之水輕勁而清，故其民閒易而好正；是以聖人之化世也，其解在水。故水一，則人心正；水清，則人心易，一則欲不污；民心易，則行無邪。是以聖人之治於世也，不人告也，不戶說也，其樞在水。」（水地篇）這種思想可以說是中國哲學思想中獨特的思想，至於看重水，則和老子的思想相近，老子以上善若水，水弱而強。水性不同，所生人物也不同，這種思想在周禮地官篇裏也有，中國歷代也常說山清水秀出美人。

但是管子對秦漢哲學思想影響最大的，是他的陰陽五行思想。他在四時篇說：「是故陰陽者，天地之大理也；四時者，陰陽之大經也；刑德者，四時之合也。」君王在四時所行政令，要與時季相合，不合必招禍。「是以聖王治天下，窮則反，終則始，德始於春，長於夏，刑於秋，流於冬。」這和儒家所說春生夏長秋收冬藏相應，「刑德不失，四時如一，刑德離鄉，時乃逆行，作事不成，乃有大殃。」這種思想和明堂月令相同。在五行篇，管子沒有講金木水火土，但說五行之官和五聲之律，然後說：「六月日生，是故人有大多，大多所以衜天地也。天道以九制，地理以八制，人道以大制，以天爲父，以地爲母，以開乎萬物，以總一統。」大爲大爻，六陽爻爲天，六陰爻爲地，天之數爲九，地之數爲八，人之數爲六，六爲「重三才而兩之」，都是易經的思想。管子分一年的農事爲五段，每段七十二日，則是按五行而分。「五聲既調，然後作立五行以正天時，五官以正人位，人與天調，然後天地之美生。」五時是：木、火、土、金、水，每時七十二日，共三百六十日，後來漢朝易學便以木火金水配四季，土配年的中旬。人和天相合，萬物乃暢茂。

呂氏春秋爲秦朝宰相呂不韋集合賓客的著作所成，書中思想很雜，大都傾向道家。對於宇宙，以氣爲萬物的元素，氣自然而化，化生萬物。氣分陰陽，週遊於天地間，週而復始。在有始覽說：「天地有始，天微以成，地塞以形；天地合和，生之大經也。以寒著日月晝夜知之，以殊形殊能異宜說之。夫物合而成，離而（麗）生，如合知成，如離如生，則天地平矣。」陽清放天微，陰濁故地塞，天地相合，陰陽相麗，萬物化生。

呂氏春秋有十二紀篇，和禮記的月令相同。一年分四季，一季分三月，孟仲季。月的分別，在於陰陽的盛衰，例如：「孟春之月……是月也，天氣下降，地氣上騰，天地和，草木繁動。」「仲夏之月……是月也，長日至，陰陽生，死生分。」「仲秋之月，……是月也……殺氣浸盛，陽氣日衰。」「孟冬之月……是月也，天子始裘，命有司曰：天氣上騰，地氣下降，天地不通，閉而成冬。」「季冬之月，……是月也，日窮于次，月窮于紀，星迴于天，數將幾終，歲將更始，專於農民，無有所使。天子乃與卿大夫，飭國典，論時令，以待來歲之宜。……凡在天下九州之民者，無不咸獻其力，以供皇天上帝社稷寢廟山林名川之祀。……季冬行秋令，則白露早降，介虫爲妖，四鄰入保。行春令，則胎夭多傷，國多固疾，命之曰逆。行夏令，則水潦敗國，時雪不降，冰凍消釋。」在十二紀中，把自然界的現象，人事的作爲，政治的設施，組成一個大系統，根本則是十二個月陰陽的變遷，由陰陽的變遷，引發萬物生命的化生和盛衰，一切都要連繫。

呂氏春秋有名類篇，通常稱爲感應篇。感應是人事的善惡，和天地間的同類之氣，互相感應，產生怪異的自然現象，好的現象爲祥瑞，惡的現象爲災異，預告上天的賞罰。在感應中滲入了五行的思想；五行的思想在戰國時漸漸興盛，鄒衍結集當時流行的迷信，造出五行的次序。把五行的次序和五德五色相配合，以述說朝代的興替，乃有五德終始說，黃帝屬土，色尚黃；禹屬木，色尚青；湯屬金，色尚白；周屬火，色尚赤，繼承周朝的朝代屬水，色尚黑。

五行的次序，在董仲舒的春秋繁露和班固的白虎通義，成了一定的相生相剋次序。「天有五行：一曰木，二曰火，三曰土，四曰生，五曰水。木，五行之始也，水，五行之終也，土，五行之中央，此其天次之序也。木生火，火生土，土生金，金生水，水生木，此其父子也。木居左，金屬右，人居前，水居後，土居中央，此其父子之序，相受而布。」（春秋繁露 卷十一 五行之義 第四十二）這是五行相生的次序，又是五行配四方和中央的佈置。

「五行所以更王何？以其轉相生，故有終始也。木生火，火生土，土生水，金生水，水生木。……五行所以相害者，大地之性，衆勝寡，故水勝火也；精勝堅，故火勝金；剛勝柔，故金勝木；專勝散，故木勝土；實勝虛，故土勝水也。」（白虎通德論 卷三 五行）五行相生相剋的次序，原來就是自然界的現象，五行爲五種自然物體，五種物體彼此有相互的關係。但是漢朝儒者將五行作爲陰陽的五種變化，因而成爲萬物的構成元素。宇宙間無論自然界物體或是人世間的事件，都由陰陽五行而成。五行的次序便成爲一切物體和事件的關係原則，五行也就進入了中國哲學和一切學術思想裏。

漢朝的易學，便是用陰陽五行去解釋易卦。漢易爲氣數易；氣週遊宇宙，化生萬物。氣在宇宙間的變化，有時間的變化，爲一年四季；有空間的變化，爲東西南北。漢易乃以四正卦配四季，以十二消息卦配十二月，以四正卦的二十四爻配一年的二十節氣，以十二消息卦的七十二爻，配一年的七十二候，再以六十卦的三百六十爻配一年的日數，每一卦得六日七分。所謂四正卦，爲坎震離兌，這四卦又配四方，再配五行；春爲東爲木爲震，夏爲南爲火爲離，秋爲西爲金爲兌，冬爲北爲水爲坎，中央爲士。四季代表時間，四方代表空間，陰陽五行代表氣，氣在時空中運行，成爲六十四卦所代表變化，變化的目的，則爲春生夏長秋收冬藏的生生，這是漢易的卦氣說。至於漢易的象和數，則祇用爲占卜；卦象雖也牽涉到六十四卦相生的次序，但過於偏於機械式的解釋，沒有思想的意義。道教在漢末和六朝時，採納卦氣說，造成長生的外丹和內丹方法，按照月亮的盈虛時日，呼吸天地運行的生氣，或修鍊金丹，以求長生不死。

6. 佛教的生命哲學

佛教以萬法爲因緣和合，實際都是空無，沒有眞正的生命；但是大家都以爲萬法是有，這倒若何解釋？佛教各派有各派的解釋，在各種解釋中，有幾個共同點。

宇宙萬物爲一整體，都是人所幻想的，幻想的來由，是人誤信自己爲實有。

我在母胎受孕時，是我在前生所有信我自己爲有的堅強意識，即所謂我執，在前生臨終時不散，輸入母胎。這個信念具有我的生命，以及我以往生活中行爲所結集的果，這些果，成爲我現生生活中的行爲種子。因看這些種子我乃有感覺，乃有知識；但，感覺和知識的事物，全是這些種子所造的。因看這些事物，我乃起愛恨和貪欲，又造成種種惡行爲，留下來生的惡種子。

萬物既是我心的種子所造的，或說萬法唯識，或說萬法唯心，萬物連成一體。而且在人死復輪廻時，可以投胎再生爲人，也可以轉生爲禽獸蟲魚草木石頭。因此，不僅萬物相連，而且都有生命。

爲免除輪廻再生，人要消除相信自我爲有的信念，這個我執消除了，同時相信萬物爲有的物執也就消除，人便進入涅槃，成佛而長生。消除的方法很多，佛教各派的共同點，則在於坐禪消除心中的念慮，在沉默清靜的心中，看到自己的眞我爲眞如。眞如即是佛，即是絕對的實有，也就是我的實體。通常我只看到我的身體，看到外面的事物，沒有見到隱在我和萬物的深處之實體眞如。我若見到心中底處的眞如，便也見到我和萬物都衹是眞如向外表現的形色，猶如大海中的波浪。波浪爲海水的活動，萬物也是眞如的活動，爲眞如生命的一種表現。人若能看清了這一層大道理，人就成佛，歸到眞如本體，消除假我而獲得眞我，和眞如爲一，進入涅槃，「長樂我淨」，永恒生存。

7. 理學家的生命哲學

儒家思想，在孟子荀子以後，消沉了下來，經過漢朝、元朝和隋唐的道家，道教和佛教的刺激，到了宋朝，乃興起了新的儒學——理學。理學爲研究萬物性理的學，上面溯到易經和中庸，旁面則採擷道、佛的觀念，結成儒家人文哲學的形上學。

第一位正式講理學的人，大家都承認是周敦頤。他的思想存在他所作的太極圖說和通書，太極圖說發揮易經的生生，通書則發揮中庸的誠和神。

「無極而太極，太極動而生陽，動極而靜，靜而生陰，靜極復動，一動一靜，互爲其根。分陰分陽，兩儀立焉。陽變陰和，而生水火木金土。五氣順布，四時行焉。五行一陰陽也，陰陽一太極也，太極本無極也。五行之生也，各一其性，無極之眞，二五之精，妙合而凝，乾道成男，坤道成女，二氣交感，化生萬物，萬物生生，而變化無窮焉。惟人也，得其秀而最靈。……大哉易

也，斯其至矣。」（太極圖說 周濂溪集）

我們不談太極和無極的問題，祇看周敦頤的化生萬物的次序，是結集易經和漢易而成。太極而陰陽，陰陽而五行，五行兩男女，男女而萬物。這種變化的過程，乃是一氣的變化過程，一氣而變化爲陰陽兩氣，陰陽兩氣變化而爲五氣，五氣再變化而爲男女二氣，男女二氣交感，乃化生萬物。這種變化次序後來爲理學家所接受，祇是對於太極和無極發生問題，大家不願接納。

通書講五行，「水陰根陽，火陽根陰。五行陰陽，陰陽太極，四時運行，萬物終始。」（通書 第十六）這種思想，和太極圖說相同。所以不能因爲通書不提太極圖，便懷疑太極圖不是周敦頤所作。通書所講，多爲人生之道，講中講誠：「聖人定之以中正仁義，而主靜，立人極焉。」這是太極圖說所說的，通書裏面說：「聖人之道，仁義中正而已矣。守之貴，行之利，廓之配天地。」（通書 第六）兩者的思想完全相合，通書講誠，「誠者，聖人之本。大哉乾元，萬物資始，誠之源也。」（通書 誠上 第一）這個誠，即是中庸的誠，誠爲盡性，也就是易傳所講的生生。

張載的哲學思想，以一氣爲根本，氣的本體爲太虛，「太虛無形，氣之本體。其聚其散，變化之客形耳。」（正蒙 太和）太虛聚而爲陰陽，陰陽再聚而爲五行，五行聚而生萬物。一切都是一氣的聚散。「太虛不能無氣，氣不能不聚而爲萬物，萬物不能不散而爲太虛。循是出入，是皆不得已而然也。」（正蒙 太和）氣自然變化，然氣並不是物質，「凡可狀，皆有也；凡有，皆象也；凡象，皆氣也。氣之性，本虛而神。」（正蒙 乾稱）「氣有陰陽，推行有漸爲化，合一不測爲神。」（正蒙 神化）易傳曾強調天地生生，神妙莫測，應稱爲神。張載以氣的變化，神妙莫測，和易傳所說相同。「感者，性之神；性者，感之體。惟屈伸動靜終始之能一也，故所以妙萬物而謂之神，通萬物而謂之道，體萬物而謂之性。」（正蒙 乾稱）氣聚而成物性，物性具有感應之力，感應非常神妙，雖然有屈伸動靜終始的變化，然常是一氣的變化，故稱爲神，稱爲道。

萬物既由一氣所成，生命彼此相連，互有次序，「生有先後，所以爲天序。小大、高下相並而相形焉，是爲天秩。天之生物也有序，物之既成也有秩。」（正蒙 動物）然而天序天秩，不爲把物分開，而是爲把萬物的次序中合成一個整體，「乾稱父，坤稱母，予茲藐焉，乃渾然中處。故天地之寒，吾其體，天地之帥，吾其性；民吾同胞，物吾與也。」（正蒙 乾稱篇西銘）。這種萬物一體，由人心去體會，「大其心，則能體天下之物。……聖人盡性不以見聞梏其心，其視天下，無一物非我。孟子謂盡性則知性知天，以此。天人無外，故有外之心，不足以合天心。」（正蒙 大心）也就是孟子所說：「萬物皆備於我。」

程顥、程頤、朱熹，三人的生命哲學思想，可以連在一起，用朱熹的思想作代表；因為朱熹繼承了二程的學說，加以擴充。

萬物由理氣二元而成；理，在天地間為同一之理，氣則分清濁。同一之理，為生命之理；氣之清濁程度不同，濁氣為物質性，清氣為精神性。理氣相合時，氣限制了理，故「理一而殊」。氣濁的物體，生命之理不能顯露，呆板不靈普通稱為無生物，氣較清之物體，生命之理可以顯露一部份，成為低級生物。按照氣的清濁程度，生命之理顯露為各種生命。人的氣最清，人心最靈，生命之理可以完全顯露；所以說：「人得理之全，物得理之偏。」

生命之理，在人的心靈生命中完全顯出，朱熹說：「天地以生物為心，天包着地，別無所作為，只是生物而已。亘古亘今，生生不窮，人物得此生物之心以為心。」（朱子語類 卷五十三）這個生物之心，在人稱為仁。「仁者，天地生物之心。」（同上）朱熹以仁不是愛，而是愛之理；仁心，即是生生不息之心。「發明心字，曰：一言以蔽之曰生而已矣，天地之大德曰生，人受天地之氣以生，故此心必仁，仁則生矣。」（朱子語類 卷五）「心即仁也，不是心外別有仁。」（朱子語類 卷六十）

在本體論方面，整個宇宙祇有一個生命之理，有一個運行之氣。運行之氣有情濁，氣和理相結合而成物性，這種性爲氣質之性。氣質之性爲個體之性，個體之性既包含類性，又包含個性。按照中國哲學的傳統，氣的清濁不是對立的兩分法，清是清，濁是濁，而是程度的階梯法，由最濁以到最清。氣和理的結合，是物性的結合，合成本體的物性，不是合成本體的附體；附體則是本體的用，是本體存在後所變化的。因此，氣的清濁不是附加體的區分，乃是本體的區分。氣清氣濁的物體，不是在附加體上不同，而是在本體上不同。生命之理和氣相結合，因看氣的清濁，顯露的程度不同，不是附加體的程度不同，卻是生命本體不同，物體也就不相同。生物之理雖是一個，實際上的生命之理則因和不同清濁之氣相結合，也就彼此相異——「理一而殊」。

在人的生命方面，人得全部的生命之理，因爲人之氣最清，氣清則爲精神性，人的生命便是精神性的心靈生命。人心是仁，仁總攝一切善德，心靈的生命爲仁義禮智信的生命。仁義禮智信發於人心，現於人情，情乃心之動，動而中節即爲善德。修德便在於管制情慾，以守敬爲方法，守敬有內外，敬以直內，義以方外。直內之敬在於守一，專心目前之事，使合於天理。合於天理則誠，誠爲聖人；聖人贊天地之化育，「贊天地之化育，人在天地中間，雖只是一理，然天人所爲各自有分，人做得底，卻有天做不得底。如天能生物，而耕種必用人；水能潤物，而灌溉必用人；火能燥物，而薪爨必用人；財成輔助，須是人做，非贊助而何？」（朱子語類 卷六十四）

朱熹哲學，形上學和人生哲學結成一系統，可以代表中國的儒家哲學思想。理氣連貫一切，理則生命之理，生命便是哲學思想的中心。

王陽明的哲學思想的中心，在於致良知，良知爲心；心不僅是天理，也是一切知識和生命的中心。王陽明以宇宙之物能夠存在，因爲有人心；若是人心不知，物就不存在。一個物體若從未爲人心所知，這個物體就不存在，不是它本體不存在，是在人的知識中不存在，它對於人就等於不存在。一切物體既因人心而存在，人心便連繫一切，成一整體。但這整體不僅是知識方面的整體，在本體生命方面，也是一整體。王陽明在大學問篇中說明「一體之仁」，即一體的生命，萬物的生命，互相連繫，互相依賴，互相靠助。人的生命，須靠動物植物和礦物相維持；人爲生活，須要飲食，須要藥物，就是須要動植礦各種物體。假使動植礦的物體，和人的生命不相連繫，則不但對人的生命沒有益處，更會生害。

清初王船山採取張載的「氣」；氣成萬物。然不以太虛之氣爲不分陰陽之氣，氣之本體就原已分爲陰陽，在太虛中，陰陽之氣處於太和狀態，不顯出陰陽。太和一起變化，陰陽乃顯；因此，王船山主張「乾坤並建」。陰陽變化有變化之理，變化之理爲物性或人性，來自天命。陰陽變化繼續不停，既成一物，在物體以內仍繼續變化，但物體的性由同一天命所降，性乃不變異，物體在體內繼續的變化，仍是同一物體。

物性並不是一成就定，再不變化，「性日生而命日降」，說出「生命」的意義。

戴震講氣化，講生生。「凡有生即不隔於天地之氣化。除陽五行之運而不已，稟有天地之氣化也；「人物之生本乎是。」（孟子字義疏證　卷中）漢朝學者以人之生，稟有天地之元氣，又有由父母而來之本身之氣。戴震主張人有「本受之氣」，又有「資養之氣」。「而其本受之氣，與所資以養者之氣則不同。所資以養者之氣雖由外而入，大致以本受之氣召之。五行有生克，遇其克者則傷，甚則死，此可知性之各殊矣。本受之氣，及所以資以養者之氣，必相遇而不相逆，斯外內為一。其分於天地之氣化以生，本相遇而不相逆也。」（同上）在生化的氣運中，有條理次序，物乃有上下，下種物以養上種物，天地萬物都為養人。「易曰：『一陰一陽之謂道，繼之者，善也；成之者，性也。』一陰一陽，蓋言天地之化不已，道也。一陰一陽，其生生乎？其生生而條理乎？以是見天地之順，故曰：『一陰一陽之謂道。』生生，仁也；未有生而不條理者也。」（原善上）

民國初年，熊十力以佛教的思想，滲入儒家的理學，他說是由佛而回到儒家，然而他的生生思想祇有易經內一點外形，實則內容仍是佛教的思想。他講本體有四種意義：「一、本體是萬理之原，萬德之端，萬化之始。二、本體即對即有對，即有對即無對。三、本體是無始之終。四、本體顯為無窮無盡之大用，應說是變易的，然大用流行，畢竟不曾改易本體固有生生，健動，乃生種種德性，應該說是不變易的，……須知，實體是完完全全的變有萬有不齊的大用，即大用流行之外，無有實體，譬如大海水全成爲眾漚，即眾漚外無大海水，體用不二亦猶是。」（體用篇 頁九）這個本體，實際就是佛教的眞如。本體的變化，是一翕一闢，兩者都是一種動勢，不是易經所說陽動陰合。翕和闢，沒有先後，都是才起即滅，時時都是故滅新生的。翕動以聚成物，然不是形相的物，而是一個動圈，動圈又是虛又是實，非虛非實。動圈因虛而爲一，因凝而爲多；但一和多，刹那生滅相續，其體即是眞如妙性。熊十力認爲這是「大哉易也！斯其至矣。」（體用篇 頁二三八）

近年方東美教授盡力提倡中國哲學，他說：「中國哲學的中心是集中在生命，任何思想體系都是生命精神的發洩。」（方東美演講集 頁七九）儒家哲學以易經爲基礎，易經講變易的生生，變易爲生命的創造力，整個宇宙爲一生命的洪流，長流不息，而又是中正和諧。人生之道繼承宇宙生生之道，趨向於超越宇宙的生活，使精神昇華。然而精神昇華乃是向人心內的昇華，爲內在的超越。人心乃能欣賞宇宙之美，「原天地之美而達萬物之理，以藝術的情操發展哲學的智慧，成爲哲學思想體系。」（原始儒家道家哲學 頁一四）「蓋生命本身盡涵萬物一切存在，貫乎大道，一體相聯。於其化育成性之中，原其始，則根乎性體本初，……要其終，則達乎性體後得，經歷化育步驟，地地實現之。」（中國哲學之精神及其發展 上冊，頁一四九）人得生命之全，人的創造潛能力乃能配天。

牟宗三教授在所著的《中國哲學十九講》第一講〈中國哲學之特殊性問題〉中說：

「中國哲學從它那個通孔所發展出來的主要課題是生命，就是我們所說的生命的學問。它是以生命爲它的對象，主要的用心，在於如何來調節我們的生命，來運轉我們的生命，安頓我們的生命。」（學生書局 民七十二年 頁十五）

8. 結 論

簡單扼要地述說了中國生命哲學的發展，從尚書開始，易經予以成熟，整個中國儒家的哲學思想，以「仁者生也」，予以連貫，成一大系。在目前講儒家思想，甚至中國哲學的現代化，由儒家生命哲學去發展，很能融會當代社會遽烈變化的時勢，又能適應新科學的意義。我現從這方面求儒家思想的現代化。但是中國生命哲學祇有思想的大綱，沒有深入的分析。生活本是活動的，不能加入分析，祇能予以體會。然而體會後，應加以解釋，西方哲學對於宇宙之變化所有的觀念和分析，很可以幫助我們解釋中國生命哲學的意義。

第二章　創造

一、創造

1. 造物主

宇宙萬物有創造主，創造主爲純粹性，絕對性的精神實體。

創造主爲一純粹實體（Purus Actus），自體是純粹的實有，是純粹之成，不含潛能。又是一絕對實體，（Absolut Substance）是完全之有，是全部之有，不含變化，本性完全確定。

純粹性，絕對性的實體，創造宇宙萬物，不能因自身的變化而化生宇宙萬物，不能如同老子所說道生萬物。道的本體渺茫不定，自動自化，化生萬物，道便在萬物內，萬物的本體是道，莊子乃講齊物論。儒家講太極生陰陽兩儀，兩儀陰陽化生萬物，然而儒家沒有講太極爲自有實體，雖然張載講太虛之氣，和老子的道相似，但也沒有講太虛之氣爲自有實體。

創造宇宙萬物的純粹性和絕對性的實體，必定要超越宇宙之上，不和宇宙萬物同性同體，他的本性本體也不能在宇宙萬物以內。爲創造宇宙萬物，創造主不用自己的本性本體，而是用自己的力；這種力，稱爲創造力。

創造力，是絕對實體向外的力，因爲所創造的宇宙萬物是在創造主絕對實體之外。創造力便不是絕對實體的本體，而是本體的向外動力，爲宇宙萬物的最初動力因。若從萬物向上溯，則是最終的動力因。

創造主創造宇宙萬物，是因爲願意以自己的美善分給世人世物，創造力由創造主的意志而發。創造主的意志是全能的意志，由無中創造萬物的質，由無中使萬物存有。在天主教的聖經創世紀第一章說天主造宇宙萬物，每次衹用一個「說」字，天主說「有光」，便有光；說在水中有魚，便有魚；在地上有生物，便有各種生物。這種記述，爲象徵式的記述，「說」字就象徵創造主祇要一願意，發出命令，就由無中生有。所生的有，該當是美善的，因爲是分享創造主的美善，天主教聖經創世紀第一章說：「天主看了所造的一切，認爲樣樣都很好。」（第三十一節）

創造主爲純粹之成，沒有變化，但不是死呆不活的，而且是最靈活的實體，是最神妙的無爲而無不爲的實體。創造主所發出的創造力，便不能是呆板的，是靜止的，而是極強的動力，是繼續的動力；繼續的成，以維持受造物的存在。但是創造主是絕對體，超越時間空間，在創造主方面，創造行動無時間和空間的意義，祇是一個現在。在宇宙萬物方面，則是繼續在時間空間以內完成。

2.創造力

創造宇宙萬有，造物主使用自己的能力，這種能力稱爲創造力。

創造力是天主造物主的能力，聖瑪斯在「神學大全」第一冊、第二十五個問題，討論天主的能力，認定爲一切動力之源，便應有主動的能力，但不能有被動的能力，天主的能力和本體于分別，是本體對外的關係，在天主本體說，天主用能力是用自己本體；在能力所達到外在實體，則是天主的能力的關係。

創造是從無中造有，所造的應有自己的理，自己的質，理質相會成「性」，應有自己的在。造物主造物，這物的理是造物主自己智慧中的理，這物的質，由造物主從無造有，這物的在，由造物主所創造。

造物創造宇宙萬物，用自己的能力，即是用創造力，創造力同天主的本體相合，所以是全能的能從中造有，造物主創造宇宙萬物，是同時造宇宙萬物的「理」「質」

「在」，不是先從自己智慧中的出理，再造質，有了物性，然能造「在」，不是好比一位建築師，先繪圖以收拾建築材料，然後動工建築，造物主造宇宙萬物，則是說「有」，同時就造了這個「有」的「理」「質」「在」。

創造力的創造，不是一次創了物就停止了，因爲所創造的「有」，爲能繼能存在，須要創造力繼續保全，保全就繼續創造，所以聖多瑪斯稱「保全」爲「繼續的創造」。

宇宙萬物在開始創造時，形成一個整體中還沒有個別的物體，個別的物體，個別的物體在後來連續生出，易經稱天地相接，生出萬物，達爾文稱爲進化的生存，實則是創造力的繼續創造，這種繼續創造，可以稱爲創生力。

3. 創生力

創造主以創造力，創造了「宇宙」，「宇宙」化生宇宙萬物，稱爲「創生力」。

創造主以創造力創造了創生力，創生力和創造力相連，不能分割，若一旦分割，創生力立刻消失，整個宇宙萬物也就消失，歸於虛無。兩者相連，不僅是工作的動力相連，而是在「存有」上相連，創生力的一切來自創造力。

創生力既是力，所以是動，而且本體就是動。本體既動，創生力的質，就全體來說是一定的，因爲它不是純粹的絕對體，乃是有限的相對體，有限的體無論多大，也有一定的限度。整體的限度在變化中，不增不減。

創生力的本體，就是整個宇宙，宇宙的本體有限，限度不增不減。但是本體的質，則不是固定的，在最初時，是非常不固定，如同老子所說的「道」，「道之爲物，惟恍惟惚，惚兮恍兮，其中有象，恍兮惚兮，其中有物，窈兮冥兮，其中有精。其精甚眞，其中有信。」（道德經 第二十一章）又如同張載所說的太和和太虛。「太虛無形，氣之本體，其聚其散，變化之無形爾」（正蒙太和）「太和所謂道，中涵浮沉升降，動靜相感之性，是生絪蘊相盪，勝負屈仲之始。」（同上）「氣怏然太虛，升降飛揚，未嘗止息，易所謂『絪蘊』，莊生所謂『生物以息相吹』『野馬』者歟，此虛實動靜之機，陰陽剛柔之始。」（同上）創生力的質，是可由變化而定之質。

創生力的質內有理，爲宇宙萬物之理。創生力的理來自創造力，創造力所授給的理，爲創造主的智慧中之理。創造主爲創造宇宙萬物，自己有創造的計劃，決定創造的目標；這是我們所說的宇宙自然法，易經所說的天道地道。創造主創造萬物，不在一時一刻裡造成，而是由繼續變化所化生，化生有化生之理，每一物有一物之理。中庸說：『天命之謂性。』（第一章）創造主在自己的智慧中，選定一個理念，作爲每種物的性，又規定每個單體的具體之性。

宇宙創生力之理祇是「能」。西洋士林哲學講潛能，潛能爲潛在之能，還沒有成爲現實，但可以成爲現實，潛能不是消極的空虛，也不是消極的幻想，而是積極的可能，這種可能，潛藏在實際的「存有」內，在適當的條件下，由動力因的發動，乃成爲現實。萬物之理潛藏在創生力的質中，創生力不停的行動，當宇宙的實際環境適於一種生物時，這種生物之理潛在宇宙的質中，就由創生力成爲現實。創生力又使宇宙之質，化出適合這種生物之理的質，創生力又使理使質相合，而產生一新的生物。

創生力最重的，是「力」，創生力的力，是宇宙一切變易的發動力，而且又是創化生命的力，創生力由創造力得到「力」，創造力爲力源，不單在被創造時是力源，在整個繼續變化的時間中，從開始到現在，一直到宇宙終窮時，創生力不能脫離創造力，好比電流不能脫離電源。

創生力在開始時，即推動變化，變化的次序和過程，按照創造主智慧所定的自然法進行。變化的進程是漸進的，是前進的，由低級物體到高級物體。由變化而化生「物」，創生力的質所有這種物的理就成爲現實。物的化生祇是化生，不是創造，因爲不是從無中生有，物之理已是創生力的質中的潛能，質是由創生力的質中之原素而合成。原素按性理而結合，結合的原因是創生力，創生力使原素結合，也繼續保持原素的結合，「物」乃能存在。創生力便在每一物體中，是每一物體的具體存在。這種存在是動的，因爲是創生力。易經主張陰陽在物體內繼續變化，王夫之就有「命日降而性日生」的學說，物理學家也說明物體內的原素常是動的。這種動，爲本體內的動，便稱爲生命；易經所以說：『生生之謂易。』（繫辭上 第五章）一個人，他身體的各部份，因着著生命而相結合，若失了生命，身體便分化破裂。一株樹，一朵花，也都因着生命而結合，若是死了，樹枝，花朵就分裂了。一塊石頭，一塊木板，所以成爲一塊，是因爲一種中心力使分子結合而成爲一，失去了中心結合力，石頭或木板也就分化了。這種中心結合力，就是創生力，樹、花、人的結合力是生命，生命就是創生力。

一、宇宙

1.宇宙爲無限之力（能量）

「宇宙係由恒星所構成，星則聚集在無數形狀的銀河中；宇宙中能供我們觀察的物質，其平均密度極低，係屬每十個立方公尺約有三個氫原子的樣子，但這物質卻構成了極其複雜的天體。遠在我們所能看見的每一方向，都有恒星形成的銀河。星是經常在形成中，並且在進化的過程中。銀河也在誕生、發生與死亡中。雖然我們對恒

星的進化，知道的頗不在少，可是對銀河進化的認識，卻少得異常可憐。」❶

「銀河在進化中，劇烈爆炸會引起電波放射，有些銀河現示出曾連續發生數次爆炸的痕跡。銀河構成的星系也在進化。有的是聚合星系，但似乎有數十億年的年齡。準星比最亮的橢圓形銀河尚亮百倍，卻是無敵的極猛烈的能源，所能放出的能量，比太陽高出一萬億倍之多。……光線所定的途徑，受到了物質存在的限制。這導致了對變曲太空的討論。……人類正不斷地努力，以求確定究竟宇宙是敞開和雙曲面的，抑爲密閉而圓形的，休伯爾休麥遜關係與來自天空深處的電波噪音，似乎都在表示圓球而密閉的模型。……宇宙的年齡約爲一〇〇億年。所以據推測，一些特殊的大事態（所謂『大爆炸』），就是在那個時候發生的。」❷

「宇宙大霹靂時所發生的物質和能量，經過不知多少時間，這段時間當中，宇宙是無形無狀的，……到處是一片無法穿透的漆黑，虛無中有氫原子，到處都有稠密的氣體聚集物在成長，而物質所聚結的球體也逐漸緊縮，一氫氣的『雨滴』比太陽還大。而在這些氣球體中，最先孕有了潛伏於物質中的核火，於是第一代恒星出世了，

❶ E. L. Schaztman，宇宙之結構，石衍長譯，廣文書局，下冊，頁三二。

❷ 同上，頁三四二—三四三。

使宇宙充滿了光亮。」❸

宇宙在開始時，是一個氣體，可能爲極大的封閉橢圓形，也可能是大而向外開放形。氣體內具有不可想像的力，發動劇烈的「大爆炸」（大霹靂），漸次形成恒星和銀河。宇宙的大爆炸，由宇宙內的能所發動，就是宇宙的力所發動。『能』和『質』的關係，海森伯在所著的物理學與哲學說：「質量和能量本質上是相同的觀念，所以我們可以說，所有基本粒子都由能量組成。」❹「能量轉成爲物質，使基本粒子的碎片，仍然能夠是同樣的基本粒子，」❺

從自然科學可以取得下面幾個重要的觀念

(1)宇宙是動的，常動，常變化。

(2)宇宙的變，是宇宙共有動力。

(3)宇宙開始時，是一團氣體或星雲，無形無狀，赤黑無光。

(4)由爆發而有恒星，恒星發光。

---

❸ 卡爾沙根　宇宙的奧秘，蘇義穠譯，桂冠圖書公司，頁二〇。

❹ 海森伯　物理學與哲學，頁三七。

❺ 同上，頁三九。

(5)星與星之間，有力的關係，例如光、電波。

(6)光的前進，是曲線形，受中間物質的抗力。

(7)宇宙的物質，由能量而成，都是「力」，物理學以能量代表物質。

(8)宇宙因力而動，由動而化生萬物。

有了上面的基本觀念，我們由哲學觀點來研究「宇宙」，宇宙是一整體，不是多數宇宙，雖然體積是無極的大，銀河中間的距離是無限的遠。銀河彼此以「力」相連繫，宇宙內的萬物，也是以「力」相連繫。

這個動的「宇宙」，由造物主的創造力所造，是一種變造之力，力有無限之大，稱爲創生力。

2.宇宙的質和理

創生力有自己的「質」，就是它的體。創生力的體質，在開始時，因爲是動的質，形狀不定。有如老子所說的「道」，本質渺茫，恍惚窈冥，有精有象（道德經第二十一章）。又如張載所說的「太虛」或「太和」之氣，浮沉升降，絪緼相盪，好似野馬奔馳。（正蒙、太和）老子的「道」和張載的「太和」，都是宇宙的源起，宇宙開始時，體質的形狀不定；但並不是無形，所說的不定，衹就外面形狀而講。宇宙的整體，既然是物質，必定有自己的形。不過，它的形，就外面形狀說，是不確定的；因爲本質形狀若一經確定，則不能本體內起變化而化生萬物。

創生力有自己的理，即是它的本性。創生力的理是動之理，因自己的理而有動的原則，而有各部份結成的次序。

宇宙既由銀河而構成，銀河則由星而構成，星與星之間，銀河與銀河之間具有物質。這些物質的質，和星的質，構成宇宙的質。但也可能，宇宙原始的氣體或星雲，有部份還沒有爆炸而成銀河。這部份原始的氣體，當然也是宇宙的質。宇宙的質，即是創生力的質，也即是包括宇宙萬物的質。

宇宙的理，即創生力的理，是否包括宇宙萬物之理？這就觸到程頤和朱熹的『理一而殊』的問題。程、朱主張天地只有一理，萬物分有道理，分有的程度不同，每物的理便不相同；分有的程度由氣的清濁而定。「理一而殊」的解釋，「一理」是「生命之理」，即是每物「存有之理」。每物所有生命的程度不同，朱熹說因爲每物所得之理，有偏有全。

宇宙既爲一個整體的實體，必定具有自己的理。宇宙因看自己的理，成爲「宇宙」，又因看自己的「理」而變動。宇宙爲造物主所造，宇宙的質和理，都由造物主的創造力而有。創造力創造宇宙的質，走由無中造有；由無造有乃是「創造」的眞正意義，因爲造物主是全能者。創造力創造宇宙的理，不是由無中造有，而是以天主所想之理，給予宇宙。好似一位工程師爲建造一座大樓，使用外面的材料，按自己所想的，構成一建築圖樣，材料是大樓的質，是外面先有的物件；建築圖樣是大樓的理，是建築師內心所想的。天主以外沒有外面的物件，天主以自己的神力創造宇宙的質；天主有無限的智慧，按自己的智慧訂定宇宙的理。天主的創造力創造宇宙，按天主所定的理，由無中創造了宇宙的質。質理相合乃成宇宙。這個宇宙之理，是宇宙本體之理，而不是萬物之理。萬物由宇宙——創生力的變動而化生，萬物之理不包含在宇宙之理以內。「質不能生」，「理不能分」，乃是兩項原則。質是質料，質料按「理」而結合，以成一吻，質不能生理。「理」是非物質性，是抽象性，沒有份子，不能分化。一物之理，不能由他物之理分化而來。因此，在哲學上有「理」從何而來的問題。質——材料，是由已有的材料而來。在抽象方面，「質」是「理」，都沒有來源問題。在抽象方面，只講「質」和「理」是什麼？不講從何而來。在具體上，就要問從何而來？宇宙萬物的「質」，是從宇宙的質而來。中國哲學以萬物的「質」爲氣，氣在具體上爲宇宙的氣，宇宙的氣則是一氣。萬物的「理」，宋明哲學家都以爲理在氣中，朱熹則以理和氣相平，同時存在，沒有先後；但是他沒有講理氣的來源，而且他否定有一個先天的「理」。西洋哲學也沒有注意這問題，因爲西洋哲學講物的本體，是在抽象的形上方面講。只是在講生命的來源，觸到了這個問題。西洋哲學講生物，以生魂爲生物之「理」，生魂爲生命的中心，生魂由何而來？普通說生魂由同類的生魂而來，一株花的生命魂由種子而來，種子的生命由結種子的花而來。可是到了人的靈魂，則發生困難，人的靈魂不可能由父母的靈魂而來，因爲靈魂爲精神體，父母的靈魂不能分，子女的靈魂不能由父母身體所生。天主教士林哲學乃主張人的靈魂由天主所造。天主造靈魂可以有兩種解釋，或是解釋每個人的靈魂，在母胞有孕，天主就造靈魂，胚胞立時有人的生命；或是解釋天主在創造宇宙，開始時就把造生靈魂之能賦予宇宙，造生靈魂之能在適合靈魂生存時，以父母的結合產生受精的卵，卵即生靈魂，卵之能是由造物主天主在宇宙開始時所造。這第二種解釋，也用之於一切物種的進化，上級物種的理，在進化程序中不能由下級物種變化而來，因爲下級不能包含上級。由下級進化到上級之理，這理也是造物主在創造開始時就賦予宇宙，但是困難則在於造物主給予這些物理的理，在創造開始時，具體上賦予恍惚的物質呢？還是只是一種抽象的理論？具體上賦予恍惚的物質，物質本身之理很低，怎麼可以包含高級的理，甚至於純精神靈魂之理？這在理論上很不好講！聖多瑪斯認爲創造是繼續的，因爲宇宙不能自有，須由造物主所在；宇宙又不能自存，須要造物主繼續支持，因爲它的存在由造物主而來，它本身是虛無，不能保持由造物主所得的存在，常繼續依靠造物主的支持，這種支持就是繼續的創造。在天主一面，無所謂繼續，因爲天主超出時間，在宇宙一面則有繼續。爲解釋靈魂的來源，乃用繼續創造的理論去解釋，即靈魂由天主所造。

我本來接受這兩種解釋，可是經過長久的考慮以後，我認爲只有繼續的創造，可以解釋萬物之理由何而來，造物主用創造力創造宇宙的「質」，宇宙以後的變化都在宇宙內運用已有的「質」去變化。在變化時，是創生力在變，創生力常和創造力相結合，從創造力接受變動創生的「力」，也接受各種變動的「理」。王船山曾說「性日常而命日降」，陰陽繼續變化，每種變化都按天降之命而化，性既繼續生，天命也繼續降。創生力常變，按照造物主所定之理而變，理由造物主的創造力而來。每個物體的理，都由創造力而來，每個物之理都不完全相同。就是朱熹說物質之性由氣清濁而來，物的清濁由何而來？朱熹不能答。普通則說「命也」，乃上帝所安排。

宇宙有自己的質，有自己的理，有自己的力，力就是創生力。創生力無限之大，如野馬奔騰，繼續變化，化生萬物。萬物各有自己的質，各有自己的理，各有自己的力。萬物各自的質，都來自宇宙的質；萬物各自的理，各來自創生力所接受由創造力所賦之理；萬物各自的力，來自創生力。

3. 力

中西哲學講宇宙萬物，很愼重地講「性」，講「質」和「理」，然後又講「在」；但都是抽象的觀念。對於具體上一個最重要問題，則都放過不講。西洋哲學以「性」和「在」相結合而成一實體，卻不講「性」怎麼能和「在」相結合。大家以爲「在」是具體性，「性」有了「在」，便實際存在了。但是西洋哲學所講的「在」爲抽象觀念，抽象觀念的「在」，怎麼成爲具體的存在？乃一重要問題。中國哲學朱熹以理和氣相結合成物，朱熹也沒有講理怎麼和氣相結合？這個中西哲學的問題，乃是「力」的問題。

亞里斯多德曾說宇宙萬物的變化，須有四種原因：「質料因」，「型理因」，「動力因」，「目的因」。四因中，以「動力因」爲主因。由「動力因」發動變，使質和理相結合，結合的目的在成有目的之物。「動力因」發動變，以自己的力而發動，由所發的力結合質和理。因此，質和理的結合，或理和氣的結合，由「動力因」的力而結合。亞里斯多德又認爲宇宙萬物能互爲「動力因」，萬物都具有發動變的力，但是「力」由「在」而來，萬物不能自己使自己在，因爲都是相對的有，最後須上溯到絕對自有體（造物主），由絕對自有體而有「在」，也最後出絕對自體而有力。

宇宙整體在動，而且常動；宇宙的力，貫通整個宇宙，又貫通萬物。萬物的力，來自宇宙的力。宇宙的力是創生力，來自造物主的創造力。

整個宇宙是一個創生力，在整個宇宙內動。整個宇宙的質是創生力的質，爲創生力「動」的範圍；創生力在本體以內動。整個宇宙的理爲創生力的理，創生力按照自己的理而動。創生力「動」而化生一物體，將得自創造力所賦予這物體的理和宇宙的一份質相結合，成這物體。化成的這物體有質有理，又因創生力而存在。這物體的存在，保有創生力的力，又常在自體以內變動。因此，物體的存在，都是動的存在。

創生力在物體內的力，使物體的各份子元素按自己的理相結合，又按自己的理而動。例如人的存在，是活動的存在，普通稱爲生命，即是創生的力。人本體的創生力，來自宇宙的創生力。人的創生力的體爲靈魂，靈魂爲人的理。人的理爲造物主的創造力所賦予，經由宇宙的創生力而賦予人。人按自己的理所有的本體創生力，即人的力，爲心靈相合的生命。人的生命使人的心靈和身體相結合，又使身體的各部份相結合。士林哲學以人的靈魂整體在人的整體內，又整體在人的各部份內；這不僅是說人的抽象的理在整體人內，又在各肢體內；而且是說人的具體的理即是人的生命，在整體的人內，又在人的各肢體內。例如我們說一隻手不仁，沒有生命，這隻手已經就不是人的手，而是另一塊物了。若是人的心靈和身體相分離，人就沒有生命，人已經不是人，而是屍體了。一個人的存有，是靠他的「在」，人的「在」爲生命，爲創生力。同樣，一朵花的存有也靠它的「在」，花的「在」也是生命，也是創生力；一朵花沒有生命，就不是花了；花的各部份跟着就要分散。

力在宇宙內，使宇宙各部份相結合而成宇宙，又使宇宙繼續存在，繼續動。力在一物內，使物的份子相結合而成物，又使物繼續存在，各份子不分離，且使物本體帶動，常有變化。

凡是物，都具有自己的「力」，都因力而存在。一塊石頭是因着自己的力而使各份子相結合，一塊石頭又因着自己的力而有內部的動。石頭不會自己分散自己的各份子，常因外面的力而「風化」。石頭在物理學上被說明內部元素常動，也漸起變化。物體因自己的力而有內部的動，就稱爲有生命。生命就是『自己的內動』。

「自己的內動」是按照各物體自己的理，各不相同。有的，在多數物體內有共同點，共同點便構成一類。通常依據「自力內動」的程度，排成一系列的「生命」。朱熹說是由於氣的清濁，生命的理便有表現多少的程度，生命乃有高低。人得生命理之全，生命之理在人內全部表現，人的生命乃最高。究其實，人之理，由造物主所賦予，造物主由創造力經創生力而賦予，人的生命是按照自己的理。人有人之理，人有人之創生力，有人的生命。

中國的哲學，講宇宙的變易，特別注重「力」，以宇宙爲生命洪流。莊子以天地一元之氣，週遊宇宙，貫通萬物，人養一元之氣，和萬物合一而相通。

西洋哲學並不是不注意宇宙之力，然因這個問題進入了造物主的創造問題，應由神學去講。西洋神學有專門講創造的專章，天主教的信仰聲明：『上主，祈所創造的萬物，理當讚美祢；因爲祢藉着聖子，我們的主耶穌基督，以聖神的德能，養育聖化萬有。』(彌撒感恩頌第二式) 聖神的德能，就是造物主的創造力，創造了宇宙萬物，還繼續『養育聖化萬有』。

西洋自然科學的物理學，已經集中在力的「能量」，整個宇宙是一本力學。物質是力，物質的關係是力。整個宇宙是力的交織網，銀河和銀河由力而聯繫，星和星也由力而聯繫。地球上的物體也由創生力的變而化生，又由力而保全，且由力互相聯繫。

我們講哲學，不能放下這種學術研究而不顧，只存留在抽象的觀念上，實際的宇宙是動的宇宙，是變化的宇宙，每一物體也是動的物體，也是變的物體。因此，我們講生命哲學，宇宙爲活的宇宙，物體爲活的物體。

三、時間與空間

1.空　間

我有一個身體，身體常有它的位置。身體在自己的位置上和外面物體相接觸，用手足可以達到的物體，能夠接觸到；用手足達不到的物體，中間有個空缺。我知道這個空缺叫做空間。我抬起頭來看，上面的空間眞大。但當我乘坐飛機時，外面的空間渺渺茫茫，無邊無垠。又當我研究天文時，若多星辰棋佈，地球渺小不堪，太空中的距離用光的速度，也還不能計算。世界眞是多麼大！所謂世界就是空間。

面對這渺茫的世界，我們都要問：空間究竟是什麼？天文學所答的空間只是距離，地理學所答的空間只是面積，哲學上有什麼答覆呢？

假使哲學家以宇宙爲一個極大的實體，空間便是這個實體的本體，宇宙間的萬物只是這個大實體的份子。因此，常聽見有人說：宇宙是一個大宇宙，人是一個小宇宙。這樣說明，空間便是一個實體，而且就是宇宙本身。

假使哲學家以宇宙爲神靈，主張泛神論，空間就成爲神的本體。空間也是一個實體，但不是物質的實體，而是精神的實體。

假使哲學家是唯心論者，既不承認物質世界的存在，也就不承認空間的存在。空間照他們來說，只是一個空名詞。唯心論的康德雖不完全否認物質，然也只承認空間爲天生的一個範疇。

章太炎曾經說：「色塵妄法，對空故有。若無空者，則無色塵之相。假令空是絕無，則物質於何安置？假令時是絕無，則事業於何推行？故若言無空間者，亦必無物而後可。……然則破空而存物，破時而存事者，終不能使邊盡諸見，一時鉗口結舌明矣。果欲其鉗口結舌耶，則取物質事業二者與時間空間同日而撥遮之可也。」❻但是章太炎自己卻是否定時空的：「破我執易，破法執難。如時間有無終始，空間有無方所，皆法執所見。此土陸子靜輩，思之終不了然，實未達唯識之旨，時間者起於心法生滅，相續無已；心不生滅，則時間無自建立矣。空間者，起於我慢，例如同時同地，不能並容二物，何以不容？則因我慢而有界閡，因界閡而有方法；滌除我慢，則空間亦無自建立矣。」❼

但是，空間不能被排除，因爲我是活在空間裏：除非排除了我的身體，才可以

❻ 太炎文錄　初編　別錄　卷三　頁十三——十四。

❼ 同上，頁二。

排除空間，然而又不能肯定空間是實體，否則，我的身體就不能在空間以內；因爲「同時同地，不能兼容二物。」空間是什麼呢？空間是物質「量」的屬性。而且是一種基本的屬性。物質的量使一分子在另一分子以外，不能兩個分子同時在一地，物質便有延伸。有延伸便有面積，有面積便佔空間，這是所謂內在的空間。兩個物體既有面積，兩個物體之間便有距離。距離可大可小，這是所謂外在空間。所以空間乃是距離，有內在的距離，有外在的距離。

空間究竟是不是實在的？

西洋的哲學家，有許多人主張空間是實有的，跟物體不連繫在一起。他們主張有一絕對的空間，中間是眞空。就理論上說，眞空在萬物以前先已存在，在萬物消滅以後也可以存在。宇宙就是這個眞空，萬物就在這個眞空以內。普通的人也常是這麼想，眼睛所看見的也常是這樣。但是我認爲實際上不能是這樣，因爲眞空不能存在。空間由距離而成，距離由界限而成，界限是物體的延伸。沒有物體就沒有延伸，沒有延伸就沒有界限，沒有界限就沒有距離，沒有距離也就不能有空間。

可是有人說：我們可以想像宇宙間只有一個物體，這個物體可以運動，有運動就要變換位置；位置的變換乃是地方的變換，前一位置和後一位置便有距離；因此便有空間，但是照我看來，這個唯一的物體在運動時，只是它自身的空間在動，沒有造成距離。它移動自身的空間，並沒有所謂位置的變換。位置本身是相對的，即是自身的空間和週圍物體的空間所有的關係。若是宇宙間只有一個物體，便只有它自身的空間，而沒有它的位置。不過，人家還可以說，唯一的物體在運動時，自身的空間在變移，變移是要物體以外有空間，物體自身的內在空間才可以移動；那麼，外在的空間並不是兩物體間的距離，實際上可以是眞空；而且內在的空間也可以是眞空，例如一間空房子，可以用泥土塞滿，一點空隙都不留，這個房子在沒有塞上以前，應該是眞空。當然普通說房子裏有空氣，但在科學上現在可以把一個瓶子裏的空氣抽出來，把瓶子弄成眞空。因此，眞空的觀念和事實都可以成立。

我卻要說這是把眞空和空間的觀念弄亂了。所謂空間，並不說裏面有沒有東西，也不是說可不可以容納東西。「內空間」是一件物體的各方面界限彼此中間所有的距離，一件實體的東西所有「內空間」是它的面積，一所空房子的「內空間」是上下左右牆壁和天花板地板中間的距離。這「內空間」是眞空或不是眞空，它的意義不變，例如一個瓶子，在沒有抽出空氣以前和抽出空氣以後，它的「內空間」並不變。假使消除一個物體上下左右所有的界限，眞空的「內空間」也不能成立。「外空間」也應該有距離。整個宇宙按理說就是圓的，不是無限的延伸。在圓的宇宙內，空間無論多麼大，都是星球的距離。至於宇宙唯有一孤獨物體的假設，姑不論這個假設可不可以成立，對於眞空的觀念並沒有證明。因爲唯獨的一個物體，只有它自己的「內空間」，並沒有「外空間」。在它以外既然是絕對的「無」，便一切都沒有，有什麼空間可學呢？

我認爲空間所以然有，乃是多物體所造成。假使宇宙間只有我一個人，其他一切都沒有，那便沒有宇宙，沒有空間。既然有多數物體，自然而然地必定有空間的觀念和事實，不是我們人用想像加上去的。物體越多，空間的觀念越緊要。例如人口問題，常是和空間的問題相連。在澳洲和巴西人口稀少的地方，空間很寬，便不感覺到人口問題。在臺灣地方狹小的島嶼上，人口問題就非常緊張了。

空間可不可以是無限的？

哲學上有所謂絕對的空間，絕對的空間即是上面所說的眞空，不是物質的距離，而是自己單獨地存在。這種絕對的空間，我不承認。空間可以不可以是無限的，和空間可以不可以是絕對的，互相連貫，無限的空間應該是絕對的空間，否則不能存在。這個問題和宇宙是不是無限的，爲同一個問題。古來許多哲人講宇宙無限，現在還有許多人相信宇宙是無限的。但是按哲學的理論說，宇宙既爲萬物的總合，又不是絕對的空間，則宇宙爲一物質性的總合，物質不能是無限的。雖然在數學上，一根直線可以引伸到無限；然這只是數學上的假設。把直線和量的觀念相分離，以直線不是量，而是物質。直線既是物質性物體的平面線，在本體上不能不是物質性的。物質既有分子，量和分子無論怎樣增多，也都是有限的。因此宇宙不能是無限的。同樣，空間既是物質體的距離，物質體不能是無限的，空間也便不能是無限的。整個宇宙應該是圓形的，而不是一個無限的平面。

空間和我的生命很有關係；我的生命既是心靈和身體相合爲一的生命，使是生活在空間裏的生命。空間爲物質間的距離，我生命的空間就是和周圍物體的關係。這些物體可以限制我的生活，因爲我的衣食住行都受這些物體的影響。這些影響造成我生活的環境，結成我生活的文化，給我生活一種造型❽。我的思想，由觀念和成。觀念由感覺的印象抽出，因此，我所有的觀念都含有空間，我沒有一個純精神體的觀念，也不能想像不佔空間的實體。

2. 時　間

對於時間，問題就更難了。

---

❽ 對於空間的哲學問題，可以參考

D. Nys. La notion a' Espace · Louvin · Emile Warmy · editear. 1930 · II ed.

聖奧斯定曾說：「時間是什麼？若沒有人問我，我知道；若有人要我解釋，我就不知道了。」❾

聖多瑪斯也說：「凡有稀微本質的，很難被認識。因此我們不認識它們，不僅是從我們一方面有缺欠，從它們一方面也有缺欠。這一類的事物是……那一切不同時整體存在，卻繼續按著一不可分的標準而存在。在這種事件中『時間』一事。從此，便明白『時間』是很難知道的。」❿

歷代的哲學家對於時間的意見，較比對空間的意見更多更複雜。但是以時間為不實在的意見，常較為引人注意。章太炎曾表示這種意見說：「時若實有，即非唯識。……即自位心證自位心，覺有現在；以自位心望前位心，覺有過去；以自位心望後位心，比知未來。是故心起即有時分，心寂印無時分。若睡眠無夢位，雖更五夜，不異剎那。然則時非實有，宛爾可知。」⓫

有的哲人說，時間只有現在，沒有過去和將來；因為過去的已經沒有了，將來

❾ Augustius. Confesriones. Lib. XI C. 14.

❿ S. Thomas Top. De empore, C. I.

⓫ 章太炎文錄初編　別錄　卷三　頁九。

的還沒有來。有的哲人說，時間只有過去，沒有現在和將來；因爲才說現在，現在就已經過去，好比腳踩河中的水，腳下的水常在流，不能說這一刻的水就是這刻的水，因爲這一刻的水早流走了。

可是柏格森則說時間就是Dure'e「存留」，「持續」，「常住」。「存在」是人的生命，是生命力的長流。長流不能分割，沒有過去現在和將來，結成一個活的「存有」。

士林哲學的學者，把時間分爲「內在時間」和「外在時間」。「內在時間」和實體的「存在」相同，「外在時間」爲變動的次序⑫。

在我看來，「內在時間」爲「存留」或「延續」實際上已超出時間，而是形上本體的時間。時間在通常的意義，是「存留」的計算，即是駐留多久，或存在多久，這種時間是世界物體的時間，稱爲外在的時間。聖多瑪斯曾說：「爲保存物體的存在，天主並不用和創造物體的行動不同的另一種行動，而是用創造行動的延續（continuatio），這種行動沒有變動，沒有時間。」⑬因爲天主也有存在，便也有「存

---

⑫ D Nys, La notion de Temps. Louvain. Imtitut de Thilorophe. 1925.

⑬ S. Thomas. Summa Thcologica I. P. 9. 04. a. l. ad 4um.

留」；所以說天主有時間，天主的時間爲本體的時間，即是存在的延續，精神體的「存在」也是本體的時間，只有宇宙或世界才有外在的時間。

本體的存在，不包括「變」，也不包括久暫，存在就是存在，就是在，就是存留。所以本體的時間沒有久暫的意義，也沒有先後的意義。世界的物體，都是物質性的物體，物質性物體的存在則常變，物質體的變必定有先後，即一變在一變之外，就同物質的一份子在一份子以外同樣，因此物體的存在，在延續上，即走在時間上乃有先後，有久暫，這就是普通所說的時間。

時間的基礎和空間的基礎不相同；空間的基礎在於物質的量，時間的基礎則在於實體的存在。空間因量的延伸而成距離，沒有距離即沒有空間；時間因實體的存在，才有計算，時間的基礎便是存在。存在爲能夠計算，必定要「存留」，沒有「存留」，怎麼可以計算？「存留」從本身上說，是「存在」的延續，即是繼續存在。時間從本身上，也就是存在的繼續。一小時，一天，一年，一世紀，都是代表「存在」的繼續。「存在」的繼續即是「存在」的本身，並不是「繼續」給「存在」加上了一種特性。例如：我繼續生活，就是我生活，我繼續生活和我生活同是一事。這樣說來，「存在」就是「存留」或就是「持續」，「持續」就是時間：也就是說「存在」即是「時間」。然而這種「時間」稱爲「內在時間」，不是普通所說的時間。普通所說的時間，爲計算的次序，為「外在時間」；「內在時間」只是時間的基礎，也就是本體的時間。

凡是「存有」，本性上就「存留」（或持續存在）。既是「在」，就不是「不在」；所以「在」就應該是「存留」是延續不能分割的，是「在」的內在特性。若以時間為「存留」「存在」（即在）便是時間了。但是宇宙間的一切「存在」，所以能夠「存在」，都靠著造物者天主去保全，所以說保全「存在」就是繼續創造「存在」。聖多瑪斯說天主為保全萬物的行動，和創造萬物的行動是同一行動，創造行動沒有「時間」，和受造物體的「存在」一齊「存留」；「存留」就沒有「時間」，這所謂時間，是有先後的「外在時間」。但是這種講法，不是從觀念去講，而是就實體去講。在實際上實體的「存在」就是「在」，「時間」本身就是「在」，所以在實際上「存在」和「時間」相同。

若是實體的「存在」和「時間」相同，精神實體的「時間」和物質實體的時間就不相同了。因為宇宙內的實體都是物質的，不是同時而有，而且物體的存在是變，變有先後，物體的存在有先後。怎麼可以分先後呢？近只能從因果關係去說。然而這種先後只存於因果之間，和因果關係以外的「存在」，不能相分別。因此，便有一問題：是否有一個唯一的「時間」以作標準？換句話說是否有一個唯一的「存在」，以作其餘的「存在」的先後標準？相對的「存有」由絕對的「存有」而來，「絕對存有」的

「存在」，便是一切「存在」的標準。這樣說來，天主乃是絕對的時間了。然而，天主卻又是「永久的」（永遠的），永久的意義，則是一切所能有的一同都有，沒有先後。

因此，時間的本身意義是久，是持續，是存留。爲能久，須要存在，「存在」是時間的基礎，「存在」的本身又是持續，因爲「在」，就是在，「在」的本來意義就是持續存留。時間的本身意義便不是先後的計算，而是「在」，即是持續存在。持續存在本來是「存在」的特性，「存在」的本體是自立的實體（substantia），實體的「存在」便都是持續存在，也就都是「時間」。「時間」便是和實體相同了。

從「存在」的動態去看，乃能得到時間的通常意義。「時間」是什麼呢？是「持續存在的動態」。「存在」的意義也就是在「時間」裏顯明出來。

「存在」的動，乃是「成」，「成」爲「行」，「行」沒有動態。「絕對存在」的「行」爲永久的「成」，所有的「成」一同實現，沒有先後。宇宙萬物則是物質的物體，人雖然有精神性的心靈，卻也有物質性的身體。物質爲量，量有空間，在空間的動有先後，而又有形態。物質體的存在既然常動，動又形成先後，物質體的時間乃有先後的意義。整個宇宙常在動，我們人生活在整個動的宇宙中，人的生命和宇宙萬物的關係，便是動的關係。動的關係在我的意識中，由先後而顯；因爲我爲知道動，是由先後而知道。宇宙萬物的「存在」，便是先後的動，「存在」的時間，也就是動的先後。「內在時間」便形成了「外在時間」，「外在時間」爲動的先後。宇宙萬物的「時間」和「空間」相連；因爲萬物的動，是在空間裏的動。「外在時間」既足空間的時間，時間先後的標準便不能以超於空間的「存在」作爲標準，而要以空間的一種普遍的動作爲標準。我們人類計時的標準，以地球的運動(以往認爲太陽的運動)作標準。「在外時間」爲物質物體的特性，然而又不是和別的特性一樣，附在物體的本體上，而是物體的動的一種形態。可是這種形態和物體的兩種基本特性不可分：一種是動，一種是空間。物體的空間又因動而顯，於是物體的「存在」，就由動的先後久暫而顯;因此「時間」便代表物體的存在了。例如我們人的生命，就由多少年來代表。

整個宇宙，因此是空間和時間，因爲宇宙即是物體的總合，物體由空間和時間而顯；空間和時間就代表宇宙。莊子德充符篇曾說：「今子與我遊於形骸之內，而子索我於形骸之外，不亦過乎。」萬物都在空間以內，不能要求萬物超於時間以外。莊子的寓言則常以萬物超出空間和時間以外。莊子齊物論文說：「天地與我並生，而萬物與我爲一。」莊子是從「道」去說,但也可以從空間時間去說:天地爲萬物的總合；郭象的註釋，天地萬物和我同在一個空間以內，又同在一個時間之中，所以是同一又同一。莊子說：「既已爲一矣，且得有言乎？既已謂之一矣，且得無言乎？」既同在一個空間和時間裏，怎麼還能有分別呢？但若沒有分別，怎麼能是萬物呢？因此，空間和時間都要有「內在」和「外在」的分別。

我生命一開始就要有「空間」。身體無論怎麼小，必定佔住自己的空間，一開始走路，外面的空間就越大越好。生命和時間則連在一起，結束了時間，便結束了生命。可是我心靈的生命，變成了「連續永留」了。這是靠造物主的恩賜。受造的宇宙萬物按本性說是有始有終，沒有無限的空間，也沒有無始無終的時間。

方東美教授曾解釋易經的話「窮則變，變則通，通則久。」蓋時間之眞性寓諸變，時間之條理會於通，時間之效能在乎久。……凡此一切，「皆時間變易之理論條件。」⑭

從認識方面說，人的理性活動，天生就受空間和時間的限制，而且天生就有空間和時間的認識基礎，因爲人是心物合一體，物質的身體天生有量，既有量在活動時，便必定有空間性和時間性。人在認識物體時，天生就從空間和時間去認識。因此一切觀念都含有空間和時間性，人沒有一個純精神性的觀念，這樣空間和時間可以說是天生的認識範疇，也可以說是天生的認知條件。

⑭ 方東美　中國哲學之精神及發展　卷二　頁一四八　孫智品譯　成均出版社　民七三年。

第三章　生命

士林哲學繼續了亞里斯多德的思想，以萬物最後的本體為有，這個「有」是「有者」，海德格更進而稱為「此有者」。士林哲學認定「有」為最後的又最始的觀念，不能加以分析，也不能予以解釋。然而我們總免不了要問「有」究竟是什麼？「有者」究竟怎麼能「有」呢？答說「有」是「在」。「在」又是什麼呢？

中國哲學就解釋了「在」，說「在」是變易，變易為生生，生生為生命。「在」就是生命。但是生命不可以說是「有者」，「生命」是「在」，「有者」乃是「生命者」。這個問題留在後面去講。現在我要講的，則是生命。生命為生生，生生為變易，變易是「在」，變易又是什麼呢？

中國哲學說變易是陰陽的變動，陰陽的變動由於太極或太虛具有激蕩之力。然而陰陽究竟是什麼？若說陰陽是氣。氣又是什麼？我不能接納氣是宇宙間的氣，因為這是物理學，不是哲學。

一、論變易

宇宙間沒有不變易的實體，整個宇宙在變易，每件實體都在變易。宇宙的變易是各種實體變易的總合，在時空內表現，變易的結果，使萬物化生，每個實體的變易，在於發展自己的本性本體，使自己能更成全。普通所稱生物，即是具有內在活動以完成自己本體的物體，所稱無生物，則是沒有內在流動的物體，例如礦物。但是所有物體除絕對實體爲不變者外，一切相對實體都變。相對實體的變不僅在外面受外面動因而有變，體內也由自體動因而變。內有自動因在中國哲學稱爲陰陽兩氣。在物理學上物體的原子因兩種相反之力而常動。從本體論上看，相對實體既有變，變在體內，使本體或發展或銷毀，礦石也有成和壞。因此，宇宙內萬有都有內在之動，內在之動和本體有關，便可以稱之爲「生命」，生命就是變易。

1. 變易的意義

爲正確地解釋生命哲學的意義，必須明瞭變易的煮義，而整個宇宙卻都是變易，變易便不能完全是一種，對於研究變易的工作，形成了很多的因難。我現在就變易的基本理論方面，加以研究。

變易的普通意義，是一個實體在存在上或存在的形態上有所不同，發生了變化。再進一步說，變易就是變化，是從一個形態到另一形態的過程。在普通意義上，變易指著變易的結果；在進一步的意義上，變易指著一個動作。

我們研究變易，是研究變易的動作，就動作說，變易必須有三點不可缺的要件：一、起點；二、終點；三、動因。變易的起點，是「能」，或說「潛能」，普通一般人都知道沒有「能」，決不能行動。狗沒有說話的「能」，就不能說話。終點是「成」，或說「實現」，即是一項「能」，成了事蹟。動因，則是推動「能」以達到「成」，「能」自己不能發動，必定要有另外一種力去發動。這三個要件有一個共同點，即是都必須在已經存在的實體上，否則變易就不能有。

變易的種類很多，就基本理論說：可以分成「本體變易」和「附體變易」；本體變易又分爲「生」和「滅」，附體變易又分爲「量變」和「質變」。「生變」的起點，在另一實體上：「滅變」的終點，在另一或另多的物體上。

2. 能和成的關係

「能」是變易的起點，是變易的根本，沒有「能」，不會有變。「能」可以看爲一種缺點，又可以看爲一種優點；絕對之成，沒有絲毫的「能」，「能」是缺乏，絕對之成沒有變，因爲他是絕對完成，絲毫不缺。相對之成，其有或多或少，或高或低之「能」，「能」是才能，是能力，乃是優點，因爲有「能」，才可以有「成」。「成」是完成，是實現，是「行」，常是善，常是美，因爲「能」而成爲現實，常是一件好事；在存在上說，「成」比「能」要高貴。

但是在性質上，「能」和「成」是相同的，「成」不能較比「能」更高。讀書的成績和讀書的能力，性質是相同的；至於成績的多少，則看讀書者費力多少，不會和讀書之「能」成正比。「人一能之，己百之，人十能之，己千之。果能此道矣，雖愚必明，雖柔必強。」（中庸　第二十章）又「或生而知之，或學而知之，或困而知之，及其知之，一也。或安而行之，或利而行之，或勉強而行之，及其成功，一也。」（同上）

因此，哲學上說「能」限制「行」（成）；因爲「行」（成），在本性上說，是無限制的，是完全的，完成了就不再變，實際上，「行」和「能」相合，「行」常是有限制的，常是相對的，常是這種完成那種完成，這種限制來自「能」；有怎樣的「能」，就有怎樣的「行」（成）。這個受限制的行，本身仍是完全的，按照這個「能」所有的成，完成了；好比朱熹的太極，每一物有一太極，每物之理，是完全的，若不完全，就沒有這物。「能」，本性上是有限的，因爲「能」不是消極的，而是積極的，才能若是消極的就沒有用了，不會有成。積極的「能」若是無限的，那便不是「潛能」，而是「全能」了：「全能」則是代表絕對的實體，摒除一切的「潛能」。至於說老子的「道」，完全不定，可以受任何的決定或限制，而成宇宙的萬物。同樣，張載的太虛之氣，在太和的狀態下，完全不定。按照哲理說，完全不定就不是一實體，更不能有自動之力，自動自化。必須從另一方面去解釋，好似亞里斯多德和聖多瑪斯的「純淨元質」（Materia Pura），可以接受任何元型（Forma）：但動力因來自另一實體。

「能」和「行」相平行，本質變化的生或滅，有「本質能」，附體變化「附體能」，量變有「量能」，質變有「質能」。量變不能變為質變，質變不能變量變，更不能有所謂「類變」，由一類變成他類。

但是唯物辯證論和生物進化論，則否定這種規律。唯物辯證論主張宇宙一切都是物質，量和質的分別，不是本性有不同，祇是型式不同。人的心靈為一種輕微的物質，人的身體則為重濁的物質，心靈的動作也是物質動作，雖常稱為質性動作，然本性上和量件動作並不是完全不相同。因此，唯物辯證論認為從量變而進入質變，沒有本性方面的阻礙，也就可以實現。一旦實現了，出現一種新的「特質」，若「特質」程度高，就可以成一新的種類，物種可以進化。生物進化論所定的路，和唯物辯證論所定的路有些類似，進化論並不一定要是唯物論，然而主張生物肢體的量變達到相當程度，就進爲質變，產生新的特質肢體，特質肢體的特性若是高或是廣，則造成一種新的生物。

就這一個難題，我說出士林哲學的意見。

量，是物質物體的各分子之延伸，一分子在一分子以外，造成物體的空間。量變，則是空間的變易。

質，是實體的特性，常是一項價值觀：實體的本體如何？實體對外的表型如何？實體的功效如何？物質實體有物質的特性，例如堅硬、鬆弛、光澤、粗糙、鋒利。非物質體有非物質性的特性，例如生活力強弱、視力強弱、聽力敏鈍。純淨精神體有純精神特性：如理智、意志。

宇宙間的萬物，通常分爲無生物和有生物。生命本身爲自動自成，係非物質性的。生物卻常有物質的形體，就是高生物—人，也是心物合一體。無生物當然純是物質，一切變動都是物質性的，而且沒有自動自化的「能」。

所謂無生物既是純物質，所有變完全是物質性之變，都是空間之變，由外力所發而成；但不完全是量變，也有質變。物質體，可以變動位置，可以減少結構的分子，發生量變；也可以變成更光澤或更粗糙，也可以變成更美或更醜，發生質變。這種質變可不可以由量變而成？在本質上說，是可以的。例如減少或增加結構的份子，使物體更美或更醜，因爲兩種變都是純物質性的，應該說都是量。

有生物具有自己生命的中心，稱爲魂，又有自己的形體。一個生物之變，都是由魂和形體共同發作，不完全是物質性，也不完全是非物質性；例如一株小草的成長，由枝莖和葉，表現出來，枝莖和葉的長大，是物質性的，枝莖和葉中的生命，則是非物質性的。人的魂爲心靈，乃是精神；人的生命，則由小物相合而成；人的變化，也就是心物合成的。有生物的變化，便不能說是量的變化，因爲有生物的一切變化都是生命的變化，生命不是純物質性的。因此，有生物的變化便應該是質的變化；然而質中含有量。植物和動物的魂，稱爲非物質性的。因爲雖不是物質性的，然不能離開物質而存在，人的魂，則是精神體，離開身體，可以獨自存在。

純淨的精神體，例如天使，是純精神性，所有變化，不能是量的變化，應該都是質的變化，不含有量。

有生物的變，既都是質變，則沒有量變成爲質變的問題；但是不能有類變。類變，是本性的變，一種本性變爲另一本性。因爲在變易中，「能」限制「成」；「能」是性，「成」（行）由性而限制，不是「成」限制性。類變，須要性變，「成」不能使本性變。類，在生物學上和哲學上的區分不相同，生物學的分類，按生命表現的程度而分，區分生物爲高級低級；哲學的分類，按生命的本性而區分，分爲植物，動物，人三大類。因此，從哲學的觀點說：植物不能變爲動物，動物不能變爲人；人當然不能變爲天使。

進化論則主張，生命由無生物而來，生命由最低級到最高級，一直進化到人。爲適應進化論，可以說，造物主在無生物中置有「生命能」，「生命能」含有各級的生命力。人的靈魂則直接由造物主所造。

不過，照普通人的看法，生物進化論的類變並還沒有證明，不用說各種類變的化石，沒有發現，就是所謂人猿頭顱化石，也沒有確實證據。照常情說，既然猿猴變化成人，爲什麼現在還有這麼多的猿猴，怎麼一部份猿猴成了人，一部份卻仍舊千萬年是猿猴呢？所謂弱滅強存的原則，也不見得有證據，現在所發現的動物化石，都是強而大的動物，較現有的動物更大更強。祇有另一項原則，所謂適者生存，則合於實情；然而這項原則並不證明進化論！

3. 動力因

變易由「能」而到「成」（行），須要有動力因去發動，「能」本身是不會動的。發動「能」的動力因，對於純物質性的量變，必定在「能」的主體以外。純物質物的變動由外力而發動。桌子不能自動，要由外力去推動。但是山崩，是外力發動，還是山自己崩呢？山，當然可以受外力打擊而崩，然而有時山突然崩下來，並沒有受外力打擊，這時的山崩不是山自動而崩，乃是山本身維持個體的維持力鬆散了，出的一部份就散開了，這不能說是自動。

有生物的變動，發動力在「能」的本身；因爲有生物的變動，即使是量變，也都不是純物質性的量變，都含有生命，例如身體的胖瘦變動的動力因必應在「能」的本體內，不能是外力，因爲外力只能達到物體的外型，不能達到物體的本體。別人一記巴掌可以使臉變紅浮腫，然巴掌的力，祇及到臉的外層，臉的量變祇是偶然的暫變，不久，即恢復原型。

有生物的動和變都發自生命，是生命力使動，沒有生命，即停止一切動作。無生物沒有生命，便不能有動作。這一點表示動乃是生命的表現。生命來自另一有生命的實體，兒子的生命來自父母，父母又來自父母，追到根底必來自絕對自有生命的實體，即來自造物主天主。無生物被外力推動然後才動，發動的力可以來自生物，也可以來自另一無生物，例如機器，又如大風大雨地震。無生物不是自有的，它的動力也不能自有的，必來自另一物，推源也要到最後的絕對自有生命的實體，即來自造物主天主。這是亞里斯多德講論變動的原因，所提出的結論。所以宇宙間的一切動因，都要來自一個絕對的生命。

4. 個　體

動力因所在的主體，必是一個實有的個體，動力因所發動的變易，也必終止於一個實有的個體。個體是主體，變易是附體，主體即是體，附體即是用，兩者是分開的，不是同一的。體用合一，祇能在存在方面說，即體和用同在一個體中；但在本性方面，則兩者不同。因此，變易必有自己的主體，是一個主體的變易，變易自己不能是主體。易經的易，中庸的中和誠，都不能是主體。

個體有數目，爲多數，例如多數的人。個體的成因普通說是元質（Materia），不是元型（Forma）。元型是類型，每一個種類爲一元型；一種元型有多數同類的單體，是因著元質而成。凡是人，不僅有同一人性（元型），也有同一人性的各項限制，即身體和心靈的限制，每個人都具有這些特性之能。人性成爲個體時，元型和元質相結合，元質便使這些特性有多有少，有高有低。每個人的本體都可以有高低，有美貌，元質使每個人的身體有一定的高度，有一定的美好，即是這麼高，這麼美；這都走數量的計算。就連心靈的特性，也是每個人有幾分聰明，有幾分記憶，有幾分意志力；這也都是數量的計算。沒有元質就沒有單體。元質的限制，並不是消極的排除特性的一些部份，而是積極地使人性可以表現多少，或是可以分享多少。每個人所有的特性，在性質上相同，在量上不相同。不相等的特性，就合成個體的個性。

變易以個性爲根據，根之於實體之「能」，能夠發動多少，能夠接受多少，都以個性爲標準。

變易的起點和終點，可以同在一個主體內：例如我讀書，讀書的動，由我的理智力出發，又終止在我的理智內，出發和終止都以我的理智力爲標準，我可以讀什麼書，我可以得什麼知識，都看我的理智力如何。變易的終點，也可以在另一個主體內，例如我教書，教書的動作，由我出發，終止於聽講的學生，教書的出發以我的理智爲力爲根據，教書的終點，則看聽講的學生每個人的理智力若何。個體所以是變易的主體，個性是變易的根據。

生滅的變易：生，由具有生育能的主體出發，終於新生的個體，生滅的過程常要依附在實體上，例如生子女，父母的精子和卵變而爲胚胎。所以不是從無中生有，不是創造，祇是變易。滅，由主體出發，毀滅了主體，終止於主體毀滅後的實體：例如人死亡的變易，終止於屍體，火燒木材，終止於灰燼：所以不是從有到無，不是滅絕，祇是變易。因爲宇宙內的力，不能達到「有」，祇能達到「在」：不能使無而有，也不能使有而無；祇能使「在」變易型式。

二、存在的行、動、變

1. 存在

存在生命哲學的形上問題那篇文章裡，講到存在即是生命，生命是活的，存在便常在變。存在的實體爲一整體，整體變便產生形上問題，「我整體既有變化，我爲什麼不變成另一個我，或者馬上就死滅呢？理由是，生命是一，我生命的性是一，生命按性而行，我生活常是天命的我生活，天命是一，我便常是我。不死而生，問題尚在。」

我現在就試圖把這個整體變，不死而生的問題，作個解釋。

存在的名詞在拉丁文裡，可以有三種用法：一種是動詞（Existere），例如說「他在，ille existit」；一種是形容詞兼名詞（Existens），例如他說「他是在ille est exiStens」；一種是名詞（Ens），即存在者。哲學上的「存在」，包含這三種意義，不如劃分。

存在的觀念，在我心靈裡爲一個實際的意向性存有，不是虛空的觀念。這個意向性的實有，和外在實體的形式不相同，外面實體的存在，是整體常動的存在，在我心靈裡的意向性存在，則是靜態性和單獨性的存在，祇是存在，不含複雜性，也不含動。

生命哲學就外面實體講存在，存在爲整體，爲動。因此便有存在的動和變的問題。西洋存在論講存有，是講「我」，講人的實際存在。這種存在是個整體，又是一個實際的單體。存在論講「存有」，以「存有」——「我」的特性爲焦慮，爲虛無；焦慮表現「存有」——「我」對上帝的關係；虛無劃分「我」的「人世之有」和宇宙人世的隔離。這都是從存在的關係方面去講「存在」的性質。中國熊十力的新唯識論，以「存有」爲「活生生的實存而有」，「所謂的『生活世界』的生活」一詞，更不只是一般所謂的生活而已，活者，健動不息，生者，源泉滾滾。……生活世界指的是那有本有源、通極於道體，流行充周於上下四方、古往今來而成者。……換言之，人之作爲一個存活者（實存者），他之爲存活（實存）是以其當下的生活感知，即此生活感知而上遂於道也，故此感知經驗非一般認識之經驗，而是一上遂於道的本體經驗，就此「活生生的實存」而說的任何一個「有」（存在），我們說其爲「活生生的實存而有。」❶以與道的本體相連的經驗作爲生活，以有這種生活的存有爲實存，與熊十力

❶ 林安梧。存有、意識與實踐。頁十八，東大圖書公司。

由本體所講生命有些不同，因爲以與道的本體相連的經驗，乃是佛教禪觀和眞如融會的思想。熊十力的存有，可以說有三態：「一是『存有的根源』，這是就其歸本於寂的『寂然不動』之體而說的，它具有無限可能性；二是『無執著性，未對象化的存有』，這是就其本體自如其如的開顯其自己而說的，它是一『感而遂通』所成的世界；三是『執著性、對象化的存有』，這是經由人心靈意識之執取作用所成的世界。」❷這都是套用佛教的思想。

生命哲學所講的「存在」，即是實際存在，也就是每個實體。每個實體具有內在的動，稱爲生命。「存在」便有變動的問題。

爲解釋這個問題，我先解釋這三個名詞：行、動、變。

行，是實體自性的行（Actus），是不由潛能而行的行，是純粹的行（Actus purus）。動，是由潛能而到成的行，稱爲動。變，是有物質性的實體的動，物質性實體具有物質，物質動時則起變化，物質性實體動時必生變化，稱爲變。

❷ 同上，頁二十。

2. 行

實體只有行，而且行是純粹之行，則是絕對的實體，乃是上帝天主。

天主本體是活，本體是生命。

聖多瑪斯分「行」爲兩種：第一行，第二行。第一行爲本體，第二行爲動作。天主的本體是行，天主的動作是天主的本體。❸

聖多瑪斯肯定天主是最大的行又是純淨成全之行，（Cum Deus sit maxime in actu ac simpliciter perfectus……）。❹

因此天主絕對不變。「天主既然是第一存有，絕對單純，本性無限，便是根本不變的」。（Deus cum sit primumens, omnino simplex, et per essentiam infinitus, est simpliciter immutabilis.）。❺

天主絕對沒有潛能，也沒有附體，天主的動作就是祂的本體。天主既是活，必然有行動，天主的行動是本體行動，是「存在」的行，而不是附加體的動。天主存在

---

❸ S.Thomas, Summa Theologica. l.g. XIV. 9.4.

❹ 同上，XVIII.a.3.

❺ 同上，XXV.a.1. c.

的行，不是由潛能到成，而是純粹單純的行。對於這種行，我們沒有觀念，不能想像，祇能由理智去推想，可以懂得。

聖多瑪斯說生命是自動，是向發展自己的自己的自動，他又說生命名詞本來指著本體和存有，即是適合自動本性的本體和存有，有時也可以指生命活動。（Vitae nomen sub-stantiam et esse ilius naturae cui convenit se movere, proprie signifiect; nonnun-quam vero minus proprie vitalem operationem.）❻天主是活，本體是生命，不能停滯靜止，而是行。天主的存在就是行。

3. 動

動，走出潛能而到成的動，但是沒有變，因爲本體爲精神體。這種精神體是天使。聖多瑪斯肯定天使是精神體，不由元質構成，不會朽壞。他說：「那些肯定天使由元形元質構成的人，他們錯了。」（Errant qui angelos ex materia et forma compositos esse affirmant.）❼

---

❻ 同上，I.9.IX. a. I. c.

❼ 同上，I. 9. XVIII. a. 2. c.

聖多瑪斯以生命以理智認識而表現，他肯定天主有理智認識，天主所以有生命；同樣他肯定天使有理智認識。對於天使的理智意識，他問天使的理智認識是不是天使的本體，天主的理智認識是天主本體，其他任何受造物的動作都不能是他的本體，天使的理智認識不能是他們的本體。（Cum solus Deus actus purus existens, sit suum intelligere, nullacujusve creaturae actio est · idem quod substantia ejus; nec etiam ipsum intelligere angelorum idem est substantia ipsorum.）

理智認識是一種動作，不是本體。天使的本體爲精神體，爲天主所造，所以是相對實體，走出潛能而到成。在未受造以前，天使不存在，受造以後是整體的存在。天使的存在爲生活的存在，不是靜止不動的存在。生命爲整體的生命，存在是就整體的存在。天使生活，天使的存在便是動，而且走出潛能到成的動。但是天使沒有物質，不是出元形元質構成，天使存在的動便不帶有變。不過理智認識的動作所得知識，意志情感動作所有的愛，是不是變呢？我們人是心物合一體，理智認識有觀念，情感的愛有印象，這些在人心內都引起變化，因爲觀念或增多減少，情感印象或濃厚清淡。天使爲精神體，他們的理智和情感的動作都是直接的動作，沒有觀念和印象，因此不會引起變化，但是繼續的動。

聖多瑪斯對於天使的理智認識，主張天使認識自己因著自己的本體，認識物質體則因著在物質體內所有的「理」，這種先天的理乃分享天主造物的理念。（Cum angelus sit intelli-giblis subsistens, seipsum per substanti-am intelligit.）❽（angelicum superiores rebus materialibus et corporalibus sint, materialia omnia cognoscunt per species-telligibnes existentes in eis, inquamtum in illis sunt intelligib-iliter.）❾天使沒有感官，不能直接和物質體接觸，祇能在自己本體內的先天理念去認識。對於人世的事件，不能直接知道，祇能在天主的主宰萬物的理念內去認識。天使的認識和情感都是動作，不帶變化。

天使的本體是生命，他們的存在就是生命，生命、是動。天使的動由潛能到成，天使的存在整體是由能到成的動，這種本體的動卻不是生滅，究竟怎麼解釋呢？

生命常是由能到成，每個嬰孩都是由能夠生而生，在生以前不存在。嬰孩的存在，在母胎受孕時，就開始存在。嬰孩的開始存在之能，是在父母的體內，父母則已經是存在者，是「成」。嬰孩開始存在之能，是在「成」內。由「成」之潛能，即父母生育之能，而到「成」，即是受孕。

---

❽ 同上，I.9. LVI. a. 1.c.

❾ 同上，I.9. LVI. a. 1.c.

天使存在的開始，當然不是這樣，乃由天主所造。天使蒙天主創造以後，永久生活。他們的存在是生命，是行動。天使被創造即是「成」，「成」內有生存之能，由能而到「成」，「成」內又同樣有生存之能，再由能而到「成」。這樣繼續行動，繼續生活，繼續存在。發起行動是創生力，天使的創生力來自天主的創造力，創生力常和創造力相連結；創生力繼續發動天使存在的行動。天使的本體爲精神，沒有毀滅的原因，常能存在，存在的行動乃永恆繼續，永恆的行動，不是生滅相繼續，而常是到「成」，即常是「生」，常是生的繼續。

若是質疑，存在怎麼能夠是行動？在理論上，「存在」的觀念即是「在」，不包含行動；在實際上，則是「行動」。實際的行動，不消失「在」，因爲創生力是「一」。

4. 變

宇宙萬物是物質物，人則是心物合一體，物質物的行動，常動物體的物質，凡動物質的動，乃產生變。

聖多瑪斯對於宇宙萬物是否有生命，曾表示意見。他說「因此，本意稱活爲生者，乃是按著某種行動，使自己行動的實體。行動或者指不完全的行動，即指可以存在的潛能，或者指完全的行爲，如同理智認識、感覺。這樣凡自己行動或動作者都是生物。凡不是能自己行動或動作者，不能稱成生物，祇能說相似生物。」（Ex quo patet quod illa proprie sunt viventia, quae seipsa secundum aliquam speciem motus movevt; sive accipiatur,motus proprie sicut dicitur actus imperfecti, id est existentia in potentia, sive actus accipiatur communiter; prout intelligere et sentire dicuntur moveri; ut dicitur; et sic viventia dicantur quaecum-que se agunt ad motum, vel operationem aliquam.Ea vero in quorum natura non est ut se agunt ad aliquem motum, vel operationem,Vivena dici non possunt, nisi per aliquam simlititudinem.）⑩

聖多瑪斯主張能自動者即是生物，具有生命。生命的意義是在有感覺的活動，生命的高尚意義，是理智認識動作。但是凡能自有行動者，無論行動是那一種，都稱爲生物，他所講的生命，是普通一般人和自然科學當然的意見，大家都認爲礦物爲無生物，因爲不能自動。現在物理學則主張凡是物質物體，體內都有自動，而且以自動的量代表物體的特性。我講生命哲學主張創生力在每個物質內不停行動，每個物體都是生物，具有生命，和聖多瑪斯的基本思想相符合。

宇宙萬物和人的存在，本性是動，從不停止。動的發動原因爲創生力。物體動

---

⑩ 同上，I. 9. LVII. a.1. c.

常爲物質性的動，人的動雖然是心物合一的動，也有物質的動。物質的動帶著物質的變，因爲物質動一定有變，最低最小也有地位的變，因此，人和萬物的存在，在動時常有變化。實際上植物動物和人的存在常常在變，顯出生命的存在，生命的動作。這種變化，是整個物體的變化。⑪

生命本體的行動，人和宇宙萬物都是由能而到成，和天使存在的行動一樣。不過，天使本體爲精神體沒有變，不會壞，所以繼續行動而不死滅，常是生。

人和萬物的生命本體行動，帶動物質的變化，變化而有消耗，到了物體消耗已經不具生命力，即不合於創生力去發動，行動就停止，物體就死滅。例如人生命的行動，帶動身體的變化，身體物質時常消耗，到身體因消耗而不再能動時，即不符合創生力發動，生命行動停止，人就死亡。

人活時，存在常在行動。存在而又行動，是從成而到成。譬如電影或電視劇，在放映時是一個行動的存在，是活的，電影或電視劇的本體，是一張張的底片拷貝，每張底片是「成」，有可以動的潛能，電氣發動底片的潛能，底片行動而結成活的劇，因著電力的動而成爲一劇，成爲一種動的存在。

---

⑪ 同上，I. 9. XVIII. a.

「我」的存在爲一個生命，時時行動，從「能」到「成」，「成」中有「能」，再出「能」到「成」，繼續不停，每次的成，好似電視的一張張底片，結成活的劇，「我」乃生存。到了「我」的身體消耗到（因病消耗）不能再行動時，即已經沒有生命潛能，不能再行動到成，則變而死滅。中國古代哲學，常以宇宙變化，化生萬物是在宇宙萬內有「大化」的週流，大化爲變化的原動力。

普通的生物都有這樣的行動，先常是生，最後則歸於滅。礦物的存在行動很低微，很少有內在變化；但若因本體消耗或外在動力加以摧毀而不能再行動時，實體就風化散開，實體不再存在。

每個實體的存在，都是行動，行動有高低，生命也就有高低。絕對實體的行動，不由能而到成，爲純粹的行動，生命最成全，生命最高。天使精神體的存在，由能到成，但沒有變化，祗有行動，生命長久，生命算是高。人的存在，爲心物合一的存在，由能到成，有物質身體的變化，物質消耗使生能已盡時，便不再行動，人就死亡，靈魂卻開始天使一般的生命。物質物的存在有動有變，也有毀滅。生命雖是一，就是造物主的生命，受造物所分享的生命，則分級不同。

聖多瑪斯對於天主是否在萬物以內，答覆是肯定的，因爲天主的存有即是祂的本性，（Deus cum sit ipsum esse per essentiam · est intime in omni-bus rebus.）⓬聖多瑪斯解釋說，天主在萬物內，不是部份本性在全體內，也不是附體在本體內，而是作者因發動力在萬物內。因爲發動和發動者，常一同存在。天主的存在是祂的本性，發動也就是祂的本體；一切物體由天主的動力而受造，因天主的動力而存在，天主便和物體的存在相連，深深地在物體以內。物體因天主的動力，即創造力而存在，便是因天主的存在而存在，分享天主的存在。天主存在是生命，萬物就地分享了天主的生命。

天主的創造力創造創生力，創生力就是物體的動力，也就是物體的生命。物體內幾時有創生力就有生命，就存在，一旦失了創生力，生命就停止，物體就不存在，一個人整體內有創生力，能動，就有生命；就存在；一旦失去創生力，完全不動，生命停止了，人就不在了，就死了。

在人和萬物裡有兩種動：一種是附件的變，例如身體的變化，心靈裡理智知識的變化。這些變化由本體之動而發生，發生在附體部份，然都屬於整個的實體，也就屬於物體的存在。普通所講的變化，都是這些量變和質變，形上學方面沒有問題。另外一種動是本體的行動，是存在基本的行動，即是生命，在形上學乃產生難題，本體

⓬ 同上，I. 9. VIII. a.1. c.

的變衹有生滅，既已存在的本體若有變化，則是死滅，怎麼是生生呢？對於這個難題，我在解釋天使存在的行動時，就加以說明了。從首先的「成」之潛能，到第二個「成」；從第二個「成」之潛能到第三個「成」；從第三個「成」到第四個「成」，一直繼續不停，從行動起點之「成」，到行動終點之「成」，常是由「成」到「成」，「成」是存在，是生命；所以是由存在到存在，由生命到生命；所以是生生。行動的力是創生力，動力和動力者爲一，創生力便是存在，便是生命，行動到了最末的「成」，「成」內沒有生命的潛能，行動停止，物體死滅。

我不敢說這種解釋，完全說明了形上學的困難，更不敢保證能爲大家所接受，我當然會繼續研究。

三、生命

1.生命的意義

在聖多瑪斯的哲學思想裏，生命是物體的一種特性，物體因此能夠自動自成。自動，是一物體已經存在了，他自己由內部發動自己的活動，自己是自己活動的動力因。自成，是物體的活動常爲發育自己，發育自己在於按照物體的本性去發育，不一定常是加多或加強自己生命的活力，也可能減少或減弱生命的活力。按照這種思想，西洋哲學和自然科學區分宇宙萬物爲有生物和無生物，無生物即是不能自動自成的物體，礦物是無生物，機械也是無生物，現在所有的電腦和機械人，也都是無生物。

中國哲學主張宇宙爲一變易的整體，宇宙整體的變易爲氣的變易，氣的變易爲自動的變易，而且也是自成，因此中國哲學主張宇宙爲一整體的生命。整體的生命由陰陽兩力的變化而成，陰陽變化乃產生新物體，陰陽在新物體中繼續變化，這種變化爲物體內在的變化，以求物體的發育，這新物體便是一新生命，易傳乃說：「生生之謂易。」（繫辭上　第五章）

在中國的傳統哲學思想裏，便沒有有生物和無生物之分，一切物體都是生物；因爲在一切物體裏，陰陽常繼續變化。但是在礦物上，生命的活動不能表現，因爲所有的氣太濁，在實際上，礦物等於無生物。

通常對於生命的意義，乃是自己發動，而使自己得以完成的行動。按照這種意義，通常分爲有生物和無生物。無生物爲礦物。本身沒有活動，爲靜止體，自己不能完成自己。有生物則分爲植物和動物，兩者都有自己發動的生命，使自身成長而完成。這種分法，是就「能」的發動力而分，有生物是自己發動自己的能，以完成自己；無生物是由外力發動自己的「能」，而且沒有完成自己的行動，自己一成不變。

中國哲學不用對立的兩分法，而用拾級升登的階梯制；不從發動力去區分，而由本體存在去區分，程頤和朱熹都主張宇宙祇有一個生命理，朱熹特別標出「理一而殊」。宇宙萬物同有一生命理。這生命理爲同一之理，然因和氣相結合，氣有清濁，生命理的表現便有不同。宇宙萬物的存在，即是生命；存在的實現因氣的清濁不同，實際存在便各不相同，實際的生命也就各不相同。這就是「理一而殊」。生命的理祇是一個，萬物所稟受者都是這一個生命理，理由氣而受限制，而有分別。

生命之理祇是一個，但和氣相結合的生命之理各自相殊，生命也就各不相同。朱熹曾說：人得理之全，物得理之偏。他認爲生命之理，在人是全的，在別的物則祇多少有一部份。人的生命代表整個生命之理，別的萬物則祇有部份的生命。這種種部份生命，由氣的清濁而分；氣的清濁按清濁的程度而作區別，不是清濁的對立，而是較濁較清拾級而發的階梯，因此，萬物的生命，也是高低的程度而列成一階梯。普通生物學以及哲學所講的有生物，也是由最低級生命漸次上升，到最高級的生命。不過祇把礦物除外，稱爲無生物。

中國哲學認爲礦物也有自己的生命，因爲陰陽兩氣在礦物和山陵內，也繼續變易，和在植物動物以內一樣。中國古人常以山陵有靈氣，巨石可以結成神靈的石精，如同千年樹的樹精和名花的花精一樣。中國古人又以山陵有脈，稱爲山脈，石頭內也有脈。山脈不僅是山羣構成的系統，且是山羣內部的關節，山羣和山石相連接，若是山脈被破壞或被斬斷，羣石便會崩頹。現在開路建屋，破壞了山脈，所以常有山崩的現象。自然科學說這是自然界的現象，和生物界的現象不一樣。中國古人則看著宇宙萬物在生命上互相關連，動一髮則牽全身。王陽明曾倡「一體之仁」，仁爲生命，宇宙萬物有一體的生命。

單體爲一個獨立的實體，單體的各份子結成爲一體，互相連繫，不相分離。單體自體所有的連繫力，即是生命，生命有生命的中心，普通稱爲魂。魂爲生命力的中心，也是連繫力的中心。生命若停止了，個體的活動便停止，個體的連繫力也停止。人一死了，屍體便分化。一個單體，若是礦物，例如一塊石頭，或一座山，也有自己的連繫力，否則石頭不能成一塊石頭，一座山也不能成一座山。單體的連繫力不能來自物質體的量，量自己就是一個分子在另一個分子以外，量自己沒有連繫力使各分子結合成一個單體。通常說物質物是可以分的，生物不能分；然而物質物的分，是本性可以分。物質物單體則不可分，一分，就不是這個單體。西洋哲學說連繫力以實體爲根據，每個實體即不可分，但是在實際上，實體所以不能分，實體是有連繫力，連繫力不是量，而是質，而且又該是內在的，不能是外在的，在中國哲學看來，連繫力即是生命力，單體的結成一個實體，是生命力的功效。我認為生命力就是創生力。

我所講的生命，首先是中國哲學所講的內在的變易；其次變易則是由「能到成」的行，生命所以是「行」。「行」的動因則是創生力。

生命的意義，生命是「存在」，「存在」是不停止的變易，不停止的變易是生命，生命是創生力。一個實體的存在，是創生力的質中所有的原素（質）和理，由創生力的變易，使它們相結合而成一單體、單體的存在，不僅是由創生力發動，而也是由創生力維持。我存在，由創生力使我有生命，生命常變易，又須創生力繼續維持。我的存在是生命，生命是變易，變易是創生力。

2. 生命的特性

甲、繼續發展

中國哲學主張生命由氣因陰陽之變化而成，然生命並不是純物質性的，易經和宋明理學都稱宇宙陰陽之化為生生，生生則神妙莫測，稱為神，或稱為神化。

「易與天地準，故能彌綸天地之道，……範圍天地之化而不過，曲成萬物而不遺，通乎晝夜之道而知，故神無方而易無體。」（繫辭上　第四章）

「一陰一陽之謂道，……陰陽不測之謂神。」（繫辭上　第五章）

「夫易，聖人之所以極深而研幾也；唯深也，故能通天下之志；唯幾也，故能成天下之務；唯神也，故不疾而連，不行而至。」（繫辭上　第十章）

張載的正蒙書中，屢次講到氣化爲神。

「太虛爲清，清則無礙，無礙故神；反清爲濁，濁則礙，礙則形。」（正蒙　太和）

生命是內在之動，內在之動乃生命繼續發展。整個宇宙中，宇宙的動力創生爲不停的動，使萬物不停化生，爲能生生不息，這種生化，易經稱爲神妙，在每一個物體中，生命也不斷發展，儒家便有盡性之說人性和物性不是一成不變，而是常追求發展，小孩生了以後逐漸長大，不僅是身體長大，他的知識和道德也要長進，中庸說，至誠的人能夠盡性，能參天地的化育，心性的發展，並不改變人性，而是發揚性的內涵，把性所具有的都發揮出來。在傳統的西洋哲學還說這是附體的發展，是把生命的能發揮出來。但是這種發展是生命整體的發展，就是整個我的發展，不能看做附體的發展。

乙、萬物相通

生命的另一項特性，爲「通」。中國的氣在宇宙內流行不止，因陰陽而變化不停。萬物因氣而成，陰陽則在萬物中，陰陽在萬物中且變化不息，萬物乃有生命，生命在萬物中互相貫通。王陽明在「大學問」一篇中講「一體之仁」，仁是生命，即一體的生命。

「易，無思也，無爲也，寂然不動，感而遂通天下之故，非天下之致神，其孰能與於此？」（繫辭上 第十章）

「是故，闔戶謂之坤，闢戶謂之乾，一闔一闢謂之變，往來不窮謂之通。」（繫辭上 第十一章）

莊子也很注意宇宙萬物的相通，他主張元氣爲萬物生命的根本，元氣週遊宇宙。

創生力通於一切實體，爲一切實體的動力。實體內動爲生命，實體外動爲生命的表現，動力都是創生力。同一創生力在一切實體內，動的理則各不相同，普通哲學說，物體的動是按類性和個性，物的物性（類性）和個性，爲自創生力的質內所得之理，創生力在實體內的動，按照「理」而動。

生命既爲非物質性，能相通。生命在實體內，通於實體的全部和各份予。宇宙爲一整體生命，生命便通於萬物。宇宙的生命，又是集萬物的生命而成，每一物的生命確爲一獨立的生命，但並不是孤立的生命。整個宇宙的萬物因着創生力互相連繫，摧殘一物，將傷及全體。宇宙物體或大或小，小型的摧殘，效果不立刻表現：大而持久的摧殘，壞的效果就出現，目前，自然環境被破壞，自然物被摧殘，物的生命受傷，人的生命也受傷。

儒家所以請宇宙大同，孟子以「萬物皆備於我。」（盡心上）張載主張「乾稱父，坤稱母。……民吾同胞，然吾與也。」（正蒙 乾坤）這種思想和天主教的仁愛思想相近，天主教教義以萬物爲天主所造，人因愛天主而愛萬物；而且天主造萬物是爲維持人的生命。

丙、生命，為「理」的生命

中國哲學以生命爲陰陽的變化，陰陽變化有變化之道，理學家稱這種變化之道爲理，朱熹且稱爲生命之理。生命的活動按照理而行，人的生命爲生命理的全部。人生命之理，中庸稱爲性。「天命之謂性，率性之謂道，修道之謂教。」（第一章）人的生命，率性而行，中庸稱爲誠：「誠者，天之道也；誠之者，人之道也。」（第二十二章）大學說：「大學之道，在明明德。」（第一章）明德爲善性，人生之道在於顯明人之善性，也就是中庸所說的「率性」。

孟子以人性爲善，性善由心而顯，人的生活爲心靈的生活。心靈的生活則爲發揮性之善，性之善即是人所有的仁義禮智四端。人的生活便是培養這四種善端，使成爲仁義禮智四德，孟于乃說養性養氣，尤其說善養浩然之氣。

理學家以理，天、性、命、心，都指同一對象，按理而行，即率性而行，即正心，即遵行天命。王陽明更以心外無理，心爲良心，致良心，乃人的倫理道德生活。

創生力按理而動，即是生命由理而決定性質，不由質而決定。創生力的理，爲創造力所賦與各實體的理，這些理都由創造力賦與創生力的質，在適當的條件下，成爲「行」時，由創生力使之成爲「行」，而成爲實體。

生命的全部，生命的頂點，爲心靈生活，心靈生活爲倫理道德生活。

倫理道德生活的意義，即中庸所說至誠的人所有的盡性生活，盡性生活則是贊天地的化育。贊天地的化育，爲和天地合其德。易經乾卦文言說：「夫大人者，與天地合其德。」易傳又說：「天地之大德曰生，聖人之大寶曰位；何以守位？曰仁。」（繫辭下 第一章）聖人與天地合德，乃是仁。

與天地合德，人的精神超越萬物，和孟子所說浩然之氣，充塞天地。但，人的精神生活乃心靈的生活，精神超越萬物，便是人心超越萬物，方東美教授說儒家的精神生活爲超越的生活，然而精神的超越卻返回人心以內，又成爲內在的生活。宋朝張載已經說過：「大其心則能體天下之物，物有未體，則心爲有外。世人之心，止於見聞之狹。聖人盡心，不以見聞梏其心，其視天下無一物非我，孟子謂盡心則知性知天以此。大心無外，故有外之心不足以合天心。」（正蒙 大心）

3. 生命的本體

實際的存在為變易，變易為由能到成，陸續由能到成為生命。生命本體是誰？生命的本體爲實體。

甲、實體由力而成

西洋形上學以「有」爲研究對象，由「有」而研究「有」的成份：「質」和「理」，即是「元質」和「元形」。「質」和「理」結成「性」，「性」爲本性，由「性」再和「在」相結合，乃成爲「實體」。這所謂實體還是抽象的本體，具體的實體則是具體的在，附有附加體；所以實體爲本體和附加體的結合體。但是普通哲學上講實體，則是抽象的本體，不指具體上的附加體。西洋哲學的講法，是從靜方面予以分析的方法，在抽象方面，由「性」去研究實體，所說的「在」，也是一個抽象的觀念，實體在分析上說，由「性」和「在」相結合而成。可是在實際上，「性」和「在」怎麼能夠結合呢？例如中國朱熹主張物由理和氣相結合而成，一樣的問題也出現，理和氣怎麼能夠結合呢？亞里斯多德認爲應由一個「動力因」使相結合，他便主張宇宙的一切變化都有四個因：質料因，形理因，動力因，目的因，四因中以「動力因」最重要。

我們講實體，不能衹停在抽象上，應該就具體的實體去講。我們認爲構成實體的成份應該是三：質、理、力。質和理，由力而予以結合。力使質和理結成實體，實體因而存在，力存就是在。在的實體又因內在之力常繼續動。使實體存在又爲內在動之力，就是創生力。「性」由「創生力」而成存在的實體，這個「力」便是「性」的「在」：這個「在」是繼續動的「在」。因此，我們仍舊可以採納士林哲學所講的實體論，實體由：質、理、在(力)而成。

乙、實體為存在

士林哲學議論萬有，注重萬有的「本性」，由性去講有，把「在」作成「有」的實現方式。而「性」爲一抽象觀念，萬有便成爲抽象體。抽象體因着「在」而實現，「在」所加於「性」的，是附加體的特質和量。這種「性」和「在」的兩分法，是我們人所作的。聖多瑪斯堅持這種分法，以解釋萬有的相對性和受造性，宇宙萬有都是受造的相對之有，不能是絕對的有。史哥特不接受這種分法，以相對性和受造性來自萬有的「在」。

萬有能稱爲「有」，必定該是「在」，沒有「在」的「有」，便是「無」。「在」

是實際的，是具體的，是本體。士林哲學以「性」和「在」結成本體，「性」限制「在」，使本體歸於一類，「在」又限制「性」，使本體成爲具體的單體。這種思想和朱熹的理氣論相似，朱熹以理限制氣，使有人物之分，以氣限制理，使人和人彼此不同。但是張載和王船山則以爲理在氣中，氣所以成「此物」，就是氣有「此理」，不是氣「因」「此理」，乃是氣「有」「此理」。

萬有的實體是「在」、「在」有「性」。一講實體，就是講「在」，「在」是具體在，實體是具體的。

實體不能分，實體就是具體的單體，單體的特質，就是實體的構成素；若不是一個具體的人，我們就不能懂得「人」是什麼。就如「色」是顏色，我們爲懂得顏色，必須在心靈裏顯現一種具體的顏色。因此沒有形色（即沒有附加特質和量）的本體，爲純精神體，我們便不能認識這種純精神本體。

實體不能分，因爲是一個「在」，「在」不能分析，衹能是「在」或「不在」。既是「在」，衹是一個整體，整體一分就不能存在。人的實體是「我」，「我」是一個整體，「我」有我的一切，取掉一部份，便不是「我」。「我」是實體，實體是「在」；實體是「在」，不能是抽象的普遍的「在」，而是具體的「這個在」，「這個在」則是由「個性」所定。

「這個在」的實體，不能分析。若分成「性」和「在」；由「性」認識實體，所認識的實體不是實體的本體，祇是人所抽出的普遍性本體。祇是人的性。實體自體在任何環境中也不能分，若「性」和「在」相分，則實體已不有了；若分析附體，實體就不完全，「有」是實體，不是單獨的純觀念；海德格所以以「有」爲「存有」，爲「這個有」。「存有」是實體，在存在上不能分析，在被認識也不能分析；必須常是完全的整體。

每一存有實體，都是複雜體。精神實體就構造說，當然是單純的。絕對的自有實體，爲「純淨之行」（actus purus），沒有任何潛能；但是天主教信仰信天主三位一體，這一本體就不單純了，而且非常複雜，絕不是一個抽象觀念「自有體」所可以代表的。精神體的天使不含物質，也很單純；但是天使按士林哲學的思想說，每一天使爲一類，只有一，沒有多的單體，然而每一天使都是獨立的單體，不能是類的抽象體，他們彼此怎麼分別呢，本體便不是單純的了。至於宇宙萬物都含有物質份子，實體當然不單純。人則又是心物合一，更是非常複雜的了。士林哲學認爲把每種物的物性，從構成的份子中抽出來，構成一共同的觀念，便代表這種物的本體。人的本體是什麼？是「理性的動物」。「理性的動物」這個觀念卻不單純，包含的份子非常複雜。而且這個抽象觀念並不能代表人的實體，祇是代表人本體的抽象意義，人爲懂得這個抽象意義，在心靈上必要顯映一個具體的人。假使一個人又聾又瞎，從來沒有一個具體人的印象，就不能懂得「理性的動物」是什麼？就要從他可以懂的別的具體印象去解釋。抽象觀念是代表具體的整體，沒有整體的印象，就沒有抽象的觀念。因此抽象的本體觀念必要有一具體的實體。

實體是具體的，是複雜的，而且是繼續變化的。中國儒家哲學所以講「有」爲「生生」，即繼續的生化體。宇宙間每一個物體，都常變化。普通一般人都知道生物常在變化，例如人，從出母胎一直到入墓穴，沒有一刻不在變化。但是普通一般人則以無生物不繼續變化，實際上無生物也繼續變，祇是在外面不表現出來。現在物理學講原子和電子，它們是物體的構成素，它們都常不停在動。

四、自由創新

求美、求善、求眞的生活，以求生命的發展。生命的發展以個性爲基礎，人都是人，可是每個人所有的「能」或「才」不同。求美、求善、求眞，都在發展每個人所有的「能」，發展的活動，由「生命力」發動，每個人由「創生力」得有「生命力」，「生命力」就是「創生力」在每個人本體內的活力，這種活力使自我常出「能」

到「成」，這種繼續由「能」到「成」的變易，即是人的生活，在人的生活中，有生理生活，有感覺生活，有心靈生活。心靈生活爲精神生活，有理智生活，有感情生活，乃是人所特有的生活，但是人的本體爲心物合一體，人的心靈生活便和肉體不相分離。肉體方面的感覺生活，固然不能離開心，心若不在，眼睛也是看不見：心靈方面的理智和感情也離不了感覺神經。所以自我生命是一整體的生命。

但在人的整體生活中，心靈生活或理性生活是人的最重要的生活，我的自我表現，首先是在理性生活中，理性生活，構成自我的最重要也最大的部份。自我生命便首先在理智生活中顯露出來，而且也是在理性生活中，顯露人的生命所有特性。我的生命，以我的個性爲基礎，受個性的限定；但是個性的成素，是以理性的能爲重要成素，因此我的生命也如心靈生活或理性生活而顯露，雖然這方面的生活脫離不了感覺，然而心靈生活的本質則是精神性的。

1. 心　靈

孟子說人有小體，有大體，小體爲耳目之官，大體爲心思之官（告子）。耳目之官，即具有耳目感官的身體；心思之官，即具有思慮的心靈，小體大體合而成一人，即身體和心靈合成一人。

身體，我們看得見，我們知道是物質體，常在變易，從少到老，變易不停，在人死後，消失成灰。當人活時，身體營生理生活，營感覺生活；然而身體在營這兩種生活時，必定是和心靈相連，以有生命。否則，身體就遭死亡，喪失生命，生理生活和感覺生活已不能進行。

人生命的根源和中心，乃是心靈，死亡則是心靈和身體的分離。中國古人稱生命中心爲魂魄，魄爲身體生命的根源，魂爲心靈生命的根源。西洋哲學傳統地稱人生命的中心爲靈魂（Anima）。

心靈究竟是什麼呢？中國哲學稱爲「心」。心當然不是內臟的心，而是人精神生命的主體。理學家大都以爲心是性的具體化，心能知，能主宰。朱熹以心統性情⑬。人的精神生命，即是心的生命。荀子曾以心爲『虛壹而靜』（解蔽），心爲精神體。在中國哲學裏，常有體用的問題，學者多是體用不分，以用代體。所以講心，衹講心的作用，不講心的本體。

西洋哲學從柏拉圖已經討論心的本體。心的本體爲靈魂。柏拉圖以靈魂存在於一觀念世界，先身體而有。當胎兒受孕時，靈魂和身體相結合，形同在牢獄裏，人死

---

⑬ 朱熹　朱子語類　卷九十八。

後，靈魂回到觀念世界。亞里斯多德則以靈魂爲人本體的元形（Forma），以身體爲元質（Materia），兩者合成一人。近代和當代的西洋哲學卻放棄了這種靈魂的觀念，以理智（Mind）代表心靈。理智爲思慮官能，爲精神工作，也就是以作用代替本體。

我接受西洋士林哲學的思想，也接受天主教的信仰。士林哲學對於心靈的思想，是以天主教信仰爲基礎。心靈是靈魂，靈魂爲精神體，與身體相合而成一個人。一個人活時，靈魂爲生命根源和中心，充滿身體各部，因此身體各部都有生命。生理生活和感覺生活由靈魂發動並支持，因此人的全部生活以靈魂爲中心，不是分別有生理魂和感覺魂，我的生命，是我心靈的生活。

我有心靈生命，生命常在發展，有思慮，有感情，常求眞求美．求發展自己的本能，使我的人性更爲成全，成爲一個「成人」。這些生命的活動，明明是超於物質的活動，既有活動，便應該有活動的本體，哲學家卻竟以本體不可知，而忽略本體，僅講作用，很不合哲理。我心靈生命爲精神的動作，心靈生命就該有精神的本體，精神本體就是靈魂。哲學人說思慮是腦神經思慮，腦死，思慮就消失了。可是問題就在於爲何腦活腦死呢？醫師們說腦活腦死是腦能否有血液的循環，以維持活動。然而，血液爲何能循環，又要看內臟其他部門能否正常作業，最終還是要到人是否有生命。有生命，則活，無生命，則死。因此，一定要有生命的根源或中心。這種根源或中心，就是靈魂。

但是，大家要說，靈魂在那裏？靈魂是什麼？作心理測驗時，誰也不會測驗到靈魂。感情的動作，可以測驗，但是我愛誰，我恨誰，心理測驗也不能測出，因爲我藏在心裏，不顯露出來。測驗不出，就說沒有，不大合理。天下有許多測驗不出來的事物，思慮活動，更不容易測出。我在思想，心理測驗可以測出我在思慮什麼嗎？簡直不可能。

靈魂的活動既然不能測驗，靈魂的本體，更不能測驗了。靈魂乃精神體，精神體超出物質。

若問靈魂在那裏，靈魂在身體內。士林哲學說Totum in toto totum in partibus。「整體在整體，整體在每一部份」。整個靈魂在整個身體內，整個靈魂在身體每一部份內。就如整個生命在整個身體內，整個生命在身體每一部份內，生命的表現，則按身體各部份所具的功能。

我的心靈爲靈魂，爲生命的中心，一切生命的追求都是靈魂的追求。有了靈魂，人心有主。因著靈魂，我能思慮，我能定奪。我的自由，就是靈魂的自由。我的創新，就是靈魂的創新。

但是，哲學人要說，這祇是宗教的信仰。宗教信仰是這種思想的基礎，當然是事實；可是帕拉圖和亞里斯多德並不是天主教徒，他們也主張有靈魂。中國哲學雖不主張有靈魂，然而主張心由陽氣所成，軀體由陰氣所成。軀體是生理和感官動作的本體，陽氣所成的心，爲什麼不能是精神的主體？

至於說本體祇是一個名詞，主體也祇是一個名詞，那就問題拉長了，拉到認識論，再拉到形上本體論。那些問題在前面我已經討論過。

最難的問題，可能還是死後靈魂存在的問題。

我相信心靈的生命，不會因看死亡而消滅。而且大家也都有這樣希望。

我的生命來自父母的「創生力」，父母的「創生力」經由精子和卵，結成一個胚胎，胚胎是活的是生命，使有生命中心，即是靈魂，精子和卵爲物質性，物質性的能不能產生精神體的「成」，所以能產力，是因造物主的「創造神力」的支持。

每一個「存有」，既已存在，便不願自己消滅自己。因爲存在是造物主所賜給的最大恩惠。中國易經以「天地之大德曰生」，既生，便保存。物質體因自己本體有分子，常遭遇外物的磨難，乃不能永存。然也必有外力的折磨，否則自己不會摧毀自己。一塊石頭因着風霜雨露的侵蝕，份子漸漸散開，所以稱爲「風化」。精神體不受物質物的侵犯，不受外物的折磨，本體更不會自化；因此靈魂應該是常存。哲學祇按理去推論，不能用實驗去測驗，便不容易使人信服。

靈魂是精神體，可以自立。在和身體合成一個人時，靈魂不單獨自立，以這個人的主體的存在（Existence）爲存在。可以說是不成全的自立體；但在人死時，靈魂和身體分立，這個人的「存在」已經沒有了，靈魂乃有自己的「存在」而單獨自立。

靈魂既然不能被外物所侵蝕，也不會自己消失，靈魂便可常在。因而，我相信我的心靈生命，永久不滅。在我去世以後，我的靈魂存在，我便有身後的生命。

孔子曾說：「未知生，焉知死。」（先進）儒家不講身後問題，卻自古祭祖。民間信仰都相信鬼神，人死後爲神爲鬼。漢朝王充大舉攻擊這種信仰，主張無神。無神，是不信人死後尚生活，不是不信皇天上帝。王充以爲魂魄都由氣所成，人死，氣散，魂魄消滅，一切都完了⓮。朱熹主張人死，魄隨軀體埋在地裏而消失，魂則上升於天，久而散歸天地大氣⓯。這都不能破除中國人敬祖的信仰。

我心靈的生命，在今生繼續發展，常有創新。在脫離軀體以後，應更能自由發揚，追求成全，回到造物主面前，欣賞絕對的眞美善，我心靈才能眞正得到滿足。滿足的生命，即是眞福的永生。

⓮ 王充　論衡　論死篇。

⓯ 朱熹　朱子語類　卷三。

2. 自由

心靈的生命，無拘無束，常常追求超越時間和空間，心靈既是精神，應該超越物質，然而在實際的生命中，乃一整體的生命，心靈便受物質的限制，也理會這種限制的痛苦。中西哲學家和藝術家常表現自我的這種追求，道家的老莊，曾以人的生命，週遊太虛，「其精神，遺世獨立，飄然遠引，絕雲氣，負蒼天，翺翔太虛，獨與天地精神往來，御氣培風而行，與造物者遊。」⑯這種生命當然是種冥想，爲莊子的寓言，然也代表對人生命的自由願望。

我心靈的生命，既是精神生命，在發展的歷程中，常能向前創新，就是因爲具有自由，不成機械式的反覆進退。但也並不是沒有途徑，隨意亂行。造物主天主乃絕對精神體，具有絕對的自由？然而天主不會反對自己的本性，因自由而傷害自己；又不會因自由而入於惡，惡在天主內不存在；再又不能因自由而違背祂的性理，不合理的事，對於天主乃不可思議。天主以自己的性理爲途徑，自由無束。

我心靈生活的發展途徑，首在充實自己，成全自己。在這一點我不會不循這個

---

⑯ 方東美　中國哲學之精神及其發展　頁一八六　成均出版社　民七十三年。

途徑走，我決不能自己傷害自己。無論什麼物體，都追求自身的利益，逃避自己的禍害。墨子曾主張以利爲行動目標，墨子的利應當解釋自己生命的發展⑰，而不是孔子所說違反正義的私利。生命的發展和充實，我也必定要追求，不能自由放棄。當我的生命和別的生命發生關係，我必要遵循關係的規律，否則我會傷害別的生命而作惡。對於善惡，我沒有自由，我必要選擇善。

因此，我心靈生命的自由，是在善事上，兩善或多善中間可選其一。至於孔子和孟子所說『殺身成仁，捨生取義。』⑱當然是自由的至高表現。但在那種環境中，我不能有所選擇，祇能選擇仁義。若說因選擇仁義而傷害了我的生命，實際上所傷害的爲肉體的生命，心靈的生命反因而得發揚。這就是耶穌所說：『愛惜自己生命的，喪失自己的生命；爲我喪失自己的生命的，取得自己的生命。』（馬竇福音　第廿章　第廿九節）選擇仁義雖是我必定要選的，然而仍是我的自由，因爲是我自己願意，而且要用非常堅強的意志。

自由的行爲，是我自己的行爲，由我自己負責。西洋哲學區分心靈的官能爲理

⑰ 墨子　兼愛下　經上。
⑱ 論語　衛靈公「殺身成仁」，孟子　告子上「舍身而取義者也」。

智和意志，理智爲知，意志爲抉擇。中國哲學則把兩者都歸於心，以心能知能主宰。意志和意不大相符，朱熹以意爲心動時心之所之，即普通所說意向，意向當然屬於意志，然而意志大於意向，意志是人心靈爲選擇作決定，作了決定而去實踐。我心靈有自由，是因我自己能作主，能決定。自由代表人心靈的中心，象徵我之所以爲我。我是主體，我的行動由我作主，我既作主，對行爲我就負責。自由約選擇，表現自我的生命，選擇的決定，來自我自己，當然代表自我；所選擇的事，和所選擇作事的方式，代表自己的才，自己的傾向，自己的學識，所以就是代表自我的生命。自我的生命在自由選擇上，顯靈出來。

自由不僅代表我是主體，而且代表我的生命，就是在外力不能抵抗的時候，我被迫作成外面的行動，我的心靈仍舊不願意，即使不能表現這種不願意，我自己心靈的生命可以作證。

我生命所以有這種內外的衝突，是因爲我的現世生命爲心物合一的生命，我是一個心物合一的主體。在通常的情形下，肉體的行爲由心靈作主；但當外面有一種強而不能抵抗的力量，強迫我作一種行爲時，我已不能選擇，祇能發動所強迫的行爲。心物合一的主體，增加自由的運用，也減少自由的運用。在知識上，我因肉體而受到限制，對於外面事物，不能明白認出何種有利於我的生命或別人的生命，便按意志去決定。若是事件看得非常明白，自然選擇善。自由運用的範圍，在於因知識所造成的不定，意志而加以決定。沒有知識，就不能有選擇；知識不足，要意志作主。意志作主有時選錯了，自由便運用錯了，原因在於看事看錯了，知識錯在先。但有時知識沒有錯，意志自己錯了，即所謂「明知故犯」，那是因爲慾情牽制了意志。

知識高的人，情慾輕的人，心地潔白，他的自由必定很高。聖人的自由，像孔子自己說：『七十而從心所欲，不踰矩。』(爲政)才是眞正的自由。

自由乃是我心靈生命自然的發展，心靈爲精神，不受拘束。祇有精神纔有自由，物體是沒有自由的。從「存有」的本體上看，精神體的存在常動而不靜，精神的動爲自由的動。自由乃是精神「存有」的本質。精神「存有」的動，即生命的發展，由自己而動，自己有自己動的意識。精神的動當然有自己的原則，自由並不是在沒有原則。

普通一般人，認爲自由在於自己任意選擇，不受規律的拘束，不受外力的干涉。然而在善與惡之中，不能有任意的選擇，必要擇善而固執。在現世生活的社會裏不能沒有生活的規律，破廢一切規律以行自由，必成爲濫用自由。若說規律有不合理者，當然可以予以修改。然人不能自作超人，自作一切規律的主人，自己所願就是規律。古代的暴君這樣做，眞正目由的人，必不這樣做。

自由不傷害自己，也不傷害人；人心生來有行善避惡的原則。破壞這些原則，已經不是自由。

有自由，心靈的生命才能成全，才能有創新。宇宙萬物的生生，雖然神妙莫測，然常有理可尋。物體的生命發展，一切都順乎自然，自然則是必然，必然就沒有自由。一朶玫瑰花，結構和顏色神妙美麗；然而所有玫瑰花按着種類區分，每種都是一樣。玫瑰花的成長，有一定的歷程，不會變遷。一頭獅子可以說是活潑極了，誰不怕牠。可是獅子的生活，千篇一律，常是一樣的事在循環。這種順乎自然的生命，不能有自由，便也不能有創新。

我的心靈生命，因看自由乃能自己決定，決定的能爲發展生命必是新事。我心靈生命因看自由，乃追求脫離物質，趨向絕對的眞美善。

3.無止境

宇宙的年數，科學家尙沒有結論，大約總在一百億年以上。從開始的一團熾熱的星雲，變成了現在的奇妙光耀星際天空。一團小小的星雲凝成了地球，由水中冒出火山而成的陸地，產生綠苔，漸生草木，水中生魚鱉，林中生鳥獸，荒地變成了美麗的自然。最後出現了人類，地球逐漸改變了形態，所有隱藏的資源漸爲人所利用，生命的層面提高了，生命的形態表現了，地球上有了文明。

文明是人類生命的創造，也是宇宙生命力的共同成績。人類的生命要在宇宙的生命合成的環境裏求發展。這種環境稱爲自然界的環境，自然環境裏各種物體的創生力，具有各自的路線，各自的目標，這一切不常和人類生命的發展相合，例如氣候的寒暑，土壤的肥瘠，樹木禽獸的豐乏，對於人類生命發展具有資源的價值，人類便要追求運用的方法。適應自然環境，接受自然環境物體的創生力，乃是各種物體的天性，不僅是生物植物，就是礦物的土壤和石頭，都是遵循「適者生存」的定律。但是遵守這種定律，祇常是被動的接受，沒有主動的改進；被動的接受式生活，生命永不會發揚，常久滯留在同一形態裏。若是自然環境物體的創生力改變了，被動的接受就會隨着改變，有時便產生「不適者不生存」，或者產生自然進化的路系。這種生命形態，是自然物體的生命形態。自然生命形態因此不是永久不會變的，例如自然界的森林，丘陵河流，甚至植物的顏色和花形，禽獸的形色和體態，都能漸漸有所變遷，這些變遷是自然物體的創生力，彼此長相接觸，自然發生的現象，自然界進化的現象乃一種必然的現象，然而就人類的價值觀點評估是不是進化或是不是退化，則不能單純地作一答覆，從動植物範圍內去看，古代許多動物較比現存的動物，在體態和動力上，都較現代的動物更大更強，所以說『弱肉強食，適者生存。』⑲不是自然界生命接觸關

⑲ 參閱達爾文物種原始第四章自然選持（存在）。

係的定律。祇能以『適者生存』的定律去解釋。至於物種進化的事實，在自然界物體創生力相觸時，爲一種可以發生的現象。創生力周流在物體內，即是物體的「存在」；創生力來自造物主天主，造物主天主的「創造神力」，常是創造力，宇宙物體所得於造物主的力也分享幾分創造力。這種創造力互相接觸，便會產生「創新」，使接受這種「創新」的物體，漸起改變，超向一種新的形態和生命，這種「創新」爲自然的，爲無聲的，爲緩慢的。這種「創新」不能夠是否定不否定的鬭爭，而是創生力的超越，「超越」爲相接觸的創生力互相溶結，互相奉獻。

人類的生命，卻不能僅在被動的接受方式生存，更不能發揚。人類的自然生理力，本然地薄弱，不能和自然界物體的創生力相比較。論體力，人的體力不如野獸：論耐風霜寒暑，人的體力不如樹木；而且人所需要的食物，都要從自然界物體中去取。人類的生命，必定要採取主動的方形，然後才能夠生存，能夠發揚。

人的生命也就是人的「存在」，我的存在有我的「性」；人性爲天主所造，而且天主仿照自己的天主性而造了人性，人性是相似天主性。相似天主性和「存在」相結合成爲宇宙間的最優秀「存有」，具有宇宙間最高的創生力。朱熹曾說物得有生命理的一部份，所以偏，人得了生命理的全部，所以全。全部的生命理便成爲生命的全部力，人類的創造力是宇宙全部生命力的創生力。人類生命的發揚便運用生命力去「創新」。宇宙間的創新和進化，由人類的生命而表現，而完成。這種現象就是人類的文明。

湯恩比曾說文明是一種民族爲求生存，乃反抗自然環境而有所建設，反抗力愈大，所造文明也愈高；若是這種反抗力衰弱了，或是消失了，這種民族的文化，也就是衰弱，甚至滅亡[20]。

但是，所謂反抗環境的力乃是人類生命力的自然傾向，決不會消滅，祇是表現時或強或弱。至於民族的文明，隨着民族的創生力或保守留滯，或前進發揚，自身決不會滅亡，民族文化的滅亡常因別的民族的侵害，或因他種高程度文化而同化。文化爲人類創生力的表現，決不自傾於滅亡的境地。

造物主創造了人類，仿傚祂的神性，由人類統治宇宙，作宇宙萬物的主人。造物主造了萬物，萬物返本歸原應歸於造物主，造物主由人類作代表，萬物便歸於人類。因此，在宇宙萬物的生命（存在）中，含有一項次序的系統，由下而上，人類的生命在這系統的頂點，人類可以運用萬物，而且應當運用宇宙的資源，以發揚生命。荀子曾主張「畜天而用之」[21]，話是說得對，「天」字則用得不好，他先說「敬天而奉」

⑳ 參閱湯恩比　歷史的研究（文明是如何創造的）。

㉑ 荀子　天論　大天而思之孰與物畜而制之，從天而頌之孰與制天命而用之。

的天，指主宰者天，「畜天而用」的天，指自然世宇宙，使後人相信他以自然者天代主宰者天；或更說他以古代相信主宰者天為不對。主宰者天是天，自然界宇宙是天，乃中國古代的用詞，實際兩者所指不相同，互有從屬關係，荀子自己也相信主宰者天。

人類運用宇宙自然資源，為人類創生力創新的基礎。人類創新，所以能發動和成就，根本是人的心靈。心靈是仿傚造物主神性而成的，是精神性的本體，具有向前伸展的無限「能」。

「能」產生追求的慾望，慾望追求生活的滿足，我的生命對於生活的滿足，所追求的乃傾向於無止境。我的身體生活的追求即物質生活的追求，本來應當是有限的，就和植物動物一樣，祇求能有通足的飲食，禽獸祇求飽求援。我的物質慾望卻常不能滿足，愈多愈好，愈有愈想要，這是因為人的身體和心靈相連，構成一個整體，物質的追求也經過心靈，分有了心靈的慾望，因而成為無止境的慾望。老子所說「反樸歸眞」（道德經 第廿八章）「絕聖棄智」（道德經 第十九章）使人返歸原始人的原始飽溫生活，不能使一般人接受，就是因為反對人類生活求創新的天性。祇有極少數的人士，以精神方面的追求，超昇物質的追求，成為避世的隱士，渡安貧清靜的生活。因為心靈雖然能夠擴充物質慾望的範圍，然不能改變物質感官的性質，物質感官為物質性的，「能」有限，繼漸消耗，常遭遇損傷，運用愈久，「能」和器官都要衰頹。避俗隱士便提倡而實踐愛惜物質器官的「能」，導引昇入心靈追求的生活裏，得到更適當的享受。

心靈方面的追求則眞是無有止境，因着心靈的「能」乃是無止境的。心靈的思想不能有止境，心靈的愛不能有止境。人類的造物主是無限的絕對眞善美，人類的心靈是仿傚造物主的神性，人類的生命「返本歸原」要歸到絕對的無限眞善美。我心靈的追求，怎麼可以是有止境的呢？在現世的生活裏，我的生命是心靈和身體的整體生命，生命的表現必具有物質的外形。一樁一樁的社會建設，無論藝術的、科技的、思想的，都有物質的結構。每一件雖都可以是創新，可以是偉大的發明，然而都是有限的。只是他們互相連結，互相堆疊起來，便代表人類追求的無止境。

4. 創　新

人類生命常向無止境的追求，這種追求不是一個圓周式的進行，也不是一個直線式的進行，更不是一個唯物辯證式的進行。創生力不是互相否定而創新，不是一直向前而不停滯，不是迂迴保守而不進展，而是在一個屈折不直，進而忽停，停而忽進的道上前進。因爲人類活在宇宙以內，生命的追求常和宇宙物體相接觸，物體不會一切都受人的運用；人類的理智思想，更不能常能看到物體的性質，認識自然資源的

「能」。事事都要經過試探、經驗、改良，才能成就，小事要苦思去想，大事更須苦心去研究。

所謂創新，應當是成就一樁「新事」，新事是在以前沒有過的。在人類的生命歷程裏，件件事都是新事，就是日常所作的，也沒有兩件事完全相同的。研究歷史哲學的人都知道這項定律，但是這每天的新事在每個人的生命中來說常是新的，可是在社會羣眾的生活裏，則不能常是新的。我的每一樁行爲，在本體上說當然是新的，因爲以前沒有；在形式表現上也是新的，因爲行動的意向和所用的資料是新用的。所作成的事，在社會羣眾的生活裏，所表現的形式相同。例如社會羣眾每天的起居飲食，都是一樣；因爲大家都用相同的資料，相同的方法。因此「創新」的新不能是普通所說的新，而應當是「發明」。

現在普通所說的發明，常指科學上的一種原理的發現。然而實際上凡是對於宇宙萬物，就連人本身所有新的認識，都是「發明」，藝術家的創作，社會家的改革，政治家的建設，思想家的學理，科學家的定律，都是新的發明。

新的發明，所謂「發明」，乃是對於事物，得到一種新的認識；新的認識或是對於事物的本性，或是對於事物的「能」，或是對於「能」的運行規則。進而研究這物和宇宙物體的關係，再研究這物對於人的生命可有的協助。

新的發明並不是創造新的物體，建設新的物理。物體已經存在，物理也已經成立；這都創於造物主，人的能力辦不到。人類祇能就已經存在的事物和物理予以認識，加以說明，想出運用的方法。

發明是人心靈的「能」的表現，使人的生命向上發展。每項發明都和人的生命接上關係，造出新的生活方式，或創制新的生產工具。馬克思主張生產工具改變生產方法，生產方法加增生產，引起社會下階層的革命，然後發動社會上階層的坍塌，社會的改變完全以物質經濟爲主。然而生產工具的發明，生產工具的運用，都由人的心靈去發動，去創造，假使人的社會祇是物質的社會，人類生活和禽獸不能有所分別，還有什麼改革和革命可講呢？

中庸講「盡性」(第二十二章)，人的生命一成立了，人就有自己的人性。這個人性是一個完全的人性，涵有人所該有的一切，應該是眞的、美的、善的。然而這種完全人性，乃是一團無止境的「能」，因着「在」而「存在了」，這一團無止境的「能」，要繼續發揚。孔子曾稱贊「成人」，成人便是人性發揚到普通完善的階段的人，眞正發揚了人性的人，中庸稱爲「至誠」，易經稱爲「大人」，孔子稱爲「仁人」或「聖人」。

人的「存在」既然不是靜止固定地一成不動，而是積極的不息之動；這種人性之動不是人性的改變，人性常是一樣，祇是他的「能」，繼續發揚，人性便更成全，更美至善。

在繼續不停的變易中，人性不變，因爲我的「存在」，繼續由能到成，是以成爲基礎成所有的能，因着「天命」常是一樣，能既然同是一樣。新的成也常是一樣，王船山說「性日生而命日降」，性由命限制，命是天命，常是同一的天命。

在發揚人性上，西洋哲學家所注意的，在於理智，追求無限的知識；中國哲學則注意發揚「人生之道」，使人的生命和宇宙物體的生命相和諧。因此，西洋哲學求眞，中國哲學求善，兩者並不互相衝突，而且應相輔相成。

創新究竟是否使人的生命常得到發揚呢？從哲學理論上去看，應當是常得到發揚，然而從歷史的事實去看卻不能有這種樂觀的結論。

從哲學的理論上說，創新是使人生命的「能」得到新的一種發展，使人的生命多有一分的成就。因爲「能」成爲「行」而得實現，必是一種本體方面的「善」。

在實際的生活裏，因爲人的理智力在縱面上有無止境的能，在平面上則常有限。因此，當一項創新出現時，人不能面面都看到這種創新和其他事物的關係，創新在實行時便可能和其他事物發生衝突，不能使生命受益，反使生命受害。這種現象不僅是在科學與科技方面可以出現，例如目前自然環境的污染、自生生態的傷害、核子武器的威迫，就是在社會組織、行政設施、倫理規律、價値觀念，都常發生這種事實。所以文化哲學要解釋文化常是進化或是退化；另外歷史哲學解釋人類歷史是進化或是退化，都不能簡單地予以答覆。但無論從理論或從歷史去看，人類生活都向前進，因爲人類心靈活動的成就，在歷史上是前後相累積的，哲學的思考，科學的發明，歷代累成學術遺產，前一代積累，後一代人在遺產上再加多，學術的成就當然是前進，生活的方式因着創新而革新，二十世紀的生活較比前兩世紀的生活已經進步多了。祇有人感情活動的成就沒有積累的方面，則不能形成繼續的前進。這一方面，乃是感情方面的活動，感情流動不居，變化萬千，爲每一個人心靈深處的活動，爲每一個人本人的成就，不能遺留給後人。這方面的成就爲人的人格、社會的道德、藝術家天才的創作。這些創新所留給後代人的，爲模樣，爲思想，但不是後人創新的資料，沒有一個兒子能夠用父親的道德人格去建立自立的人格道德，他自己必定要從頭做起，自己親身一椿一椿去建造自己的人格或自己的道德。也沒有一個藝術作者能夠用米格安琪爾的作品做自己的藝術資料，共創造藝術品，米格安琪爾所能留給他的祇是藝術的思想和模樣。人類的歷史是進化或退化呢？藝術品沒有進化或退化的評價，藝術作品都是代表藝術家一時的感觸，祇要率眞地表達了這種感觸，就是至高的作品。一時代的道德不能累積給後代，一時代的藝術不能積蓄作後代人的資料。但是他們的創新一成就了，對於人生命的發展，具有極大的助力。藝術品的欣賞，道德人格的薰陶，使人生命得到所追求的美和善。

創新常是天才的創作，大的創新須要大的天才，小的創新須要小的天才。假使凡人都可以發覺的事理或能成就的工作，那還是什麼創新發明呢？要別人不能發覺，一旦發覺了，才可以是發明。

天才也是人性的一種「能」，不和一般人所有的「能」一樣，而是特出的「能」。這些特出的「能」，帶着人類在生命的路上，彎曲他向前進，奔向無止境的大道。人類的社會便起造了輝煌的文明，使荒涼的地球，成了各種建設的奇跡。

第四章 生命的主體——我

一、生命哲學中單體的成因

生命哲學是一種形上的生命哲學，從本體論研究生命，不是從自然哲學或倫理學去研究。西洋形上學的研究對象爲「有」；「有」在亞里斯多德和聖多瑪斯的思想裏，和「在」不相分離。所謂「有」是一實在的「有」；但是西洋形上學後來把「有」和「在」分開，「有」成了一個最普遍的觀念，觀念的解釋，先從定義下手，解釋這個觀念的意義。例如「人」這個觀念，便下一個定義說：人是有理性的動物。定義是從物的性質去說明，對於「有」便也從性質方面去講，因爲「有」的性質非常空洞，所以沒有辦法可以講。中國儒家形上學從易經開始，以萬物或萬有爲「生」，「生」是動，萬有便都是動，易經乃研究「動」，易經的易就是動。萬有是動，是從「在」去研究，每個「有」都是「在」，每個「在」都是「動」，每個「動」都是「生命」，每個「有」都是「生命」。「生命」乃是儒家形上學的研究對象。「生命」的「在」是實際的「在」，實際的「在」爲一單體，生命哲學的研究對象乃是單體。

對於單體，作哲學的研究，不是去描寫單體，而是對於單體的本體成因和性質作研究，研究的結論可以應用於一切單體。這就是對於「在」作研究，「在」是「動」，生命哲學特別研究「動」；「動」有「變」，「變」而生萬物，萬物爲單體，生命哲學又特別研究單體的成因。

中西哲學對於單體的成因，早已研究過，士林哲學以「元質」爲單體的成因，朱熹以氣爲單體的成因。

1.朱熹的理一而殊

儒家的形上學由易經開始，要到宋朝理學才能成章，朱熹則是集儒家形上學的大成，他創理氣併立說。萬物由理氣而成，理是物類的成因，氣是單體的成因。他標出他的主張爲「理一而殊」，「理一而殊」的來源，出自程頤，程頤答楊時對西銘評論說：

西銘明理一而分殊，墨氏則二本而無分。分殊之弊，私勝而失仁；無分之罪，兼愛而無義。分立而推理一，以上私勝之流，仁之才也；無利而迷兼愛，至於無父之極，義之賊也。子比而同之，過矣，且謂立體而不及用。（伊川文集卷五答楊時西銘書）

朱熹對「理一分殊」，在紹興二十六年春，一天夜間不能睡，忽想到子夏之門人小子章的灑掃進退小事，覺悟到事有大小，理卻沒有小大，萬物都各有一理之全。紹興二十八年他拜李侗爲師，李侗以存養，到致知，到應事三階段，教他靜坐澄心，體貼人心的天理，以實踐去行「應事灑落」。天理是一，應事是殊。紹興三十年李侗和朱熹就「仁」上對「理一分殊」，結論到『體用兼舉』，隨事以觀理，即理以應事。在李侗去世以後，朱熹和當時各派學者接觸，他決心反佛反老，對李侗的靜坐懷疑，由湖南湘學張南軒等朋友，使由主靜走向主敬。乾道六年朱熹完成了『太極圖說解』，確立了他的理學體系的三條原則：一、無極太極同一；二、理氣相即不相離；三、理一分殊，同時地和張南軒、呂祖謙互相討論，最後，朱熹完成了他的思想，「理一分殊具有了四重內在的邏輯層次關係：從道與理的層次關係，看理一分殊首先規定了本體之道（太極之理）與萬物之理的統一關係，即普遍道與特殊之理的關係，理一分殊也就是道一理殊；從理與氣，道與器的關係層次看，理一分殊也就是道一理殊；從理與氣，道與器的關係層次看，理一分殊又是規定了本體之理與萬物之氣的關係統一系統，理一分殊也就是理一氣殊；從理與事，理與物的關係層次看，理一分殊又是規定了本體之理與萬事萬物的統一關係，理一分殊也就是理一事殊；從體與用，顯與微的關係層次看，理一分殊又規定了一理之體與萬殊之用的統一關係，理一分殊也就是體一用殊。但這一龐大的客觀主義理學體系的邏輯架構卻是在「太極圖說解」和「西銘解」中已奠定了的。……但依舊可以以這兩本書為標志把乾道九年看成是他的人極理本體論及其理一分殊哲學原則正式確立之年。」❶

這四層體系：「道一理殊」，「理一氣殊」，「理一事殊」，「體一用殊」，前兩層為形上本體論層次，後兩層為形下自然科學層次，我們所要討論的，是形上本體論的理一分殊。問題的焦點在於是理限制氣？氣限制理？朱熹的門生曾經以這個問題問朱熹老師，朱熹答說是氣限制理，所以有單體的氣質之性。門生又問氣本身為什麼分殊，氣是否受理的限制，朱熹說，這很難說，要門生們自己去體驗。

朱熹的思想，可以在下面分析地說明：

❶ 東景南 朱子大傳、頁二八四，福建教育出版社。

甲、太極

朱熹在「太極圖解」以太極等於無極，無極就是太極。這是爲解釋周敦頤的思想。周敦頤以太極爲宇宙萬物的根由，太極爲一實體；但是他沒有說明太極的性質，後來張載就說爲太和或太虛之氣，即是氣之本體。

朱熹自己主張太極爲「理之極至」，即是一個完全之理。他不主張太極在宇宙以前，爲宇宙萬物的根由；因爲他堅決主張理氣相即，有理必有氣，有氣必有理，不能有無氣之理，不能有無理之氣；所以太極不是宇宙以前之理，而且也不能有一個宇宙以前的實理。朱熹也說理和氣沒有先後的可言，祇在理論抽象方面說，可以說理在氣先，這種先後是理論的抽象的先後，不是實際的先後。所以說：「宇宙之究竟本根爲一太極，而物物皆稟受此究竟本根以生，故物物各有一太極。」❷此種說法不清楚，既然承認有理必有氣，便不可以說太極爲宇宙萬物的本根。若說「南宋朱熹是理學的集大成者。在太極說上，他從根本路線上繼承了周敦頤、邵雍的思想……他站在理一元論基礎上，把太極解爲理。」❸認爲朱熹主張太極爲萬物之根，理生氣，太極之理

---

❷ 張岱年　中國哲學大綱、頁一二四，藍燈文化公司出版。

❸ 萬榮晉　中國哲學範疇導論、頁六六，萬卷樓圖書公司。

爲一實體。這種解釋是錯解了朱熹的思想。

朱熹主張太極爲理之極至，爲一完全之理，太極之理即天地之理，故說天地有一太極。同時天地也有天地之氣，萬物得天地之理和大地之氣以生；故說萬物各有一太極，即各有各物的完全之理，所以太極之理不是一實際之理，獨立在宇宙萬物以前，朱熹對於太極並不繼承周邵的思想。

天地之間，理一而殊。天地只有一理，即天地自己的理，這理是完全的，也包含宇宙萬物的理。萬物分有天地之理，他生各種物體。按着各種物體的理，各種物體分有天地之氣，乃成爲各種物體；例如人、牛、馬、樹、鳥、魚……等等。天地間理一而殊，天地之理一，各種物體的理殊。這種分殊是物類的分殊。朱熹說人得理之全，物得理之徧。人得天地全部的理，物得天地的部分之理。天地之理分於物體之中，構成物的種類，理一而殊的關係，是理限制氣；人有人之理，乃有合於人之理的氣；犬有犬之理，乃有合於犬之理的氣。物體種類之理，來自天地之理，物體種類之理互不相同，這種差別由何而來？中庸說「天命之謂性」，性即物種之理，物種之理的差別，即是限制，來自天命。

乙、天地間的萬物都是實際的單體

例如人，是每一個單體的人，單體的人彼此有差別，這種差別由何而來？這就是單體的成因。朱熹說單體的成因是氣，因爲氣有清濁，每個人所稟天地之氣有清濁不同，每個人乃有「氣質之性」。「氣質之性」因氣的清濁不同，每個人所以互有差別。朱熹以「氣質之性」解釋人性的善惡；實際上則並沒有解決性的善惡難題。現在單就理一而殊去講，朱熹以單體的成因，在於氣的清濁限制了理，人的理是同類的一理，因每人的氣之清濁有差別，每個人乃互有差別。

朱熹的解釋有三點疑難：第一、氣在單體有差別，在類別的物種也有差別，人之氣清於犬之氣。爲什麼種的差別是理限制氣，單體的差別是氣限制理？朱熹可以說因爲種的差別是性理的差別，在理論上理先於氣，所以理限制了氣。單體的差別，是實際上的差別，實際上的一切來自氣，所以單體的差別由氣限制理而來。

第二、性是理，氣是形，單體之性稱爲氣質之性，是氣滲入了理。這一點從理學家講性來說，有些不對，說是物種之理，在理論上說先於氣；單體的理，在理論上說更是先於氣，因爲在理論上說應該先有人之理，然後才有這個人的氣，因此氣限制理的理論並不能成立。

第三、單體的氣有差別，這種差別由何而來？物種之理的差別來自天命，單體的氣的差別是否也要說來自天命？如果來自天命，則應該說『天命之謂性』，即是單體的個性，即單體個性之理由天所定，天所定個性之理限制了氣，才有實際的單體。

這樣單體的成因，是天所定個性之理，即中國傳統文化中所謂的「命」，由個性限制氣，單體的氣也互有差別。但單體的差別還是「理一而殊」，類之理爲一，單體之理爲殊，而不是朱熹的類之理爲一，單體的殊爲氣，那就變爲理一氣殊了。

王船山曾經說：『命日降而性日生』，性因天命而成，物體因性而成。單體的限制是在於天命之理。

理一而殊之理爲生生之理，即生命之理。生命之理在理論方面說是一、在實際上則分殊；因爲生命有高低的程度，程度的實體成因爲氣的清濁，氣的清濁是由單體的理予以限制。因此，理一而殊是抽象之理爲一、實際之理爲殊。朱熹對於人性未來也說抽象的人性，即未然之性爲一，單體的性，即氣質之性爲殊。但是他以氣質是性的限制，來自氣，門生問他：氣怎麼受限制呢？他便無法作答了。

2.士林哲學的量印元質 Materia Signata

關於單體成因問題，曾仰如神父教授在所著「十大哲學問題之探微」，作了詳細的討論。❹很可以供大家參考。

希臘哲學家柏拉圖主張觀念世界獨立存在，觀念爲元形（Forma），每個元形觀念祇有一個，獨立在觀念世界裏。觀念世界的觀念由宇宙世界的物體所分享，分享一個觀念的物體爲同種類的物體，具有同一元形的觀念，但由物體的身體不同，分享元形觀念的程度不同，乃造成一種類中的單體。

亞里斯多德改正柏拉圖的主張，創造了元形Forma，元質Materia，主張萬物的物性由元形元質而成。元形本體不受限制，而因和元質結成單物體的性，乃有限制而變成多。單體性的成因是元質。不含元質的單體，即精神體，單體的成因是元形的單純性（Simplicitas）。

中世紀亞拉伯哲學家亞維采納Avicenna（980-1037）接納亞里斯多德的主張，且加以說明，認爲元質所以成爲單體性成因，是因爲元質已經有量的印鑑或標明，成爲量印的元質（Materia signata）。他認爲元形和元質構成物性，物性是種類的，不是個別的。個別的成因不能來自物性本體，而必來自附體，量是附體，元質附上量的限

❹曾仰如 十大哲學問題之探微，輔仁大學出版社、參、個體性的基本因素（原理）（De Princ-ipio individuationis）（The principle of individuation）頁一一七—一五一。

制，物性乃成爲單體性。

聖多瑪斯採納了亞里斯多德和亞維采納的主張，以元質爲單體性的成因。他說：「元形成爲單體的，乃因着元質，藉之，元形才成爲這特殊的元形。」（Indiuiduatio Formae est ex materia, per quam Forma contracitur ad determinatum.）中世紀的哲學家繼續討論這個問題，培根（Roger Baron）主張單體成因不能在物體內尋到，只能歸源於造物主，因爲在已成的共相上，宇宙內沒有任何力量或物體可以加上個別性而使成單體。

士林哲學的方濟會學派，另有主張，聖文都拉（S. Bonaventura 1229-1274）否定元質是單體的成因，因爲元質在各物體中是共同的，不能帶有分別，只是元形和元質結成物性，物性和存在結合爲一實際的具體物體，在一定的空間和時間內，乃成一個別單體。從這方面說，才可以說單體由元質而來。他說：「但走你若追問到底最重要的因由從何而來？便該當說單體是這個物體。若這種事實最重要的因由來自元質，因看元質，元形有自己的位置在空間以內。一個物體來自元形，這一個物體來自元質。」（Si tamem quaeras a quo veniat principalier, dicendum est quod indiuiduum est hoc aliquid, Quod Sit hoc principalius habet a materia, ratione cujus Forma habet positionem in loco et tem- pore, quod sit aliquid a forma.）。❺

思高圖（Duns Scotus. 1266-1308）主張單個件的因由應該是實際的物（Entitas posittio），應該在單體的物性內，不能是附體。一個種的物體成爲多數單體，單體的因由是實際物，加在種性上，構成單體。例如人是動物的一類，人的類性因由爲「理性」，人是理性動物。同樣單體性因由也應該是實際，由這實際的因由，和類性相接合，乃有一單體性。（Haecceitas），但是他沒有進一步去解釋，究竟有何種結合的程序。

士林哲學聖多瑪斯學派的學者，在註解聖多瑪斯著作時，對單體性成因也各作了註解。問題的焦點都在「量印元質」（Materia Signata）上。費拉連（Franciscus Fernarienses1474-1528）解釋「量印元質」是實際上已受限定而有時空限度的元質。嘉耶當（Thomas Cajetanus 1469-1534）解釋「量印元質」爲處於能在此分量勝於彼比量之限定狀態中的元質。若望多瑪斯（Johannes de S. Thomas）解釋「量印元質」爲元質對於分量的傾向，元質自己傾向元形又傾向於分量，元質和元形結合成一實際物體時，元質對分量的傾向乃實現於有限定的時空內，因而限定了元形。

❺ Bonaventura, II Srnt. d. 3. p. I. a. 2. q. 3.

對於士林哲學的這派主張，根本問題是在元質上，元質（Materia Prima）沒有任何的限定，也不能有任何的限定，怎麼能夠在和元形結合以前有量的印鑑，即是有量的限制？雖然元質自己是有量的，這種量是不定的，只是一種本性。在和元形結合成一單體時，元形怎麼能夠得到特別的量，而限制元形？

量，爲一物性，爲一附件：單體性則不是附體性，乃是這個物體的成因；物體的成因，不能由附體構成。雖然一個人和另一個人的分別，普通常是用量去表達，例如身體的形態，智慧的高低，情感的強弱，天才的多少。但是這些在外面的表達並不構成每個人的單體性在外面的表現，可以說是「用」，它有它的「體」。

即使說元質自身有量，量是不定的，在和元形結合時不能限制元形。若說在「性」和「在」相結合以構成實際的單體物時，元質的量已成爲限定的量，可以限制元形；但是在「性」和「在」結合時，元質和元形已先結合，最少在理論上說，元質後來的量的限定，怎麼去限制元形呢？

元形是主動的，元質是被動的，元形限制元質，不是元質限制元形。

再者，聖多瑪斯主張不帶元質的實體，即精神實體，只有元形，不能有類中的單體，元形的類性，精神體只有類沒有單體，也就是說類就是單體，單體就是類。所以天使只有類，每一個天使就是一類。這種講法，從我們人的想法去想，想不通，我們很難想無數的天使是無數的類，至少天使都是有限的精神體。天使精神體的元形是有限的，不是無限的，天使精神體的限制由何而來？每個天使雖說是一類，但這一類是一實際體，不是抽象的性，實際體常是一個；就是天主也是一個。天主是因祂的「有」而爲一個天主，因爲天主的「有」是絕對的，絕對的性只有一個，天主乃是一個，天主因自己而爲一個。天使的「有」是有限的，天使「有」的限制來自何因？天使「有」的限制，應來自天使的性，天使的性爲有限的精神體之性，「性」在「在」相結合，成一個天使。天使的「在」，爲有限的「在」，和「性」相符合。

方濟會派哲學家的主張，含有頗好的理由，但是沒有詳細的說明，沒有系統的陳述。他們主張單體性的因由應是實際體，應當進入單體物的物性內。這種主張更有道理。

3. 生命哲學的單體性成因

(1)單體成因的問題，第一是一和多的問題一的根基，來自「在」，「在」是創生力，力使實體各份子合而爲一，又維持這個結合的一。這個一的根基是從實際的實體去講，不是從理論方面去講，從理論方面去講，則要討論實體的一，是因爲物性，還是因爲「在」？士林哲學就是從這方面講：多瑪斯學派從物性，方濟會哲派從存在去研究單體性來源。

實體由「性」和「在」而成，「性」由元形或由元形和元質相結合而成。「性」在哲學上代表種類，有共同性是其相，所以說「性」不能是單體性的因由。這一點可以說是西方哲學的共識。但是我們加以深入研究，實際情形並不是這樣。「性」，爲一種一類的性，乃是一共相觀念，在人心靈上有一種「意向的實有」（Intential reality）然而不是實體的存有，只是在柏拉圖的觀念世界裏才視爲實體的存有。這種意向的實有之性，由理智從感覺印象內抽出，爲一種抽象性的觀念。抽象性的觀念，只能在理論上可以講，在實際的實體中並不實際存在。例如人性。共相的人性只存在人腦中，在客體的人中有確實的根據，每個人都有人性。但每個人的人性，除共相的人性外，還有每個人的個性，即是說每個人的人性，是實際的單體人性。

單體人性怎麼成的？每個人都是天主造的，每個人的靈魂直接來自天主，靈魂是人的元形，人的元形直接來自天主。天主造每個人的靈魂，即每個人的元形，不是造一個抽象共相的靈魂，而是造這個人的實際具體的靈魂，是一個有限定的靈魂，即是一個已有限定的元形，不是抽象的共相元形。這個元形和元質相結合成這個人的具體人性，即這個人的個性。個性不是由於元質限定了元形，而是已經由造物主限定的元形，而限定元質，若說元形不能限制元質，元形是「行」（actus），元質是「能」

(potentia)「行」在自己的本性是全的，「行」的限制來自「能」。這種理論並不完全正確，因爲精神體的性，例如天使的性，並不是無限制的，否則天使成爲絕對體了！天使的性的限制不來自元質，因爲天使沒有元質，天使性的限制來自造物主，造物主造天使的性是造一個實際有限的性。因此每個人的元形，不能是一個沒有限制的性。若說人性的限制，是類的限制，類的限制怎麼來？應該說是天主所造。但是實際上沒有只是類的實體，所以天主實際上沒有造只有類的物，類性的觀念也不存在天主內；天主按照自己的理念造物，所造物都是實際的具體物，在天主內的理念便是每一物體的單體性。一個不實際存在的類性，可以限制原質而成類性，例如人是有理性的動物，動物有元質，有理性的元形限制了動物的元質，成爲有理性動物的人類，那麼爲何說元形不能限制元質呢？這一套理論都是抽象的理論，應用到實體上就產生矛盾。

單體性的成因，是單體的元形，元形受造時已有限定，不是一個抽象的空泛觀念。已經限定的元形，限定元質，乃成一實際限定的單體性。

(2)元質在單體性內有何作用？元質若不限制元形，元質在單體性的構成，有什麼作用？或者說有什麼意義？

元質是物質性的，本質帶有量，量有多少，有大小，有分別。元質對於單體性，結成單體性的物質體，例如結成人的身體，身體配合靈魂，使靈魂在物質界能有行動。元質本質帶有量性，元質與元形結合時，元質的量性受元形的限定，成爲限定的量，元質限定的量也就作爲元形行動的範圍。例如每個人有自己的身體，身體的官能都有限制，眼睛、耳朵、腦神經，在每個人的身體裏都有強弱、高下的不同。靈魂在物質世界動作，就受這些官能的限制。這些官能的限制，就是單體的個性，由天主所定。不是這些限制，限制靈魂，而是靈魂在人生時，就限制了身體的官能。靈魂本體的限制，即元形的限制，來自造物主。每一個人的智慧和天才，各不相同，這種不同不是因爲各人的身體所有神經不同，而是因爲各人的靈魂在受造時，由造物主賦予的不同。普通我們都說一個人的智慧天才來自上天，稱爲命，孟子也稱爲性。

沒有元質的精神體，一切動作都屬精神動作，動作的限制範圍，就是元形本體所有的限制。精神體的元形所有限制由造物主所定。

(3)元形和元質的結合，由創生力而結合，由創生力而結合，創生力爲「存在」，元形和元質因「在」而結成一實體，實體爲一活體。實體的「在」爲生命。

實體的成因，不是一個類的元形，例如人性，被投入具有「量印元質」，被塑成一個單體的實體。也不是先有一個類性的元形，例如人性，然後有每個單體分享類性元形，分享的比量不同，單體就因此不同。實體的成，或由創生力從創造力直接取得天主所創造的一個人已有限定的元形——靈魂，或由創生力從宇宙一類物體中取得按照造主物意向而有限定的元形，使和宇宙物質中和元形相符的元質相結合。創生力結成實體，創生力又保持實體。創生力爲實體的「在」，即實體的生命。實體爲單體，單體性在生命裏表現出來。

現在士林哲學常講類性的分享，我並不是反對或否定這種分享。不過我對於類性分享有兩點要說明：第一、類性分享只是抽象的理論問題，例如說每個人的個性是分享人性而成，這種講法，是柏拉圖的講法。實際上沒有一個獨立存在的類性，實際上便沒有分享可講。第二、所謂分享，在理論上可以說世界上沒有一個表現完全人性的人，每個人都只表現人性或多或少，因此我們說理想的完人只有一個。但是在實際上每個人的單體性是獨立的，是天主個別所造的。當然天主造每個人時，天主以人的共同點作單體性的基礎，然而不能說天主先造了人性觀念，然後按人性觀念去分配給每個人分享多少。天主沒有造一個理想的人，按照理想的人去造實體的人，天主是按自己的肖像進了人，使人分享祂的神性生命；生命是實際的，不是理論，分享天主的生命，不是分享天主的元形，而是分享天主的存在。

單體性的成因，是由造物主所限定的元形所成。沒有元質的精神體，元形限制自己；有元質的實體，已限定的元形，限制元質。元形和元質由創生力使之結合而成實體，實體表現自己的單體性而表現生命。

二、「一」的根基

1.實體的一

在哲學上，遇到普通在人類社會最淺近的觀念，卻變成很艱深的問題。「有」，在普通的生活裡，每個人一天中不知道要說多少次，連小孩子也是這樣。可是「有」，在哲學上卻成了形上學研究的對象，是哲學上的最高的一段。同樣，「一」，在普通的日用語裡，也是時刻常說的話；可是到了哲學上，又成了形上學的艱深問題，哲學者彼此爭論不休，很難得到定論。

對於「一」，❻我想討論三個問題：第一個問題：一個實體怎麼成爲一？第二個

❻ 對於「一」，希臘哲學已經注意到，柏拉圖以「觀念」爲一，多，是觀念的分享。亞里斯多德分兩種一，一種爲理則學的一，爲一屬詞，解釋一個主體；一種爲本體的一，可以有四種不同的本體，一，指示一個不可分的運動；二，指示一個本質；三，指示一個類；四，指示不可分的觀念。

問題：一個實體常在變，爲什麼常是這一個實體？即我常在變，爲什麼我常是我？第三個問題爲位格問題，或人稱（Persona）問題，人稱的要素是什麼？這三個問題都有連帶的關係。一個實體，爲什麼成爲一？

一張桌子，爲什麼是一張桌子，不是多張？爲什麼成爲一，構成的原料不互相分離？一個人爲什麼是一個人？一株樹是一株樹？

一張桌子成爲一張桌子，是製造的圖形把各份予結成一張桌子，一座房屋成爲一座房屋，是建築的圖形把各份子結成一座房屋。普通人們都知道這一點。製造桌子要有材料，建築房于要有材料，有了材料還要有製造或建築的圖形。材料是「質」，或稱「元質」；圖形是「理」或稱「元形」；元質也可比爲「氣」，元形也可比爲「理」。物體由「元形」和「元質」而成，也可以說出「理」和「氣」而成。桌子或房屋之成爲一，由圖形所成；物體之成爲一，則應該說是由於元形，或說由於理。

天主教神學家講論天主的唯一件，乃以「一」和「有」在本體上相同，同樣「眞」和「善」也和「有」相同。

康德以「二爲認識的範疇，黑格爾以「一」，爲辯證的起點，當代西洋哲學常把「一」由數學及心理學去研究。

但是這是在抽象的理論上說：一幅桌子的製造圖，一幅房屋的建築圖，在圖形上是把各份子結合起來了，看來走一張桌子或一座房屋。可是在實際上，圖形祇是各份子應該佔有的位置，並不能使各份子結成一個。我在討論「實體」時就說過，「質」和「理」結成「性」，「性」要和「在」相結合才成一物體，若在理論上講，可以把「性」和「在」結成一「本體」，在實際上，「在」要是創生力，才可以和「性」相結合而成一實體。因此，實體的成因，主要是「在」，而「在」是力，即是創生力，創生力則是生命。

人是理性動物，理性動物成爲「在」，即是這個人在。這個人在，是因爲這個人活，他不活，他就不在。一個人剛去世，他看來還是理性動物，但他已經不是人，因爲他不活了，不能有理智。人的「在」，便是「生命」。你當然可以說「理智」是人的「元形」，即是人之「形理」；人的形理，乃是靈魂，靈魂便是人所以「在」的理由，而不是創生力的所謂生命。可是理智爲人的「形理」，若只是抽象的形理，決不能使人「在」；理智爲人的形理，形理要是靈魂，靈魂也不能祇是抽象的靈魂，而是具體生活的靈魂，靈魂即是人的生命，靈魂一離開身體，人就沒有生命，人就不在了，人的存在是生命，生命是人的靈魂，人由靈魂而存有，由靈魂而成爲一。靈魂就是人的創生力。

靈魂使人的各份子結合成一個人，靈魂結合各份子，貫通各份子，一個人的全心全身都有生命，一支手臂，一個指頭，麻木不仁，沒有生命，便和身體分離。

一株樹，一株花，由生命而成爲一。樹桿和枝葉由樹的生命或花的生命，互相連繫結成一體，一體由生命而存在。若一枝一葉枯乾沒有生命，就和整體相分離，若整體的樹或花枯乾沒有生命，枝葉便互相解體。樹和花的生命，就是樹和花的創生力。

一塊石頭，一座山，由許多份子結成一體，結成的原因是體內有一種力量使它們相結合。這種力量也使石頭或山在體內有變動。體內的力雖不像植物動物體內的力很靈活地週遊體內，但也是達到整體的各份子；若不達到一份子，那份子就會脫落。中國古人常說山有山脈，現在人濫墾，挖斷了山脈，山就崩下來。普通所謂無生物，也具有創生力、內動，因此，中國哲學承認有生命。

每一個實體都是因着「在」而爲「存有」，每一個「存有」都是一，「存在」的一，就是因着「在」，「在」爲「有在」則是活動的「存在」，即是生命，就是創造力。

2.實體的一致性來自生命

哲學上對於每一個實體，有兩個問題：一個是每類物體成爲多的單體問題，例如人，有無數的個人，個人的成因在那裡？另一個問題是「一致性」（Identity）❼，一個人從少到老，常是同一個人，理由在那裡？

單體的成因，士林哲學主張是元質（Materia），一類物質的元形Forma，都是一個，沒有分別，人都是人。單體的分別，在於元質使元形的「能」，在成爲具體性，有數量多少的不同。例如一個人的智能有多高，一個人的身體有高低肥瘦，有顏色濃淡，有耳目口鼻的位置，這些特性都由元質而來，就是說元質限定了元形之「能」的數量，由「能」的數量乃有不同的單體。中國哲學的朱熹主張單體由氣而來，理成物性，氣成物形，單體的分別不在物性，是在物形，物形由氣的清濁乃有不同。

但是，或是元質，或是氣，限制「理」或「性」以成單體，單體的氣所有數量，或單體的氣所有清濁程度，由何而來？即是說爲什麼我的智力是這麼高或低，我身體的外形是這樣？中國哲學說這是命。孟子就講性和命。一個人的人性，來自天命，一

❼ 關於一致性，洛克在Essay Concerning Human understanding書中的第二十七章，討論這問題，主張「一致」性屬於身體的生理結構。然而他承認人具有精神，由精神而有記憶，記憶應進入一致性的觀念裡。休謨在Treaties of Human nature的第一卷第六節，討論這個問題，主張由心理方面解釋人的一致性，因爲在本體方面，不能有一本體常在變，而又常是同一本體。

個人的個性，即朱熹所說氣質之性，也來自天命，因爲氣不能決定自己的清濁。人的氣較比物的氣，清得很多，那是人有人性。一個人的氣比別一個人的氣或更清或更濁，那是因爲天命。雖是元質或氣限制性或理，使人性成爲個性；制定元質的數量或氣的清濁，不是朱熹所說偶然湊成的：

稟得精英之氣，便爲聖爲賢，便是得理之全，得理之正，稟得清明者，便英爽；稟得敦厚者，便溫和；稟得清高者，便貴；稟得豐厚者，便當；稟得久長者，便壽；稟得衰頹薄濁者，便爲愚、不肖、爲貧、爲賤、爲夭。

又曰：天之所命，因是均一，到氣稟處便有不齊。看其稟得來如何，稟得厚，道理也備。（朱子語類，卷一，人物之性、氣質之性）

又問：一陰一陽，宜若停勻，則賢不肖宜均，何故君子常少，而小人常多？曰：自走他那物事駁雜，如何得齊！……

又問：如此，則天地生聖賢，又只是偶然，不是有意矣。曰：天地那裏說我要特地生箇聖賢出來，也只是氣數到那裏，恰來湊著，所以生出聖賢，及其生出，則若天之有意焉耳。（朱子語類，卷一，人物之性、氣質之性）

氣數既屬天命，天命不能解釋爲偶然湊合。天命應爲上天之命。不是天地有意，而是上天有意，天地只是天地的工具，在士林哲學，聖多瑪斯解釋爲天主，造物主掌管天地萬物的「措施」（Providentia），這種「措施」稱爲繼續的創造，造物主創造宇宙萬物以創造力而創造，創造力造創生力，創生力繼續不停發動宇宙的變化，化生萬物。天命就是造物主在創生力化生一物時，由創造力通過創生力賦予這物的物性和個性；所以物性和個性都來自造物主的天命，由創生力予以實現。因此，單體成爲單體的理由，在現象上說，是元質或氣，在實際上說，則是生命。

孔子和孟子對於「命」，不僅承認有人性和個性的命，還承認有重要遭遇之命。孟子曾說：『吾之不遇魯侯者，天也！臧氏之子，焉能使予不遇哉！』（梁惠王下）人的生活繼續邁進，時時有所遭遇，大小不同，都是人事和自然環境所構成，造物主掌管宇宙萬物，讓人們和自然環境依照通常的程序進行，不特加干預；但有些重大的遭遇，對於一個人所有的使命，或對人類社會或國家民族有重大關係，則造物主予以「措施」。這種「措施」也由創生力而實現。在超性方面，天主的措施，則直接由天主聖神而實現。實體都是單體，也是個體，這個單體繼續在變；然而卻常是這個單體。在人方面，就是「我」的問題。一個人從少到老，常是一個「我」。不論身體、智識、品行，怎樣改變，「我」則常是「我」。這個「我」，究竟由何而成？

大家知道這個「我」，不能由身體方面去說，因爲我的身體最表現變，看來最常不是一樣。也不能從心靈方面去說，心靈所表現的智識、品行，就常在變，有些哲學者說是人的記憶，使我常知道我是以前的我。這種解釋行不通；因爲不僅是因病失去記憶的人，仍舊是他以前的我；就是有記憶而不用記憶的時候，也是他以前的我，又有些哲學者說是因爲有自我意識，每個人常意識到自己常是同一個我。但是這種解釋也行不通，因爲和以記憶來解釋有同樣的困難，而且還有更多的困難。我不僅知道我常是同一個我，我也知道別人也常是同一的個人，一隻狗常是同一隻狗，一朵花常是同一朵花，一塊石頭常是同一塊石頭，任何物體在它存在的時候，常是同一個身體。並且精神體也是一樣，一位天使常是同一位天使，造物主天主常是同一的造物主天主。因此，很顯明，「一致性」不能由心靈方面去解釋，必定要由本體方面去解釋。

士林哲學解釋「一致性」就以物的本體作根由；每一個實體的本體常不變，附加體可以變，「我」之所以常是「我」，是因爲我的本體常在而不變，我所變的是附加體。可是我在解釋實體時，主張實體爲一整體，整體之「一」在於創生力，即是「存有」，即是具體的「在」，即是生命。本體是抽象的，本體的「性」和「在」，也是抽象的；抽象的本體成爲實際的實體，是由於創生力。實際的實體常因着創生力而變，創生力雖常動，但在一實體內常是同一的創生力，常賦與實體同一的「性」。一實體的創生力，就是實體的「生命」，就是整個的實際實體，一實體的創生力常是同一的，實際的實體就常是同一的實體。

「我」之所以常是「我」，是因着我的「存有」，是因着我的生命。我的生命使我結成一個實體，與眾不同，成爲一個「我」。這個實體幾時「存有」，幾時便是這個實體，而且是整個實體。「我」之爲「我」，是整體的我，是實際具體的我，不是抽象的本體。整體之「我」是「我」，在於我活着，我有同一的生命，我幾時不活，沒有生命，我就不是我了。

一隻狗，一朵花，常是同一的狗，同一的花，是因爲有同一的生命，同一的創生力。一塊石頭，一張桌子，一枝筆，常是同一的石頭，同一的桌子，同一的筆，不是因爲它們不變，而是因爲在它們內具有創生力，使它們成爲「一」，使它們以內有變，使它們是動的「存有」。它們以內的創生力常是同一的，它們也就常是同一的。

簡單地說：士林哲學主張「一致性」的根由是「本體」，本體是抽象的實體；我所主張的「一致性」的根由是創生力，創生力是實際的本體，是整體的實體。士林哲學是西洋哲學就抽象方面議「有」，我以中國哲學傳統講具體的「存有」。

3.位稱（Persona）❽

---

❽ 關於「位稱」。

「一致性」（Identity）在現代社會的流行語中，又代表一個人在社會裡所作的「角色」。孔子曾極力主張正名，父父、子子，君君、臣臣，每個名詞代表一種身份，每種身份各有各的權利義務。名詞是抽象性的，具體的身份代表，在中國戲台上有「臉譜」，每種角色有各自的面具，面具代表角色。現代社會上所稱的「身份」（Personalitas, Personality），在於一個人怎樣可以使大家看出來，或認識他是那一行業的人，這種「身份」便是指的每種行業人的特徵。例如一位教士「神父」，他的特徵在那裡。同時，這種身份也指着社會地位，每種行業人在社會裡佔什麼地位。

行業的特徵和地位所造成的身份，是一種社會的現象，由社會價值觀去作研究，不是哲學上的問題。但是在根由裡，社會身份是來自哲學的「身份」（Persona），

聖若望大瑪休諾的定義說：「位稱，是以自己的動作和特性，表現自己，和同本性的（存有），互相分別」。（Dialect., C43 in Migne P. G. 94. col. 613）

聖奧斯定的定義說：Singulus quisque homo, qui……secundum Solam mentem imago Dei dicitur, una persona est et imago Trinitatis in mente. De Trinitate, XV. 7, 11）每一個人，在理性上是天主的肖像。位稱，是天主聖三的肖像。

波厄基烏的定義說：Persona est naturae rationalis individua substantia.（De duabus naturis et una subotantia Christi. C. 3. iin Migne P. L.64, Col. 1345）

即是位稱。因爲社會身份的根本意義是一個人的「自己」，父親自己是父親，教師自己是教師。一個人的「自己」，讓別人可以認識出來，而且受到別人的重視。

「自己」受到別人的重視，在現代社會裡，又有一個名詞，即是「人格」。每個人都認爲自己有自己的人格，別人不能輕視或侮辱。另外青年人，工人、婦人，從前常受人管轄，只有聽命順從，現在大談自己的人格，要求父母、雇主、男人，予以尊重。

還有一種「人格」，也是現在青年所喜好標出的，是自己的個性。一個青年要顯出自己和別人不同，標出自己有自己的性格，自己的嗜好，自己的特長。有的歐美青年表示看輕金錢享受，回歸到原始的生活，造成了一派「嬉皮」，尼采曾經標出「超人」，現在社會標出女強人、政治強人。這些人的特點，代表他的人格，標明他自己。

人格，在倫理道理方面，則代表一個人的品德，或品格，人格的高低代表一個人道德修養的高低。一位道德修養高的人，別人稱讚他的品格高尙；一個道德修養低的人，人家便罵他沒有人格，或是人格掃地。

上面種種「身份」、「角色」、「個性」，「品格」、「人格」的意義，雖有不同，然而在根基上，卻都同在「我自己」的基礎上。社會或本人對一個人的評價，由社會、心理、道德各方面，看一個人的表現，予以評價。在這些評價的中心，則是一個整體的人，也是一個單體的人。

因此，人格或位稱（Persona）在西洋哲學，根據波厄基烏（Boetius）的定義，常說是「一個有理性的單體。」在這項定義中有兩點是最重要的成份：一、有理性；二、單體。沒有理性的物體，不能有人格，不能有位稱，便不能稱爲「一位」，人有理性、人格或位稱，便用於人。造物主天主，天使，也有理性，便也有位稱。

但是「有理性」是一個共同觀念，代表許多實體，或至少代表人、天使、造物主天主，在人格或位稱的涵義裡雖然重要，然而不是決定性的，人格或位稱，不由「有理性」而決定；決定性的是「單體」，人格或位稱必定要是一實際實體。「有理性」屬於「性」，「單體」屬於「在」，在本體方面，人格或位置，不由「性」去決定，而由「在」去決定。

人都是人，「一位」則是這個人或那個人。人的單體稱爲「位」，即是有人格或位稱；然而人的單體和「位稱」有什麼分別？或者是兩者完全同一，在實際上沒有分別？在理論上，人的單體，即是有理性的單體，和「位稱」是相同的，同是指着一個人。在實際上，兩者的內容不完全相同。人的單體，在實際上，指着這個人，指着這個整體的人，但不特別標出他的特點。「位稱」在實際上，特別注重他的特點，他在「存在」上自有的方式，與眾不同。普通在文規上，西洋語言常有第一人稱、第二人稱、第三人稱，稱爲位格。這種位格就標出一個單體的人在「存有」上的方式，這種方式，由「存在」的關係而定。在法律上，「人稱」代表權利，一個人是權利的主體，稱爲「自然人」，法律所承認的權利主體，稱爲「法人」。因此，在本體上，單體的人有他的人稱（Persona），應是個性完全的人，即是存在的方式是完全的人。

天主教神學，特別講論「位稱」，爲講天主三位一體。「位稱」不是從本性去講，所以天主的本性是一。天主的存在也是一，不然便不是唯一的天主，而是多的天主。但是天主存在的方式有三，即是存在的關係有三，每種方式爲一存在方式，每一存在方式，成爲天主的一位。所以能夠有三存在關係，那是神妙不可理喻的。

近世士林哲學，對於「位稱」，常注重三點：第一，「位稱」是一。一，不是抽象的一，是生活的個體；不是份子所成的一，是使份子結合的一。第二，「位稱」是自立，即是自立體，不是依附體，而且是自己認識自己。第三，「位稱」是自主自求，自己主宰自己的行動，自己爲行動的目標。從這三點看來，「位稱」是有完全存在方式的理性單體。上面所說的三點，就是完全存在方式，也就是完全的生命。

附錄

黑格爾在所著的美學中，強調藝術美在於注入生氣，美的客體以生命作統一的基礎。

> 美是理念，即概念和體現概念的實在二者的直接的統一，但是這種統一須直接在感性的實在的顯現中存在著，才是美的理念。
>
> 理念的最淺近的客觀存在就是自然，第一種美就是自然美。（黑格爾美學，朱孟實譯，里仁書局，上冊，頁一六二。）
>
> 較高一級的自然物卻讓概念所含的差異面處於自由狀態，每一差異面在其它差異面之外獨立存在。到了這步，客觀性的眞正性質才初次顯露出來。客觀性就是概念的各差異面所現出的這種互相外在的獨立存在。在這個階段，概念以這樣方式顯出它的身分：因爲它作爲統攝它的一切定性的整體，變成了實在，所以其中個別物體雖各有獨立的客觀存在，而同時卻都統攝於同一系統。例如太陽系就是這樣方式的客觀存在。（同上，頁一六三）

概念的差異面的整體也明白外現了，但是在這裏概念究竟還是沉沒在它的實在裏，還沒有顯現爲這種實在的觀念性和內在的自爲存在。它的存在的基本形式還是它的各差異面的各自獨立，互相外在。

如果要概念達到這眞正的存在，就要求實在中的不同方面（即各獨立的差異面的實在與也是獨立的客觀化的統一的實在本身）能回到統一；就要求自然差異面的這裡整體一方面把概念明白外現爲它的各種定性，在實在界的互相外在，另一方面卻又把它的每一特殊面的自封閉似的獨立狀態取消（否定）掉，使觀念性（在這觀念性裡各差異面回到了這主體的統一）顯現爲對這些差異面灌注生氣的普遍源泉。這樣，這些差異面才顯得不僅是拼湊在一起的本無關聯的各個部分，而是一個有機整體中的成員；這就是說，它們不再彼此分立，而是只有在它們的觀念性的統一裡，才有眞正的存在。只有在這種有機組織裡，概念的觀念性的統一才出現在各成員裏，作爲它們的支柱和內在的靈魂。到了這步，概念才不再沉沒在實在裏，而是作爲內在的同一和普遍性而轉化爲存在，這種內在的同一和普遍性就是概念的本質。

只有這第三種自然顯現的方式才是理念的一種客觀存在形式，而這樣顯現於自然的理念就是生命。死的無機的自然是不符合理念的，只有活的有機的自然才是理念的一種現實。因爲生命有這三種特色：第一，在生命裡概念所含的差異面外現爲實在的差異面：其次，這些單純的實在的差異面遭到否定，因爲概念的觀念性的主體性把這實在統轄住了；第三，這裡也出現了生氣，作爲概念在它的軀體裡的肯定的顯現，作爲無限的形式，這種形式有力量維持它在它的內容裡作爲形式的地位。（同上，頁一六四—一六五）

因爲生命的力量，尤其是心靈的威力，就在於它本身設立衝突，忍受衝突，克服衝突。在各部分的觀念性的統一和在實在界的互相外在的部分之間建立衝突而又解決衝突，這就形成了繼續不斷的生命過程，而生命就只是過程。這種生命過程包含著雙重活動：一方面它繼續不斷地使有機體的各部分和各種定性的實在差異面得到感性存在，而另一方面如果這些差異面僵化爲獨立的特殊部分，變成彼此對立，排外自禁的固定的差異面，它就又要使這些差異西見出它們的普遍的觀念性，即它們的生命源泉。這就是生命的觀念論。因爲不僅哲學是觀念論的，凡是觀念論在心靈領域裡所要做的事，自然在作爲生命時實際上就已經在做。只有這雙重活動合而爲一，只有一方面有機體的各種定性的繼續不斷的實現以及另一方面在觀念中替現實存在事物設立主體的統一這兩件事的合而爲一，才是完滿的生命過程。（同上，頁一六七）。

如果我們進一步追問：生命的理念在現實的有生命的個體裡如何可以認識，以下就是答案。第一，生命必須作爲一種身體構造的整體，才是實在的；其次，這種整體不能顯現爲一種固定靜止的東西，而是要顯現爲觀念化的繼續不斷的過程，在這過程中要見出活的靈魂；第三，這種整體不是受外因決定和改變的，而是從它本身形成和發展的，在這過程中它永遠作爲主體的統一和作爲自己的目的而與自己發生關係。(同上，頁一六九—一七〇)。

黑格爾以美爲「理念」。「理念」是概念的實在。概念和實在，二者直接統一，乃是生命。生命把物體各不同的部份，排除不同點，而結合爲一體。生命是一體的根基，黑格爾以生命祇在有機體內，無機體沒有眞正的統一，所以自然物沒有美。我不接受這種思想，自然有統一、有美。自然物的統一，是它的「存在」，「存在」是力，即是生命，即是創生力。

三、主體——我

1. 人——心物的關係

人是造物主天主按照自己的理念而造成的，這表示人在宇宙萬物中有特殊的意義，和宇宙萬物有不相同的特徵。因此，中西哲學都承認人爲萬物中最優秀的，而且可以代表宇宙萬物。

在中國哲學裏，禮記以爲人得天地的秀氣，爲萬物之靈。朱熹以爲人得天地之理之全，物得天地之理之偏。而人的特點，則在於心靈。孟子論人，說人有小體有大體，小體爲耳目之官，大體爲心思之官，心思之官是人所以成爲人的理由。人因有心思之官，可以認識萬物，可以愛或恨萬物，尤其可以自由選擇。因著人，宇宙萬物才充滿意義，也富有感情。造物主把宇宙萬物隸屬於人，供人使用，屬人管轄。所以聖保祿宗徒以人的罪，使萬物也屬於罪，人得救，萬物也得救。

人的特徵，在於心靈，然而人的整體，一個整體的人，是心靈和身體結合而成的實體，所以說是心物合一體。對於心靈和身體的關係，哲學家有多種不同的意見。

唯物論主張心靈爲最輕微的物質，和身體的性質相同，兩者不成二元，而是一元，沒有所謂連結的關係。但是普通中西的傳統哲學思想則承認靈魂爲精神體，身體爲物質體，兩者中間存著連結的關係問題。希臘柏拉圖主張心靈或稱靈魂先天存在理念世界，和身體結合而成人，身體乃是靈魂的牢獄；這種思想成爲柏拉圖學派的思想。希臘亞里斯多德和中古的聖多瑪斯主張靈魂爲理型（Forma），身體爲質料（Materia），共爲人的二元成素；這種思想成爲士林哲學的思想。由這種思想產生「身體爲工具」的思想，靈魂運用身體作活動的工具。中國朱熹則主張心靈爲清氣所成，身體的氣則濁，所以分爲魂魄，爲人的上下兩部份，似乎和唯物論的主張相同，但是朱熹和儒家學者都承認清氣爲虛靈，爲非物質的精神。然而當代儒學者和漢朝王充一樣，不承認心靈爲精神，因爲心靈的活動，都由身體，即是頭部的神經而成。西洋當代哲學思想，也有否認靈魂爲精神體的傾向，不再沿用傳統的「靈魂」名詞，而用「理智」（Mind）名詞。

爲解釋靈魂和身體的關係，不能否認二元，而單用一元。二元爲氣，氣在人內爲何分清濁兩部份？一元爲物質，物質爲何在人內有輕清和重濁的分別，兩部的關係若何？靈魂和身體爲兩種不同的元素，靈魂爲精神體，身體爲物質體，兩者性質不相同，而且又不是自立的實體。這兩者不同性質的成素，在「存在」上合而爲一，成爲一個自立的實體。人的「存在」爲生命，靈魂和身體在人的生命上，合而爲一。人的生命，乃是心物合一的生命。

人的身體和靈魂，爲人生命的兩種成素；成素的意義和普通所說一物的成素，意義不完全相同。普通所說的成素，是沒有本身完成型態的物質，靈魂和身體則已有自己完成的型態，身體有完整的型態，靈魂也有完整的精神型態。而且靈魂還是可以獨立存在的型態，離開身體後就獨立存在了。這兩項具有自己完全型態的元素，合成一個心物合一的人。

人的心物合一，不是兩分的型態，而是合一的型態；不是靈魂運用身體，而是兩者同一活動。因爲靈魂和身體在生命上相結合，合成一個生命；人的生命乃是心物合一的生命。一個人的生命活動，必定是靈魂和身體共同的活動，沒有一項單獨身體的活動，也沒有一項單獨靈魂的活動。在本體論方面，人常是人，醒著有意識時是人，睡覺沒有意識時也是人。有意識的活動，是靈魂和身體的活動；沒有意識的活動，也是靈魂和身體的活動，不能說在人以內有生魂、有覺魂、有靈魂，人的魂祇有一個，就是靈魂。人的生命也祇有一個，不能說生理生命，不是人的生命。至於有意識沒有意識，那不是在本體上的分別，而是在「用」上的分別。一個植物人，仍舊是人，他的活動仍舊是靈魂的活動。

靈魂和身體的結合，結合在「存在」（Existance）上，「存在」在一個實體內是唯一的，不可分立。存在是動的在，是生命。生命也是唯一整體，不可分。

因此，人爲思索，要用腦筋；不是靈魂運用腦筋，而是人的思索必定是心物合一的動作，同樣感覺活動，要和靈魂相合。就是生理活動，也是身體和靈魂的共同活動。關於這一點，大家可能不願意認同，因爲大家習慣了說生理活動是不經過靈魂；然而生理活動乃是生命的重要的活動，否則人就不能活。人的生命則祇有一個，不能分割，靈魂便祇有一個。不能分割，一切活動都是生命的活動，也都是靈魂和身體的活動。

因此，便不能因爲理智活動要用神經，便說靈魂是物質。人的活動必定是心物合一的活動，也並不妨礙靈魂的精神性。❾

---

❾ J. F. Doncel S. J.著，哲學人類學，劉貴傑譯，巨流圖書公司，頁四二四。
靈魂與肉體的關係，列舉六種思想：
1.肉體與靈魂是兩個完整的實體，其互相影響。（交感主義）
2.肉體與靈魂是兩個完整的實體，但互不影饗。（心物平行論）
3.肉體與靈魂只是基本整體之兩面。（泛心靈主義）
4.唯肉體是實體，所謂靈魂，祇是心理現象的積聚而已。（現實主義或現象主義）
5.靈魂是個實體，但無法藉推理加以證明。（不可知論）
6.只有人才是完整的實體，靈魂是不完整的實體。因爲有靈魂，肉體才成爲肉體。（型質論）

2.靈魂的來源和永生

靈魂的來源，學者各有主張：或說來自父母的肉體，先形成胚胎的肉體，後來發展爲靈魂；或者簡單地說來自父母的遺傳，靈魂並非精神體；或說靈魂先已存在於理念世界，然後與肉體相結合；或者說出造物主所造。

靈魂由造物主所造，「但既非只在嬰兒受生之初維持其父母的因果關係，因爲祂藉所謂神的意旨以延續一切有限的因果關係；亦非不藉雙親直接的共同合作，從無中創生靈魂，而是使嬰兒的父母超越其力量來產生嬰兒的力量。就此而言，人的靈魂以及宇宙每一新的實體都是被創造的。」⑩因爲新的實體的出現，是產生這實體的『自身超越』和『存有的增加』，這種增加必源自造物主。

靈魂何時被創造？董瑟（Doncel）認爲「我們不得而知。但只能確定在懷孕與嬰兒形成其最初理智活動之間的時段。人只能透過靈魂的活動來認識靈魂。……士林哲學大師多瑪斯，以及人數漸增的現代哲學家均以爲只有在有機體的反省活動，特別是大腦活動能有所表現時，靈魂才能顯現出來。這種情形有時在懷孕三個月時，就有徵

---

⑩ 同上，頁四四一。

候。……祇有在人的胚胎形成並發展出主要的器官——大腦與四肢時，才能構成人體與人心。此即間接靈化理論。時至今日直接靈化理論多爲一般人所接受。這種理論以爲只要卵細胞受精，胚胎具有常人四十六個染色體的正常容量，即可構成肉體，具備靈魂而成爲人。根據這個理論，當懷孕時，靈魂已被嵌入了。」⓫

關於這兩個問題，我的主張很簡單：靈魂由創生力，來自天主，是在卵和精相結合而受孕的一刻。

宇宙每一物的化生，都是前一物的自身超越和存有的增加。當一物由自身的質料預備化生另一物時，創生力由創造力（造物主的神力）賦予型態（性理），使相結合而存在，成一新的存有物。創生力爲造物主的繼續創造，由造物主的創造力取得爲化生萬物所該有的一切。創生力使父母的精子和卵相結合，同時賦予這種結合的型態（性理），即具體人性，這種結合物乃是人。人的性理型態祇是一，又不能隨時變性，精子和卵相結合而受孕時，是人的受孕，不能受孕時是植物性，等到三個月或多幾個月後，胚胎具有人的器官，才變成人的性。「就聖多瑪斯的觀點而言，人的胚胎最初只有植物的生命，在母體子宮內自發的成長，然後才轉爲有知覺的或動物的生命，只有

⓫ 同上，頁四四二。

在具備人體基本器官之後，靈魂才存在。在母體子宮內經過眞正的『演化』之後而出現的靈瑰，實爲父母與創造者——上帝共同合作所獲得的結果。」⑫這種思想的根基，是以「用」來作生命的根基，生理生命，感覺生命，理智生命，都由器官來決定，有了相應的器官，才有相應的生命。同時也就出現人有生理魂、感覺魂和靈魂的主張。可是『生命』就是存在，人的生命就是人的存在，人一刻沒有生命，人就不存在了。生命既是存在，存在只是一個，雖然常在動，也在變，然而不能由一種類而變成另一種類，因爲存在的型態性理（Forma）不能變，常是一種。父母的精子和卵相結合而受孕的胚胞，所受型態性理是人的型態性理，不能夠最初是植物的型態性理，後變成動物的型態性理，最後才變成人的型態性理。在一物體內型態性理的『演化』是不可能的。型態性理在一物體內不能演化，這個物體的存在雖是活動，可以變動，但不能演化，它的活生命也不能演化。母胎子宮中的胚胎不能最初是植物，然後變成動物，最後變成人。

生命由器官的活動而表現，但不能因表現而決定才存在。先有『存在』，然後有表現。也不能因爲沒有器官，絕對不能表現人的生活，人的靈魂便不存在。存在是本

⑫ 同上，頁四四三。

體的存在，用是本體的用，本體可以先存在，而後有用，用和存在不能相合爲一。

一個人祇有一個生命，一開始活就是人的生命：人的生命由型態性理而定；一個人的生命所有型態性理就是人的型態性理。人的型態性理是靈魂，所以胚胎在母親的子宮內一受孕就有靈魂。不是靈魂『嵌入』胚胎內，而是胚胎因着靈魂才存在，現在天主教會禁止墮胎，放棄討論幾個月的胚胎可以墮的問題，主張胚胎一受孕，就禁止墮胎。董瑟認爲這種主張有問題，因爲同一卵能有雙生子，同一卵的雙生子，「是在懷孕不久，由同一受精卵分裂所造成的。根據直接靈化理論，卵子與精予一結合就成爲人，後來被分成兩個相同的一半，然後再成爲兩個人，這是形上學的不可能。」⓭

不過，同一個胚胎，由植物變成動物，由動物再變成人，才眞眞是形上學的不可能！而且就是按照他們的間接靈化理論，胚胎原先是一個植物或一個動物，怎麼變成了兩個人？若是雙生子的有些器官只有一個，那麼兩個人的靈魂就不全了，因爲他們主張沒有器官就沒有靈魂。

實際上同卵雙生子應該是同一卵受精的胚胎，就有雙生子不同的「存在」——即不同的生命，祇是沒有表現出來，精子和卵祇是質料，有了靈魂才能受孕爲活物。一

⓭ 同上，頁四四四。

個卵供給一個或兩個靈魂的質料，在形上學上並不是不可能。

靈魂爲人的型態性理，肉體爲質料，兩者都不祇是抽象觀念，而是實際體，靈魂是精神體，肉體是物質體。兩者在「存在」上合一，而成一心物合一體，具有心物合一的「存在」——心物合一的生命。

靈魂爲精神體，能有認識，能有感情，能有自由，爲人生命的根源。因爲靈魂是活的，是人的創生力，整體地在身體整體以內，又整體地在身體的每一部份內。身體的某一部份，若沒有生命，就沒有靈魂，或說若沒有靈魂，就沒有生命。但這不是從「用」方面說，不是因爲某一部份不適於生命的活動，便沒有生命，而是因爲沒有靈魂，和整體的「存在」相脫離，乃沒有生命。

靈魂是精神體，精神體是不滅的，不能摧毀自己，也不能被外物所毀滅；唯一可以毀滅靈魂的，是造物主。但是從造物主天主所啓示的，天主不毀滅人的靈魂。

可是在哲學上問題並不這樣簡單。靈魂和身體結合在『存在』上，即是結合在同一生命上。這同一的生命因着死亡而消失了，肉體不存在了，即人死後，屍體已經不是人的身體，已經沒有生命，靈魂怎麼可以存在呢？是不是人的存在，本是靈魂的存在，肉身祇是附加在靈魏上呢？這一點不合理，原來柏拉圖的靈魂先天存在論就是這樣，可是身體不是附合物，乃是人本體的質料。靈魂和身體共有同一的存在，同一的生命，構成一個主體，存在是主體的，生命也是主體的，主體消失了，存在和生命也消失，靈魂怎麼生存而生活？而且以器官活動作爲靈魂存在的根基的學者，認爲屍體沒有任何活動，靈魂怎麼生存？

靈魂和身體結合在一『存在』上，成爲心物合一的生命，『存在』爲兩者共有的『存在』，生命爲兩者共同的生命。靈魂不變也不分裂，身體則變也可以分裂；若一個肢體枯乾沒有生命，便和『存在』分裂。人死時，整體身體不適合生命，便脫離『存在』，靈魂則適於生命，不脫離『存在』，便繼續『存在』而生活。單獨靈魂的生命，不是人的生命，祇是靈魂的生命，等到肉身復活，再結合靈魂的『存在』，恢復人的生命；不過，那時的身體已經不是物質性，而是非物質性的，那時人的生命不再是「心物合一」而是精神性的生命。

3. 主體的認知

靈魂和身體結合成一個心物合一體，這個合一體就是一個人，一個人是他的生命的主體，也是他的一切活動的主體。並且還是他的身體和靈魂的主人。主人和主體，字面的意義雖不相同，主人表示擁有，主體表示操作；但是在實際上則意義同一，都表示這個人是他所有的一切關係的基本。

一個人是主體，是『我』，主體應該是實體，實體的根基爲「存在」，主體的根基便是『存在』，存在是動的存在，是生命。主體爲實體，乃是一個自立存在的個體，爲一『位格』；一個人便是一個『位格』。

『位格』的涵義非常充實，是一個整個的實體「我」，「我」所有的一切都包括在『位格』裏，所有的動作也都歸屬於『位格』。

主體是自立的實體，自立的實體是自主的『存在』；假使不存在，就沒有自立的實體。因此，一說『主體』，就是說『存在』。這一個人『在』、『活著』，便有這個人。我說：「這個人」，就是說這個人『在』、『活著』。假使這個人死了，不在了，我就不能說「這個人」；若是我還說，我所說的也沒有意思。

主體因爲『存在』，他的一切才有意義。『我』活著，我的一切才有意義；我若死了，不在了，我的一切就沒有意義，而且也都不在了。

主體的存在，所以不要有證明，因爲我自己就是存在。我在實際上是個活人，不必要證明我是活人。若是我不活，已經不是這個人。

我們中國的哲學，從來沒有要求證明主體——『我』的存在。我、你、他，就是存在，就是生命；若不存在，不生活，就沒有我、你、他。這一點用不著證明，也不能證明。西洋哲學以追求眞理爲目的，眞理爲理智的對象，凡是人所講的，都要透過認識；凡不爲人所認識的，或不能爲人所認識的，便不存在。因此，有些哲學家便主張凡是合理的，就必存在。

主體——我，要證明自己的存在，要透過自己的認識，成爲『被認識』。我認識我自己，出現兩個我，一個是認識者的我，一個是被認識的我。於是西洋哲學認識論的主體和客體間的鴻溝問題又出來了，我怎麼可以認識我？

笛卡爾說『我思則我存』；從經驗說，這種證明是對的。可是從認識論說，我思和我存有什麼關係？中間要有一個大前提，『凡是作思想的就必存在』。這個大前提大家都接受。可是小前提『我作思想』，怎麼證明？只能說「我說話時，當然是在想」，然而怎麼證明『我說話』，祇能說，我說話就是在說話，不要證明。等於說「我在，就在，要什麼證明」。

胡塞爾用現象學方法，把一切有關於主體的觀念成經驗，都『存而不論』，直接回到物的本身——主體。現象學派的學者運用這種方法，以認識主體——我。「除非眞正了解，我們應該更深一層探索下去，直至找到深入內部的探索者爲止，亦即必須更深入地探求根本的認知和意願之行爲：即我希望了解我內在的認知者。我們試圖由認知和意願的行爲，更好說是判斷和意願的行爲，使我和我自己結合，來展現純粹主體。當然在同一行爲中，我也能和存有相合。所以，我已探求到根植於存有的基本深

度。⓮

董琵說上帝認識自己，沒有主體和客體的區分，「而是主體清晰的自現和自覺，它是在完整的和不能分割的純粹實現中，徹底地認知及被認知。」⓯人不能有這種認識，但是在判斷和意願中，人和自己結合了。「就某種程度而言，純粹自我是內在的知覺、感受、想像、記憶，解決問題的活動者。明確地說，人是身內的肯定和意願的活動者。……這些活動的認知和意願，不再是類似客觀的，而是主體的，開創的自我在運作了。」⓰

但是，由認知和意願去認知主體——我，雖說認知和意願都和我相合，仍舊不能完全避免認知者意願者和認知及意願的主客關係。我們必須突破以認知去認知主體，避免以認知去證明主體，仍舊是以自己去證明自己。主體是活的存在，是生命。活的存在，自己呈現自己。我活着，就呈現我。至於我判斷，我願意，乃是我呈現我的形式。而且我是心物合一的存在——生命，感覺的活動也呈現我。至於說意識，爲自我

⓮ 同上，頁四一。
⓯ 同上，頁三九。
⓰ 同上，頁四四。

的呈現，當然是對的；然而意識也只是一種最直接的呈現方式，不能說意識就是我，沒有意識就沒有我。

中國哲學很注重『明』、『通』、『一』以主體——我，自己是明的，好比一尊水晶像全體是透明的，不能比做燭光，只能照明別的物體，不能照明自己。我自己主體透明，我直接看見我主體，通而爲一。這種情況，凡是精神體都是這樣。人的靈魂爲精神體，所以是明、通、一。衹是「我」爲心物合一體，身體是物質，自身不透明，靈魂的透明要經過身體而呈現，但是身體並不完全是物質，不完全擋住心靈的光明，人可以認識外物，人心靈主體也便可以呈現給自己。這種呈現不僅是在反省意識中，小孩沒有反省意識，也天然知道自己實實是『存在』，自己是自己。小孩要東西時，說：『我要某東西』，小孩雖然不明瞭『我』，但是他懂得『我就是我』。

主體的存在和主體的內容，在精神體，完全是一，主體一呈現，全部內容也同時呈現。在心物合一體，則主體呈現自己，內容不完全呈現，因爲心物合一體爲認知，須有身體的合作，身體是物質，我主體的內容便不能完全呈現。莊子所以便講隳形骸，修心齋，以自身之氣和物之氣相通，就有大知；理智用腦筋之知爲小知。然而這種氣知是不可能的，人只能透過理智去認識外物，也去認識自己主體。人透過心物合一的活動呈現主體，這種呈現有些在身體外面，有的在身體以內，人對自己的認識有些很親切，似乎是直觀；例如自己的喜怒哀樂，自己的判斷。有的是間接的，自己身體的外貌，自己的才能。中國哲學以每個人的『性』，即是人性，本身透明。人性的內容爲活動的規律，聖人們沒有私慾，「人性」天然呈現，聖人便常行善，這是中庸的第二十章所說：「誠者，天之道也。誠者，不勉而中，不思而得，從容中道，聖人也。」一般的人，都有私慾，人性不能天然完全呈現，所以要克慾，中庸同一章說：「誠之者，人之道也，……誠之者，擇善而固執之者也。」儒家所講主體呈現，爲人性的呈現，人性爲人生活之理。陸象山乃說『心外無理』。但是主體——我，所有，不僅是理，還有他的個性和才能等附體，這些不能由心去完全呈現。佛家的禪觀，人「明心見性」：明心，爲心靈虛空世界一切，見性，爲見到自己的實性。性爲眞如，眞如爲萬有本體。這種眞如呈現的禪觀。在『心物合一』的主體內，不能實現；如要實現，也祇能有陸象山所說的『理的呈現』。

主體的認知，在存在上，主體直接呈現，不用反省，不用證明。在內容方面，由主體通過心物合一的呈現而被認知。主體自體是透明的，透明爲精神體的特性。孟子說人的大體爲心靈，心靈是精神性；然而心靈或靈魂不是人的整個主體，心的主體還有身體。因此人主體的自體透明，是經過身體的透明。身體呈現主體的活動，有高低的程度，生理活動，呈現主體的內容很小；感覺活動，呈現主體的內容較多；感情活動，則呈現很多；理智的活動則呈現最多。在認知主體的認識中，不能分主體和客體；因爲主體的呈現是心物合一的呈現，主體的呈現也就是主體的認知。呈現和認知爲同一主體，在同一的「存在」上，爲同一的生命。我主體的呈現，就是我主體對自己的認知，呈現就是認知，沒有主客的分別。若主體爲精神體，精神體自體透明，自體透明就自體呈現，就自己認知。若主體爲心物合一體，主體的呈現爲心物合一的呈現，主體對自己的認知也爲心物合一的認知，呈現和認知也同而爲一。主體對外物的認知，是外物對我的呈現，所以有主客的分別。

4.我——三我

主體是我，我是位格，位格包括人性，個性、自立的存在、附加體。位格就是這個實際自立存在的個體，就是一個具體的人。具體的人是我，我便是具體的存在，也可以說是『存有』——一個具體存在的有。我的具體存在，爲動的存在，爲生命，我乃是一個具體的生命。

一個具體的生命，爲具體的存在，具體的存在便是我。我從本體上說是具體存在，是生命，這是「本體的我」。從形上本體方面說：我既是具體的存在，我的存在自然呈現。我就是存在，不存在就沒有我。這不須證明，而且不能證明。

我——主體，一個整體，包括許多複雜構成份子，即主體的內容，我主體的內容爲心物合一性，主體內容的呈現也是心物合一的呈現，心物合一的呈現所呈現的我，不是整體的我，這個我，乃是呈現的我。這個呈現的我，爲我在世的各種關係的基礎，所以可稱爲「在世的我」，「在世的我」也就是我在世的生命。我離開世界，身體脫離生命，我就不是心物合一體，只有心靈的生命，心靈自體透明，心靈呈現的我乃是心靈的整體內容，是「來世的我」，而不是「在世的我」了。在現世的生命中，我由心物呈現的我而認知我，這個認知的我，由呈現的我而到本體的我，普通說是「反省意識」，又說「反省意識」爲我的主體，因爲我知道我是自己的行動的主人。我認爲我主體由心物合一而呈現，就是認知，認知和呈現沒有主客的分別；反省則表示主客的分別，所以不可以用「反省意識」去解釋對主體的認知，更不宜以「反省意識」作我的主體。我在世生活時，我是心物合一的主體，主體由心物合一而呈現，我在呈現中。認知我主體，所知認知，是一個傾向無窮的我，從世界的關係中，沒有一件可以得到滿足，常向前追求，對於物質的事物，是這樣，對於精神的福利所謂眞美善，更是向無限追求。道家莊子，乃講避世的「心齋」生活，佛家乃講出世入涅槃的常樂我淨生活，儒家雖講入世生活，但也追求「與天地合其德」的生活。實際上這種追求是追求來世，因爲今世沒有可能實現所追求的目的，因此由呈現而認知的我，是『求來世的我』。

『本體的我』，是我實際的存在，是我的生命，我存在，我就是生命，我就活著。『在世的我』，是心物所呈現的我，就是我在世的生活。在我自己方面說，我各方面的生活，都是呈現我自己。我各方面的生活，都是我的生活，表現我的『位格』。我的生理生活，依照我身體的結構而生活，和別人的生理生活不同。雖然凡是人，生理生活的基本點相同，但是整體的生理生活各不相同。感覺生活也是一樣，各人依照各人的感官而生活。感情的生活則特別表現個性，很明顯地呈現我的「位格」。理智生活表現心物合一的我，表現我是主體。

我，不是單獨的存在，是和宇宙間的萬物一同存在，存在是活的生命，便彼此發生關係。我由心物所呈現的我，乃是在世的各種關係的主體。我對於外物的關係，或是被動，或是主動，都由「心物所呈現的我」，即「在世的我」作主，同時也予以限定。我對外物的知識，對外物的感情，在感覺上對外物的感觸，連在生理上對外物的接納(消化)，都由「在世的我」去作主。我在世的生活，由我的「在世的我」而限定。

「求來世的我」，在現世的生活中，就橫的方面說，追求懷有宇宙的一切，而且還不以爲足。孟子講「浩然之氣」，塞放天地之間。張載講「大心」，將天地萬物都包在心內。莊子書裏充滿這種精神，佛家的華嚴宗和天台宗的「觀」，以一入一切，一切入一，一切入一切。在縱的方面，人向時間追求永桓，道教乃有仙人，佛教乃有涅槃，有極樂世界，天主教乃有身後的永生。儒家雖不講來生，但在現生追求「盡性」，中庸第二十二章講盡性以參天地之化育。

我的存在爲活的存在，是生命。生命本體走無限，不是現有的無限，而是向無限的追求。在現世的生活裏，我的生命所得的是有限，心靈便常感到不滿，常感到苦悶，常感到缺憾。因爲我是心物合一體，在現世生活中所能接觸的祇是物質體和心物合一體，這一切是有限的，不能和精神體直接相接觸，祇有在去世以後，靈魂獨自存在，又在最後身體復活後。我已經是非物質的精神體，才能和絕對的實體——造物主天主直接相接觸，我才能得到滿足，才眞是幸福的我。

「求來生的我」，隱而不現。「本體的我」天然呈現，不用證明。「在世的我」，由心物合一而呈現，同時就是心物合一的認知。我所認知的我，也就是這個我。通常所說的我，所說的位格，就是「在世的我」。「求來生的我」，不呈現於外，卻呈現在我們內心，乃是我切身的感受。我對外物不滿足，對我自己也不滿足，總想現在的我不是眞正的我，而是未來的我，所以常以理想的我，作爲眞我。「理想的我」卻常沒有達到實現的一刻，常是一種追求。即使達到了所預想的我；在達到時又不以爲滿足，而多有在前面的理想。所以在現世，我無法以理想的我爲止境，而是一種無限的追求。然而「求來世的我」隱在心內，不能認知清楚，無法明白予以描寫。普通常說，自我的認知是神秘的，沒有辦法去講。這種自我認知的神秘，常是關連到「求來世的我」。

第五章 生命的發展

一、生命哲學的認識論

1. 新士林哲學的認識論

在生命哲學的續編裏，我曾經爲了一篇圓滿的認識論，提出兩點主張：第一，認識的主體和實體，彼此相連相通，沒有過不了的鴻溝；第二，心靈爲一明鏡。近來對於這種認識問題，我常加思索，又重新閱讀馬里旦教授的著作，自己有些新的見解，對那篇圓滿的認識論再加補充，在認識過程方面，解析更清楚。

馬里旦的認識梯次（Les degrés du Savoir），收在他的全書第四冊。認識梯次共有九章和八篇附錄，深入地討論了認識論的各方面問題。問題的中心是第三章評判的實在論（Le Realisme critique），馬氏主張評判的實在論是士林哲學的認識論，代表聖多瑪斯的思想。馬氏在這一章的第三段認識論（De la connaissance ell-meme），簡單而深入地總括認識的內容，列爲七點。

(1)在認識和非物質性（immaterialite）之間，有很嚴密的互相應合，因爲一個存有要是非物質的，才被認識。

(2)認識是成爲自己的另外一個存有（fieri aliud a re）。認識的主體超於物質以上，主體和被認識的物體互相結合。

(3)認識爲一種認識工作，好似存有和物性。認識工作不是製造什麼事物，也不是接受什麼事物，而是一種存在（exister），一種更好的存在，超越實際事物的限制。

(4)認識的動作，和我們週遭的動作都不相同，不能列在亞里斯多德的動或被動的範疇裏。感覺認識動作繫製造感覺印象，理性認識製造觀念，但是這種內在的製造，並不是認識動作所造，而是認識所必須有的條件和工具，又是認識動作的表現。

(5)因此，除絕對自有體天主以外，對於有限的相對體之認識，應該加入一個另外的存在，即是意向的存在，（esse intentionale），和物體的本身存在不同。被認識者存在認識者以內，認識者和被認識者合而爲一。這種合一的存在，爲非物質性的，意向性的。這種存在不是由無而生一個新的有，而是一種意向的有（etre intentionel），被認識者存在認識者的心靈內，認識的心靈變成了被認識者。按照意向性存在（secundum esse intentionale）兩者都放棄了原來存在的特性，成爲非物質性，無限制性的存在。

(6)兩者結合的媒體爲非物質性的形態（Species），形態不是外物的構形，不是外物的替身，而是心靈的一種內在限定（determinative interne）。感官由外物得一印象，印象相似一顆種子，留在心靈中，心靈的理智主動力從印象裏抽出外物的理，成一非物質性的觀念，在理智主動力動作時，認識者的心靈接受觀念的限制，心靈得一意向性存在，就是理智認識。認識爲一意向性存在，認識者和被認識者合而爲一，同有一種存在。

(7)認識作用的所思，有兩種功能：第一是認識者心靈的限制，有如一個模型限制一種作品，但不是認識本身；第二，在認識者心靈內，這種模型代替被認識的物體，然而超於物體的本身存在，爲非物質性，使被認識者在認識者心靈以內，兩者相結合而構成一種意向的存在。

最重要的一點，馬氏在這一章的第一第二段裏，特別說明外面的物體是認識的質料對象（l'object material），外面物體的「理」則是認識的正式對象（l'object formal）。認識的正式對象進入認識者的心靈，成爲形態的觀念，這種對象不能和外物分開，它就是認識中的外物。假若把這種對象和外物分開，則外物不能進入認識者的心靈，不和認識者合而爲一，不同有一個意向性存在，則認識論或者是唯物論，或者是唯心論。

他也反對笛卡爾和胡賽爾，認爲他們都是走入唯心的迷魂陣，他反對康德，因爲康德的純理性批評不是外物的形態限制心靈，而是心靈以先天的形態限制了外物。士林哲學的評判實在論，則是心靈與外物合一，使認識成爲一種存在，這種存在爲實有的存在，不是心靈本有的存在，又不是外物本有的存在，而是一種第三者存在：一種意向的存在。這種意向的存在就是認識，也就是理智正在認識，又是件物正在被認識，兩者結合一起。對於外物要分析兩種性向：一種是件物現有的存在，即是它本有的存在；一種是作爲認識的對象，呈現在理智面前。這種認識對象爲認識的正式對象，要進入認識者的心靈。因此，外物的兩種性向不能分離，認識對象就是被認識的外物，只是存在的性質不同。聖多瑪斯曾經說過，我們所認識的外物，例如「人」，在我們的心靈內存在，在外面的物體內存在，但是兩方面存在的性質不相同。聖多瑪斯也曾說：眞是兩方面存在的互相符合：「眞，跟著物的存在。」（verum sequitur esse rerum）。❶物有性理，（quidditas）有存在，（esse），眞，更是跟隨存在，而不是

❶ Thomas, De Veritate, l-1, 3e, Sed Contra, 參考in l, d. 199. 5, a.l,

跟隨物理。

西洋認識論爭論的焦點，就在於被認識的外物，怎麼能進入認識者的心靈內，越過客體和主體間的鴻溝，進入主體心靈的對象是否眞是外物，而不只是一種作替身的印象？唯物論否認外物可進入認識主體的心靈內，所有認識只是感覺的認識。唯心論肯定外物進入主體心靈內，但只是心靈所作的一種替身觀念。因此彼此爭論不休。

2.中國哲學的認識論

當前，中國哲學者常諷刺西洋哲學者自造困擾，把認識工作分成主體客體，在兩者中造一鴻溝，大家爭論怎麼跨過這道鴻溝，中國哲學的認識論不分主客，一切都在主體內，沒有跨過鴻溝的問題。

事實眞是這樣，但是兩種哲學的認識論所有對象不相同，西洋哲學所要認識的萬物的理，中國哲學所要認識的是人生之道。萬物的理當然在外物以內，不在認識者主體的心內，便當然分主客體。人生之道則是性，中庸第一章說：「率性之謂道」，人性是在人心以內，當然沒有主體客體的分別。

儒家的認識論，中心是在一個「明」字。在書經的「舜典」裏，就「克明峻德」；「康誥」有「克明德」；「梓材」有「先王既勤力明德。」「召誥」有「保受王威命明德。」「君奭」有：「弗克往歷嗣前人恭明德」。「文侯之命」有「克慎明德。」從這個傳統留下來的「明德」，大學乃有『大學之道，在明明德。』

屈萬里的尙書釋義，對於「舜典」的「克明峻德」，沒有解釋。對於「康誥」的「克明德」解釋爲：「按：德，惠也。明德，謂惠於人公明也。」對於「召誥」的「保受王威命明德」解釋爲：「明德，昭明之德也。」對「君奭」的「弗克往歷嗣前人恭明德。」解釋爲「言不能長久繼承前人恭明之德也。」對其他各篇的「明德」沒有加解釋，以爲意義很明白，不必要注解。屈萬里的解釋有兩種意義：一、德，恩惠；明德，恩惠公明。二、德，善德，明德，昭明之德。

大學的「明明德」，朱熹的四書集注解釋說：「明，明之也。明德者，人之所得乎天，而處靈不昧，以具眾理而應萬事者也。但爲氣稟所拘，人欲所蔽，則有時而昏；然其本體之明，則有未嘗息者，故學者當因其所發而遂明之，以復其初也。」

書經的「明德」，意義當如屈萬里所說「昭明之德」，即是人君的明顯善德，爲外面行爲所表現的德行。大學的「明德」，則如朱熹所說：人心的天理，即是中庸所說的「天命之謂性。」

中庸講人性，卻沒有講人心；講人心顯現人性的，是孟子。孟子所講人心和人性的關係，是以人性爲善德的根本，這種根本由人心而顯，所以說人心有仁義禮智之端。孟子主張養心或養性，以培植善德。有如培植草木和穀麥，舉牛山濯濯和揠苗助長作例。養心或養性在於克慾，因爲慾情妨礙善德的成長。宋朝理學以人性爲天理，即人生之道，理由人心而顯，因此，理、性、心的意義相同。陸象山且以「心外無理」，反觀自心就知天理，王陽明認爲孟子的心學淹沒了幾百年，到象山才能有繼承的人，王陽明自己則認爲是陸象山的繼承人，傳承了孟子的心學。實際上孟子的心學是培植心的仁義禮智之端，而不是求知天理。求知天理乃是宋朝理學的問題。

大學講明明德，爲明明德則有正心誠意致知格物的步驟和方法。中庸講率性，率性爲誠，誠爲明。中庸說：「誠者，天之道也；誠之者，人之道也。」（第二十章）「自誠明，謂之性；自明誠，謂之教；誠則明矣，明則誠矣。」（第二十一章）人性爲自誠，爲天道，所以爲明，自己顯明自己。但因爲人心有慾情，慾情能夠掩蔽人性，所以要人克除私慾，使人性顯明，「自明誠，謂之教。」也就走「大學之道，在明明德。」中庸和大學所講的人性和率性，都和孟子的人性善，以及養心養性，在意義上相同。但大學對於致知格物的解釋，遭遺失了，朱熹作注時自己補注了一篇：「嘗竊取程子之意，以補之，曰：所謂致知在格物者，言欲致吾之知，在即物而窮其理也。蓋人心之靈，莫不有知，而天下之物，莫不有理，惟於理有未窮，故其知有不盡也。是以大學始教，必使學者即凡天下之物，莫不因已知之理而益窮之，以求至乎其極。

至於用力久，而一旦豁然貫通焉。則眾物之表裏精粗無不到，而吾心之全體大用無不明矣。此謂物格，此謂知之至也。」

這一篇補注，就是朱熹的認識論，開啓了和陸象山的爭端。就朱熹的補注，我們應注意以下幾點：一、心靈有知，即是說心有能力可以認識事物。二、心靈所認識的是事物之理。三、認識事物之理的知識，可以使人心之全體大用無不明矣。四，窮究事物之理，用力久了，可以一旦豁然貫通。五，因已知之理求未知之理。從上面五點去看，朱熹所講的外物之理，「天下之物，莫不有理。」不是外物的本性的物理，如現代物理學和生物學所研究的物理，即自然科學所研究的物理，而是件物在行動上和人的生活之關係，這種物理的知識，可以使人心之全體大用無所不明。所謂「吾心之全體大用」，應該指著人心應對一切事物之道，和人心善德的化育，這一切都關係人生之道。外物對我們人生之道，是關於人心的天理，兩者間要能相合。對於宇宙萬物之理，朱熹繼承二程的思想，主張「一理而殊」：宇宙萬物生命之理，爲同一之理，但因所稟的氣有清濁不同乃有分別。因此，在研究萬物之理的時候，從每種物體的不同之氣以求同一之理，所求的理必和人心之理相同。這樣去研究，「至於用力之久，而一日一豁然貫道。」一旦豁然貫通了，則「吾心之全體大用無所不盡矣。」在這種研究工作裏，雖然有外物和人心，卻不形成主體和客體的分別，因爲外物之理，也在我心理。既然在心裏，又何必去研究外物？陸象山主張不必去研究外物，只要反觀自心就夠了。朱熹主張研究外物，因爲每一物的氣不同，實際上每個物體就不相同，短個物體和我心的關係在抽象的天理上都是一樣，但在實際上的行動上就不相同。例如孝道，子女該孝敬父母，在理論上常是一樣，在事實上怎樣去做孝敬父母的事，符合現實的環境，便事事不相同了。因此對於外物之理，也該當研究。

朱熹所主張的即物窮理，不是自然科學的物理，而是萬物對於「人生之道」的關係。王陽明曾經以爲朱熹主張研究自然科學的物理，便去剖竹以求知竹的物理，剖了又剖，幾乎到了神經分裂的程度，仍舊對竹的物理一無所知了，乃捨棄這種窮理的工作，轉向陸象山的反觀自心，以心爲理，心理的知爲良知，致良知，便是大學的致知。

孔子講求學，求學以知人生之道。人生之道在於率性，性在人心，自然顯明，但人心有慾，慾能掩蔽人性，大學乃講「明明德」，克慾以養性養心。這樣，修身克慾成了認識論的一部份，即是中庸的「自明誠」。儒家的認識論以人性天理爲認識的對象，人性天理在於人心，人心虛靈自然顯明人性天理。聖人的心沒有私慾，自然知道天理，乃是中庸的「誠者，天之道也。」也走孔子所說：「生而知之。」普通的人常有私慾，爲求知天理，一方面克除私慾使自心的天理同能夠顯明，一方面研究外物之理，外物之理和人心天理同一理，能夠使人反省自心之理。這就是儒家的認識論。

關於道家的認識論，我在「一個圓滿的認識論」裏，曾經說過莊子的認識論。莊子的養生，重在一個「通」字。這個通字，也是莊子認識論的重點。莊子主張宇宙萬物由氣而成，天地之氣貫通萬物。人的知識應該是由氣的相通而有直接的直見，通爲氣知，通爲大知，理性的知，稱爲小知，由理智去測知物理，乃是片面之知，又是不實的知，如同一群瞎子去摸象，各說各人的感觸，各人不同，卻都不錯，沒有是非。

佛教的認識論，不是唯識論，而是「明心見性」。佛教所要認識的是佛，佛在各人心中，稱爲佛性，爲各人的眞我。人要排除人心的一切雜念雜知識，人心空靈，佛性乃明白顯出，人便在自心見到佛性。

3. 生命哲學的認識論

生命的哲學以生命爲中心，人的活動也是生命。認識爲人的活動，認識便也以生命爲根基。人的生命爲心物合一的生命，人的認識便是心物合一的活動。

(1)人的認識活動，不限於認識人生之道，也該擴展到自然科學的物體，還又發展到形上學物體的本體。人生之道，乃是人知識的中心；因爲人生就是人的生活，生活爲生命的活動，生命爲人的存在，人對於自己存在之道，當然要知道；而且人的一切活動都是以存在爲根本，和存在都有關係；人是爲自己的生存而活動，一切活動爲發展自己的生存。

西洋哲學不講人生之道，不是不重視，而是因爲把人生之道由宗教去講。西洋各國多信天主教，後來有幾乎三分之一改信基督教。但是天主教和基督教都以信仰範定人民的生活，傳統上都是政教不分，到了當代公共生活才脫離宗教範圍；因此，西洋人的生活之道，歷來由宗教去講。西洋人家庭的小孩，都要到教堂學習教義和倫理，到目前仍沒有變。小孩所學的倫理知識雖不一定都發生效力，然而社會上一般民眾心理裏，能夠造成是非的共識；尤其對於老年人，可以再回到心頭。中國歷代家庭注重倫理教育，私塾老師必定講解四書的人生之道。目前家庭既缺乏家教，學校又因聯招升學壓力，疏忽生活教育，因此必須重新提倡家庭和學校的倫理教育。當代學校的教育，已經全都教授科學的知識，全部授受歐美的學校制度，今天求學絕對不是學習人生之道；而是學習自然界物體的理。儒家的認識論必定要加擴充。儒家認識論的目的，爲求生命的發展，則仍舊保全；人生之道固然是爲發展生命，自然科學的知識也直接都有助於發展人的生命。形上學則是人生之道和自然科學的原則，也是應用的原理。目前，中國哲學研究的方向，也和傳統的哲學不同，已經走向西洋哲學的路線，追求實現眞理，不是追求人生之道。

(2)研究各種學術的方法不同。歐洲近兩百年來，因自然科學發達，自然科學的研究方法被推爲一切學術的研究方法，傳統形上學幾乎被全部推翻。最近半世紀，形上哲學逐漸恢復固有的地位，但研究的方法則大有改變，接受了自然科學注意實體的趨勢。在傳統上，哲學只研究共同的觀念和共同的原理，自然科學研究具體的單獨實體。本世紀的歐美哲學則注意具體的事物，存在論研究具體存在的「我」，懷德黑研究實際的事體（actual reality），還有學派研究人生活的實際經驗或實際的人稱。

中國哲學在宋朝時，朱熹和陸象山的爭論，就是哲學研究方法的問題。西洋傳統哲學所成的境界，也就是理論的境界。陸象山所主張的研究方法是處在內在心理的境界，也就是理論的境界；朱熹主張的研究方法是兼顧理論與實際，他主張理氣並重，理爲理論界，氣爲實際界。但是哲學注重實際和自然科學注重實際，只在「質料對象」上相同，在「形式對象」上則不相同。哲學注重實際，是從實際具體的存在，研究具體存在的理。自然科學研究實際事物，是就實際事物研究實際事物。

(3)研究人生之道，是反觀自己的人心。人生之道的原則由造物主刻在人性上，人性由心而顯，人心虛靈而明，人反觀自心，便能認識人生之道。中國哲學常講這種方法。陸象山且主張心就是理，「心外無理」。王陽明更主張良知就是心，良知就是理。聖奧斯定曾經主張事物的原理，都由造物主放在人心內，人見到外面的事物，引發心中所有的原理，因而認識外面事物。聖奧斯定的思想，有似先天觀念論，如同柏拉圖所說人的靈魂先天認識所有觀念，靈魂和身體結合後，和外面事物接觸，引發靈魂先天的認識。聖奧斯定不接受柏拉圖的觀念獨立存在論，而以觀念爲天主造物時的理念，天主造人時，把這些理念授給人，人先天具有這些理念。聖多瑪斯不接納聖奧斯定的主張，認爲觀念是人的知識，由人的認識動作所造。但是就人生之道一方面講，人生之道的原則是先天的知識，藏在人心，稱爲「人性律」，自然顯明；大學稱爲「明德」。但是慾情能夠加以掩蔽，人需要克慾；大學稱爲「明明德」。儒家的「明」和莊子的「通」，都指着克慾。西洋哲學也講良心，良心有良知，自然認識先天的倫理原則；這一點和儒家哲學一樣。

生命哲學對於人生之道，主張爲認識的第一對象。人生之道爲生命發展之道，人的生命雖是心物合一的生命，然而以心靈生命爲最高，也是人的生命的基本。心靈生命能有合理的發展，人心舒暢，生命才能有快樂。心靈生命的原則，心靈先天具有；心靈虛靈，先天原則自然顯明，心靈虛靈又能知，必定可以直接認知心靈生命之道。

宇宙萬物的生命，互相關連。人的生命爲心物生命，心與物的關係，除生理方面的關係，不在人的意識內，心靈直接不可以體驗，其他在理智和情感方面的生命，心靈可以直接體驗，再還可以加以反省。外面事物在生命上和人生命的關係，除生理生活外，心靈也可以直接體驗。這是莊子所說的「通」，但不是「氣通」，而是創生力的相通。中國詩人文人，在所作的詩中和文中，自身的感情和自然界物體相通，例如「感時花濺淚，恨別鳥驚心。」中國的傳統藝術常注重這種相通，認爲藝術品應具有生氣，不宜呆板堆砌。莊子曾講「天樂」和「人樂」，「天樂」爲自然界的歌曲，人心可體驗。儒家也講「天樂」，爲自然界的和諧。易經所以講時位的中正，孔子乃講「中庸」，以求人的生命和宇宙萬物的生命之平衡，使宇宙成一和諧的整體。

(4)理智的認識，爲心物合一的認識，不是直接的認知，而是經過感覺的抽象工作，構成觀念。觀念就是認知的事物，在人的心靈內，和理智構成一種意向的存在。

宇宙的事物，除人以外，都是物質物。物質物的每一個物體有自己構成存在的理，這種存在之理在每一個物體中自然顯露，好比一個桌子，它存在之理，自然顯露於構造中。又好比一幅畫或一座雕刻，畫和刻像的意義，自然顯露在畫中和雕刻中。人造的事物是這樣，自然界由造物主所造的物體也是這樣。當然，有的物體的理很單純，有的很複雜，例如現在的新派畫，不容易看出畫的意義。物體的理，爲存在之理；存在是理，物體有動之理。士林哲學有句俗語：「Ratio essendi est ratio operandi，存在之理即動作之理。」動的存在即是生命，動作即是生命，動作即是生活，生活必定以生命爲動作之理。因此，說人是理性的動物，就是由動作去界說人之爲人之理。中國哲學乃常說：『體用合一』。『體用合一』，在認識方面是正確的，在本體論方面則不對；因爲本體上，體是體，周是用，兩者不同；在實際上，兩者不能分。

每一物之理，包含在自己的「在」內，由動作表現出來，實體和實體相接觸，是整體的接觸即是生命的接觸，當一主體和客體相接觸時，客體的感覺部份和主體的感管相接觸，乃有感覺的認識，同時客體的理也和主體的心靈相接觸，心靈如同明鏡，可以接覺客體的理。

感官接處感覺之物，得一印象便是客體的感覺物，存在主以內、客體的理和主體的心靈相接觸時，是經過客體的理的動作而顯，不是理直接顯明給主體的心靈，不是一種直覺，客體的理動作，在宇宙萬物內，都是有物質性的動作，即都是感覺性的動作，因此客體的理，在宇宙萬物內，都藉著感覺性的動作而現主體認識客體的理，便藉由感覺性的動作而成。

但是主體對客體的認識，是整體的認識例如我接見一個客人，我對他的認識是認識他，我的感官和理智，認識對站在我面前的人，我對他的認識是他整理一個人，不是我先有一個感覺印象後，由印象抽取他的理。我對他的認識，是一個整體的認識，但這個認識是一個模糊不清楚的。然後用理智把這個模糊的認識加以分析，才有對他個性的認識他的特點的認識，而有各項的觀念。

所以我們認識的歷程，才是一個對客體整個的模糊認識，可以說是一個觀念，中間包含客體的感覺部份，和客體的理的部份，例如我看見一隻狗，認識是一隻狗。看見一把椅子，認識把椅子，這種認識包含狗和椅子的形狀，又包含狗爲狗，椅子爲椅子之理對於形狀，感官眼睛一看就清楚了。另對於理則理智加分析，才知道，才有觀念，理不是由感官印象分出，而是從整體認識分析出來的，士林哲學主張主動理智、由感覺印象抽出理，被動理智接受這個理，而成一觀念。觀念是客體在主體內的「意向存在」，這種歷程也可以接受，因爲實際上，理智自己無法解釋自己的工作。工作的歷程，由造物者所造，爲生命的活動，易經稱生命活動爲神 ，實際一種神妙，生命哲學的認識歷程也只是一種講法。

(5)人們對於客體外物，沒有「直見」（Intuition）：因爲人的認識動作是心物合一的動作，必須經過感官。莊子的「氣知」，佛教的「禪觀見性」，天主教的「直接默觀」，都不可能；因爲不能脫離身體，人脫離身體就是死。但是天主教的歷史裏，有了「直接默觀」的事實；這些事實乃是天主的特恩。即是天主運用自己的神能，使人暫時脫離身體，心靈單獨動作，在「直接默觀」時，身體等於死，一點知覺都沒有，僅只生命沒有斷。心靈則直接面對天主，恢復平常生活以後，對「直接默觀」的內容無法述說，因爲沒有相配的觀念。

人死以後，只有靈魂生活，靈魂沒有感官，不能和物質世界相接觸，不能看，不能聽，不能說話，只能由天主而能知道世上的事。但還保全認識物之理的能力，靈魂若和天主不相結合，就不能知道人間的事了。

馬里旦曾講一種「神秘的經驗」（Experience mystique），不是「直接默觀」，而是一種心靈的體驗，直接體驗天主的臨在，心靈覺得非常的滿足。聖十字若望曾講人對天主的愛，發揚到極點，超過理智的認識界限，再接受天主聖神的助力，人的心靈實際生活在超於宇宙人物的天主聖愛中，沒有看見天主，沒有直接認識天主，在沒有感官和理智認識中，體驗到天主的臨在。

這種神秘的經驗，用來解釋印度的神秘主義，又用來解釋佛教的禪觀。人的心靈面對一個絕對的至高存有，不見不聞，只有在理智的黑暗裏有直接的體驗，同時心靈卻有非常的光明，和高度的滿足。

生命哲學講人的意識時，說人有永恒的意識，人心常向永恒的生命發生希望。馬里旦說形上學有向上超越理智的企望。因著這種永恒的希望，人的心靈可以得到「神秘的經驗」。

對於生命哲學的認識論，可以作下面幾點簡單的結語：

甲、生活之道，爲認識的第一對象。生活之道，明白顯於人心，反觀自心就能有知。

乙、對於外物的認識，自然科學和哲學的方法不相同。

丙、物體的理，自然明顯在物體的構成中和動作中。這是所謂體用合一。

丁、客體接觸主體，沒有鴻溝接觸，主體對客體有一糢糊的整個認識，然後理智發分析，乃有物理的觀念。

戊、觀念是外物和理智的結合，成爲外物的「意向存在」。觀念即是外物。

已、外物進人入心靈，爲認識的天然歷程，以創生力而完成。

庚、人可以對超宇宙最高絕對存有，得到「神秘經驗」。

一、生命哲學的形上道德論

人的生命是活的，時時動，不停的變；而且不孤立，和宇宙萬物，另外和眾人，一同生活，則生命的動，必要有規律。所以《易經》講宇宙變易，便有天道地道人道。人道法天地之道，成爲人生倫理道德。生命哲學的倫理道德，我簡單予以說明。

- 倫理道德論
  - 傳統倫理道德論
    - 西洋哲學
      - 性律
      - 善慣
    - 中國哲學
      - 儒家
      - 道家
  - 生命哲學道德論
    - 生命發展的規律
    - 社會生命的規範
    - 仁

1.傳統倫理道德論

甲、西洋哲學

西洋哲學有倫理道德學，爲實踐哲學的一部份。士林哲學的倫理道德論，把倫理和道德（善德）分成兩部份，倫理是規範，道德是實踐。倫理規律以性律（Natural Law）爲基礎，演成人爲法律。性律是人生的規律，先天刻在人性上，人自然知道，就是所謂良知。良知指導人的行爲。在具體生活裡，環境常因時地不同，爲適合環境，

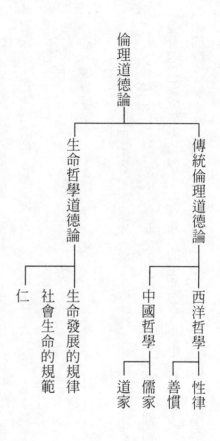

便有後天人所製定的規律。人爲的規律若直接由性律引伸出來，具有普遍的價值，不能隨便改變；其他人爲的規律，則可以隨具體的環境而改。例如，兒女孝敬父母，這是從性律直接來的，全人類都該遵守；孝敬的工作，則隨時代地域而不同。

士林哲學在性律以上，有神律，爲天主親自頒佈的規律，即是天主教的十誡，乃是天主向梅瑟所頒佈的。

道德爲人遵守倫理規律或倫理原則所造成的善習慣，是外在的，可以消長。道德構成人的品德，養成人的人格，由人自己努力去做。一個人有德，是他的修養高。

歐美近代各派哲學的倫理道德論，大都保持士林哲學的大綱，康德在先天批評的實踐論，以上帝的觀念和倫理規律的指導力爲先天的，人不能抵抗，羅素則反倫理規律，主張自由。

乙、中國哲學

儒家以孟子爲創始者，主張先天形上的倫理道德論。孟子主張人心有四端：惻隱之心、羞惡之心、辭讓之心、是非之心，即仁義禮智之四端。四端爲人性發育之道，人發育四端而成仁義禮智，人性和人的生命發育正常；否則缺少一端，便不成爲人。「無惻隱之心，非人也；無羞惡之心，非人也；……」倫理規律不是道德的規範，而是人之爲人之道，不是爲指導人行善，而是指導人發展自己的人性生命。所以仁義禮智乃人之所以爲人在本體上之道，根之於人性，發之於人心，是本性的規律，也就是《易傳》所說的人道，由天地之道而來。

道德不是外在的習慣，而是人性的生命。《中庸》在講至誠之人，盡自己個性，又盡人之人性，且盡宇宙萬物之性，結果乃有仁德，參天地之化育。

朱熹講「仁」德，仁不是愛，而是愛之理。天地以生物爲心，人得天地之心爲心，故仁。仁在天地爲生，在人爲仁。

儒家的倫理道德論，爲形上的內在說。在天主教的神學裡，有信望德三德，人領受洗禮時，由聖神而有三德，三德就是神性生命的發育，也就是神性生命。儒家的倫理道德四端和神性生命的三德，有點相似。

道家老莊的倫理道德論，雖說是「上德不德」，實際是排除一切後天的人爲倫理規範，僅以人性自然傾向爲規律，「道法自然」。老子和莊子的道德人格都很高，莊子講心齋，「隳汝形骸」，把身體的需要減到最少，聲、位、財，絕不要，隱居山林以自娛。後世道家抱著這個目標，可以做到的人很少，因此道家在後代的繼承人很少。

2. 生命哲學倫理道德論

甲、生命發展的規律

宇宙間一切動力，在運行時，常有自己的規範。《易傳》講天地人變化之道，雖有形跡可尋，然而這些形跡，複雜錯綜，神妙莫測，聖人作卦以表現。孔子讀《易》，改吉凶爲善惡，善惡的規律，爲《易傳》天道地道人道的天理。聖王按天理製禮，禮成爲人生之規律，孔子乃說非禮勿視聽言行。《中庸》和《大學》則製定人生規律在人心內，「大學之道，在明明德」、「率性之謂道，修道之謂教」，孟子乃能主張仁義禮智根於心。

生命哲學主張人的心靈生命，猶如身體的生命，有先天的規律。人身體的生命，每種器官都有先天的規律，一違反規律，即發生毛病，人的各種病症，即是器官行動不合規律。人的心靈生命同樣有自己的規律。這些規律是神律十誡和人性的性律，都是先天超乎人爲法律以上，是全人類的法律。例如第五誡勿殺人，每個民族，每個時候，都奉爲人生之道。殺人的解釋，則各國各時代，有寬狹的不同。

造物主造人，特列有一份愛心，賜人具有心靈的自由。但是自由須在人生規律以內，不能爲所欲爲。

乙、社會生活的規律

生命哲學講「我」時，認爲「我」有三「我」！本體的我，在世的我，求來生的我。我的生命不是孤立的，是和同類的人一同生活，我是生在這個世界上，世界上有許多的人，和我一定發生關係。所以每個人都有一個「在世的我」。

許多人一同生活，生活便應該有秩序，否則必亂。許多人一同生活，構成國家社會，在社會國家裡必定要有生活的規律。這些規律有些是基本法，出自人性，普遍運行，不可缺少，例如不許殺人。人爲的後天社會法律，大都是處理實際環境，例如交通規則，可以隨時改變。國家法律若是違反人性，例如墮胎、離婚，本不發生效力；如因國家的秩序要求，效力和普通法律一樣；但是國民可以不守。

丙、仁

儒家傳統的道德論，以「仁」爲全德，爲善德的代表。《易經》講元亨利貞，漢《易》乃講四季的春生夏長秋收冬藏，兩《易》思想結合起來，爲仁義禮智。《易傳》已經以元爲仁，元爲生命之源，包括亨利貞；仁爲善德之源，包括義禮智。孔子乃以仁為自己的一貫之道，為聖人的善德。《易傳》〈繫辭〉下第一章說：「天地之德可生，聖人之大寶曰位：何以守仁？曰仁」。把仁字和生字相連。朱熹乃說：在天曰生，在人曰仁，仁不是愛，而是愛之理。他又說人物得天地之心為心，故仁。朱熹的後學都以仁為生，為天之大德。中國古代對聖人非常崇拜，而聖人的美德，就在於參天地之化育，仁民而愛物。聖人的仁心，有如天之高，地之厚。「溥博如天，淵泉如淵」（《中庸》第三十一章）

基督的教訓和誡命，按照聖保祿宗徒的解釋，就是一個愛字，十誡和福音的訓誨，應該集中在一愛字。聖若望宗徒說天主是愛。人按照天主肖像所造，得天主之心為心，故愛。基督的愛是仁愛，仁愛是沒有自私的愛。

A　宇宙萬物相通

譚嗣同曾倡仁說，以仁為電流，四處相通，仁既為生，生命使萬物相通。宇宙的創生力為一，創生力所化生的生命也是一，祇有品質的高下。朱熹曾說：一理而殊。天下祇有生命之一理，生命的品質則高下不同。宇宙裡的動物植物礦物，彼此生命相通，彼此的生存也相連。

B　宇宙間的萬物互相合作

宇宙間萬物既相通，而且在存有上也相連，便彼此合作。王陽明曾說一體之仁，萬物生命是一體，人爲生存，需要吃喝動植礦三類的物體。樹林的小草，有助於樹木的水份；樹林中的鳥獸，有助樹林的肥料。爲著農產物，我們求風調雨順。自然界先天有合作的程序，樹林一部份受傷時，自然會漸漸復原。在萬物的合作上，人的合作最重要，人可以以自己的智慧，培育自然的物體。

C 宇宙間的萬物，不可被人傷害

人的智慧可以培植自然界物體，目前有許多人工飼養的動植物。然而人的智慧也可以傷害自然界物體。目前，地球上所呈現的現狀，表現人心的殘忍，使環境污染，使動植物絕種，使山崩水裂，大家乃喊救地球。實際上，不是救地球，而是救人類自己。在宇宙內，一類物體受害，別的物體必連帶受害。生命哲學向大家懇切交談：我們儒家傳統是張載在《西銘》所說：「乾稱父，坤稱母，人吾同胞，物吾與也。」我們相信基督的人，更該執行聖保祿宗徒在《致羅馬人書》第八章所說：宇宙間萬物都要有天主子女的光榮，因爲同爲天主子女的人，共同讚美造物主天主。

三、生命哲學的美學

1.美的意義

甲、生命充實而有光輝

美學爲哲學的一部份，也是社會心理學的一部份，而且講藝術美的人，在人文學的各方面都佔重要位置；因爲美和人的生活連在一起。人生性就求美：求自己狀貌的美，求自己住屋的美，求婚姻生活的美。人生性又求欣賞美的樂處，古今文士詩人，都即興創造詩文，留下美的描繪。

美既然和生活連在一起，和生命哲學的關係就密切了；不僅僅在實際生活上，關係密切，而是在哲學的理論上，生命是美的根基。普通哲學給美的定義，是「所有分子互相協調而統一」這種定義看來和生命不相關。不過協調和統一，是關於由分子構成的物體，對於沒有分子的精神體則用不上。造物主是全美，是絕對的美；可是不能說造物主的美是分子的協調和統一，因爲造物主是極純的精神體。

我認爲美的定義，可由以孟子的話去定。孟子說：「可欲之謂善，有諸己之謂信，充實之謂美，充實而有光輝之謂大，大而化之謂之聖，聖而不可知之謂之神。」（〈盡心下〉）孟子所說的大，可以作爲美的定義，「美是充實而有光輝。」所謂充實光輝是從性的本體說，無論精神體或物質體都可以用。

生命哲學的生命是實體的本體，在實際上實體就是存在，存在就是動，存在的動就是生命，美和生命同爲實體的本體，存在既是本體的根基，存在既是生命，生命便是美的根基。

把孟子的話用在美學上，要從實體的本體去講，「充實之謂美」，表示本體的內涵充實，即是本體完滿。而其實，即本體是眞是善。這種充實，爲每個實體可以存有的必要條件，但不能就說是美。在物質物體的本體，所有分子自然結構均勻而統一，這就是美的成分；每個物體的本體，便都是眞美善。

精神實體沒有分子，它的本體當然充實，有美的基本。物質物有協調均勻和統一而稱爲美，也只是本體的美，實際的美，需要有表達之美。自然物質物具有表達之美，便是自然美；人造物具有表達之美，便是美術之美。精神實體常是自然實體不能由人工所造，它的本體的充實，自然表達於外，精神實體，所以常是美。人的靈魂是一種精神實體，也是一種美的實體，靈魂美的表現，常藉身體而表現，因爲人是心物合一體。一個人氣宇高雅，溫和近人，謙讓有禮，他人便都感到他的品格之美，也就是靈魂之美。

我們就要把孟子所說：「充實之謂美，充實而有光輝之謂大」，連在一起，「充實而有光輝」才是美。

乙、生命充實而有光輝才是美

「充實而有光輝」，充實是就本體講，是美的內，光輝是就表達講，是美的外，美要有內外。

造物主是絕對精神體，本體充實，內涵無限，造物主本體的表露，具有至高至大的光輝，乃稱爲絕對至高之美。天使和聖人在天庭的幸福，即是在造物主的光輝中欣賞造物主本體的充實，造物主乃即是絕對的眞善美，人自然傾向於眞善美，在宇宙內的人世間，沒有絕對的眞美善可以滿足人心，在天庭欣賞造物主絕對眞美善，人心才得滿足。

光輝是充實的表達，表達爲美的要素，表達而有光輝，第一要有實際性的表達，不是抽象式的表達。在天庭欣賞天主的本體，是欣賞天主本體的實際表達，是面對面欣賞天主，在人世欣賞天主，則是欣賞天主本體在信仰中的觀念，是一種推測式的認識天主。第二，要有明朗的表達，不論直接或間接，總要明朗把「本體充實」表達出來。現代美學有許多派別，主張隱晦的表達方式，如立體美術論，未來派美術論，超現實美術論，抽象美術論，都不注意內容的表達，或者竟沒有內容。這樣的美，不能用直接去欣賞，而要用理智去思索；有點像佛教禪宗的公案，面對一句話或一種工作，煞費心思去追求意義，理智碰到了銅牆鐵壁，一片昏黑，突然間牆倒天開，看到另一天地。批評它不是美術，它卻又是美術。第三，符合人心的美感。在美感中，外在的美，適合人心的美感，引起共鳴。這是一種相互的關係，人的本體是眞善美，人心有眞善美的要求。理智要求眞，意志要求善，什麼要求美呢？普通美學者認爲人心有一種美感，但是美感究竟怎麼樣？大家都不敢說一定是什麼。從生命哲學去看，美感是生命的活動，要由生命的活動中去尋覓。第四，美是動的不能是靜止的。靜止的表現，一看無遺，不只是使情感滿足。本體的存在既是生命，生命常自動不息，感情也常是動的，感情所要求的美，也應是動的。美術的作品雖常是靜的，但在靜中常呈現動的意境，所以靜中有動。完全死靜的物品，不能成爲美術品。

2.美　感

甲、美感是情感

美感是人心的情感，在哲學和心理學中，人心具有三項天生的活動，也就是生命的活動。人心有理智的活動，以追求眞；人心有意志的活動，追求善；人心有感情的活動，追求美。

美不屬於理智，然不離開理智；美不屬於意志，然也不離開意志；美，屬於情感，因爲愉快和趣味屬於情感，美感必定有愉快和趣味，趣味乃是美的要素。

情，在宋明理學家思想中，爲心之動。「心統性情」，性爲心之本，情爲心之動。性爲理，即一物爲這物之理；性之理有動靜兩方面，在理論方面，性之理是靜的，是抽象的，在實際方面，性之理在物體的本體內，隨著本體動而動，成了生命之理。情既爲心之動，情定動，不是呆靜。

情，在心理學上，爲神經的動，可以受機器的測驗，可以使人心有所感觸。《中庸》第一章說：「喜怒哀樂之未發謂之中，發而皆中節謂之和。」喜怒哀樂標示人心的感觸，一種感觸便是一種情。情未發時沒有情，人心沒有動，稱爲中；情發時便有情，情發而中節謂之和，和是合於倫理規律，這是善。中國哲學傳統，常以善惡歸之於情；且以惡歸之於慾。

情的目標在於愉快，在於趣味的滿足。肉性的情而爲慾，慾的滿足常爲物質的愉快，常爲物質感官的滿足，沒有美感的可能。但是在人文氣度高的人，在物質情慾的趣味時，就尋求美的享受。中國古代的歌妓，爲詩人文人陪酒作樂，宋朝詞家常有即席作詞；又如日本的藝妓，行動執禮，多有禮儀之美。中國烹飪也爲藝術，講究色香味之美。至於非物質的情，例如愛，愛人愛物，愛情所追求的，是美，結果有喜有樂；反之，若所得的不美，則有怒有恨有哀。

但是人心對於「眞」和「善」也有愉快，也可以說有趣味，例如在研究工作裡，一個問題久不能解決，一旦得到了解決，心情就非常愉快。又例如面對一位品格高尚的長者，心情也覺得高興。這兩種愉快的情緒，不是來自美感，可見「情」不是只有美感；這種現象跟「情」的本性有關。「情」的本性是生命的活動，是生命對自己的發展覺得滿意。「眞」和「善」爲生命的發展，當然可以使生命自覺滿意，然而人心對「眞」和「善」的滿意，是對「美」的滿意延伸而來的。「眞」和「善」能夠使人心滿意，一定因爲「眞」或「善」得到了「充實」，原先有的缺憾，現在被塡滿，因而人心覺到滿足；這種滿足，是對「充實」的滿足，是美感。

美，該有美感，美感本身是生命充實發展的互應；我的生命追求充實發展，達到了充實的相當程度，遇到別一生命也達到相當程度的充實，兩種相遇就發生互相互應的愉快，兩者趣味相投。這種美感不是感覺上的愉快，而是生命自然的滿足。

理性生命遇到另一充實有光輝的生命，興起美感。能引起美感的實體，可以是精神體，可以是物質體；可以是理性體，可以是非理性體；但必須充實而有光輝，因此，談美感，就要注意興起美感的主體和引起美感的客體。美，是在引起美感的客體，主體是欣賞美而有美感，美感是一種形相的。

乙、美感為形相直覺

直覺；所以美必有形相，而且光輝也應有具體的形相。對於物質性的美，這種形相乃是美的要素，而且物質性的美就是形相之美。談美，乃談形相的份子的協調，均勻、平衡、統一。對於精神之美，要談精神形相，形相是本體向外表現，精神體的本體全部表現，沒有本體和形相之分，絕對精神體更沒有形相之可能，只是人們的認識，常帶有空間和時間的特性。康德曾主張空間和時間爲先天的範疇；因爲人們對於變動的認識，不能離開時間，並且也不能離開空間；可是精神體的動是不含時間的，精神美的形相就是精神體本體，精神本體的光輝就是美。我們教會的社儀經文，「主，聖父，求你垂念已亡的親友，和所有在你寵愛中去世的人，恩賜他們進入天國，永遠同享你光輝的聖容。」聖保祿和聖若望兩位宗徒都說：現在我們認識天主是在信仰中推測，將來我們登天，則面對面看見天主，看見天主本來是怎樣。天主光輝的聖容，或聖容的光輝，就是天主自己，而不是天主的形相。

物質物的美必定要有具體的形相。形相爲能有光輝，要有以下特性：鮮明、均衡、結構統一。

美感的接觸是直接的，不經過思索，又是單純的，不含功利，但含有興趣。我想對「直接」和「興趣」加以討論，對美感的單純也加以說明。

3.直覺、體驗

甲、體驗是生命的接觸

美感是直覺，不是思索推論。充實而有光輝的美，呈現在觀賞者的心目中是直接的，不要經過思索研究。在認識論裡，通常區分認識爲三種：感覺認識、理智認識、直覺認識。感覺認識爲感官認識，理智認識爲理智的認識，直覺認識爲人心的認識。人心的認識爲人心直接面對客體對象，直接看到客體，稱爲Intuitio, Intuizione（Intuition），字面的意義是看進客體的體內，或「一眼看透」、「一眼看盡」。莊子曾經說不用耳聽，不用理智聽，而用氣聽。氣是人的構成素，用氣聽，是說不用感官和理智的心，而用人的本體，即人的生命去認識。

直覺的特性，是深入客體內涵的意義，不只認識外狀。直覺的認識乃是最正確的。直覺的特性又是全部的，不是局部的認識。

哲學家和美學家研究直覺時，對於直覺的官能，沒有穩定的共識。大家都說普通的感官不能直覺到美，也不能說是理智，人的理智常活動爲推論的局部認識。有的學者主張人有另一種美感，我主張爲生命的「體驗」。

「體驗」一詞爲近代學者所用，首先用之於傳記文學，即由傳記主人翁的生活，去解釋他的事業。狄爾泰在他所著《體驗與詩》書中，正式使用於藝術，後來美術學者和哲學認識論學者繼續採用，使成爲普通術語，狄爾泰把體驗和生命連接起來，爲一種意義統一體。

「這點將表明這個意義統一體並未被稱之爲感覺或感知，有如在康德主義以及在恩斯特．馬赫（Ernst Mach, 1838-1916）的實證主義認識論中那樣理所當然的稱呼的，狄爾泰把它稱之體驗；因爲狄爾泰就限制了由感覺原子構造知識的結構理想，並以一個明確的所與物概念與之相對立。體驗統一體表現了所與物的眞實統一。所以某種限制機械論模式的生命概念便在精神科學的認識論中出現了。」❷

「體驗這一種概念在胡塞爾的現象學中所具有的認識論功能也是同樣普遍的。

❷ 漢斯格．黑格奧格．加達默爾，詮釋學一，《眞理與方法》，洪漢鼎譯，時報文化出版社，一九九六年，頁一〇一。

在第五版（邏輯研究）中，現象學中的體驗概念明確地與通常的體驗概念區分了開來，……體驗概念在胡塞爾那裡成了以意向性爲本質特徵的各種意識行爲的一個萬象的稱呼。」❸

「每一個體驗都是由生活的延續性中產生，並且同時與其自身生命的體驗相聯，這不僅指體驗只有在它尚未完全進入自身生命意識的內在聯繫時，它作爲體驗仍是生動活潑的，而且也指體驗如何通過在生命意識整體中消溶而『被揚棄』的方式，根本地超越每一種人們以爲著的意義，由於體驗本身是存在於生命整體中，因此生命整體目前也存在於體驗之中。」❹

美感是直接的體驗，體驗爲整體生命和一個充實而光輝的生命相聯繫，體驗主體和被體驗客體互相溶合，而成爲一體，實現意識統一的意義，體驗存在於生命整體中，生命整體目前也存在於體驗中。我在欣賞一件「美」的時候，我整體的生命集中在「美」上，對於外界所加於我和加於「美」的事都不思索也不認知，朱光潛說「美」是孤立絕緣的意象；但同時又是物我兩忘。美感中起移情作用，物和我的存在溶合在

❸ 同上，頁一〇二。

❹ 同上，頁一〇七。

感情中。

美感的物我兩方，不是朱光潛所說「我祇以一部份的自我——直覺的活動——對物，……物也祇以一部份——它的形相——對我」，而是兩方的整體生命相對而相聯。生命以外的意念，如價值、利益，不在其內；生命本身的意義，即生命發展自有的規範，則在其內。因此美與善的關係，若以善爲後天的倫理規範，美和善相脫離；若以善爲生命發展的先天規範，則美必合於善。

美學者常說美和實際生活，兩者中間有距離。但是人有人說：美由遊戲而產生；或說：美由慾情昇華而來，都是不思考精神的美。

「在凝神觀照中，物我由兩忘而同一，於是我的情趣和物的姿態往後迴流。……移情作用說發源立普司。他的學說大都以幾何形體所生的錯覺爲根據，它的精華全在《空間美學》一部書裡。」❺

移情作用祇是外射作用，換句話說，凡是外射作用不盡是移情作用。移情作用和一般外射作用有什麼分別呢？第一、普遍外射作用不能使物我兩忘而合一，第二、普遍外射作用不常引起趣味。但是就是引起美感的外射作用，並不是和美感必在一起，

❺ 朱光潛，《文藝心理學》，頁四三。

美感中也沒有外射作用的。例如男人欣賞美女，美女欣賞帥男，用不著移情作用。至於弗洛伊德，以慾情昇華解釋美感，則是他應用自己的慾情心理學的偏差，人的內心比慾情更廣更深。

乙、美術和遊戲的關係

現代許多作者，都予以討論，朱光潛在詳細討論以後，作結語說：「藝術和遊戲都是要在實際生活的緊迫中發生自由活動，都是為著享受幻想世界的情趣和創造幻想世界的快慰，於是把意象加以客觀化，成為具體的情境，這就是所謂『表現』。不過純粹的遊戲缺欠社會性，而藝術則有社會性，它的要務不僅在『表現』而尤其在『傳達』。這個新原素加入，於是把原來遊戲的很粗疏的幻想活動完全變過。原來祇是藉外物作符號，現在這種符號要有內在的價位；原來祇要有表現，現在這種表現還須具有美形式。我們可以說，藝術衝動是由遊戲衝動發展出來的，不過藝術的活動卻在遊戲的活動之上做過進一步的工夫。」❻

遊戲和美術有類似之處，從心理學去觀察，應與以肯定；不過，要說美和美術

❻ 同上，頁一九五。

是從遊戲而來的，則過於勉強。遊戲和美術和美，它們的存在，都在於「表現」，但是「表現」的方式不同。「美」的表現為生命自體的表現，在「美」。的表現中具有生命的整體。我們天主教信徒相信身後若能獲升天堂，必有完滿的幸福，因爲可以享見天主的美，天主的美的表現就是天主的本體。天主本體充實光輝，自己存在，並不需要有欣賞者。入世間美術的美的存在方式，在於美術者在作品中表現了自己的整體生命，就是沒有欣賞者，這件美術品仍舊是美。遊戲說是自己存在的方式，超越遊戲者而自己存在，成爲遊戲的主宰，和美術品相似；然而遊戲而無遊戲者，遊戲並不存在，如同美術而無美術者，美術就不存在，衹是兩者不需要有觀賞者，仍舊存在。

遊戲是人的遊戲，美術也是人的美術，都是由人的本能而發，不必一種由另一種而發。若說「美」和遊戲相類似，則是兩個觀念所包含的意義，都是一種單獨的意境，意境的內涵則各不相同，不可彼此混淆。

4. 趣　味

甲、趣味為生命充實發展的互應

美，是能引起愉快的客體，所以有美感，而美感又不是通常所說的快感，一個生命能夠充實發展，當然自己感到喜悅，同時面對另外一個充實發展的生命，也自然感到喜悅。這種喜悅在兩生命內互相應映，即是美的興趣。興趣在遊戲中也有，遊戲者對遊戲有興趣，是因遊戲引起他的興趣；遊戲又使觀看的人發生興趣，所以觀看競賽的人很多。不過美和遊戲的興趣感受不同。

乙、趣味有共同性

康德曾經在《判斷力批判》裡說：眞正的共同感覺就是趣味。在康德以前，趣味概念是一種道德性概念，而不是審美性的概念，後來由士林哲學用之於美的精神實體。「好的趣味是這樣顯示自己的特徵的，即它知道使自己去迎合由時尚所代表的趣味，或者相反，它知道使時尚所要求的東西去迎合它自身的好趣味。因此趣味概念包含著：我們即使在時尚中也掌握尺度，不盲目跟隨時尚要求變化，而使用我們自己的判斷。」❼

「另一方面，通過我們對概念史的簡短考察，這一點也夠清楚的，即一當問題涉及到審美判斷時，在趣味中不是個別的偏愛被斷定了，而是一種超經驗的規範被把握中。因此我們可以說：康德把美學建立在趣味判斷上順應了審美現象的兩個方面，

---

❼ 加達默爾，《眞理與方法》一，頁五八。

即它的經驗的非普遍性和它對普遍性的先天要求。……按照康德的看法，在視爲美的對象中沒有什麼東西可以被認識，他只主張，主體的快感先天地與被視爲美的對象相符合，眾所週知，康德把這種快感建立在合目的性基礎上，對於我們的認識力來說，對象的表象一般都具有這種合目的性。」❽

所謂合目的性，即是合於存有的本性，存有本性追求充實發展，凡是存有都具有這種追求，可以視爲存有的存在目的，達到這個目的，便自身覺得滿足，這就是趣味。

美有這種趣味，美感乃是這種趣味的互應；審美者以欣賞美，兩方的趣味相互感應，便有美感。

---

❽ 同上，頁六七。

第六章　生命的旋律

一、自然的世界

1. 生命的旋律

宇宙爲一「創生力」，「創生力」不停地活動變易，宇宙乃有活動變易的存在，成爲一個生命整體。「創生力」不停創生萬物，萬物內各有「創造力」所成的「生命力」。宇宙萬物的存在，常活動變易，各成一生命，各物的生命又互相連繫，一同在宇宙「創生力」內活動。「創生力」從宇宙開始，即開始活動，在宇宙內成爲一道生命的洪流，長流不息。「創生力」又在各物體內流通，和物體內的「生命力」相連，「創生力」由開始流到現在，再流到未來，從一物體流到另一物體，旋流不息，造成生命的旋律。

宇宙的生命，開始組成自然的世界，生命的旋律，在天地萬物裏繼續週流，自然界的萬物，不僅生命相連，而且和人的生命緊相連繫，成爲人的生命之最大旋律。

自然界萬物的美好，結成自然的美景，蘇軾曾說：『惟江上之清風，與山間之明月；耳得之而爲聲，目遇之而成色。取之無禁，用之不竭。是造物者之無盡藏也，而吾與子之所共適。』❶

我對著自然界的美景：一朵花，美麗照眼；一片葉，結構神奇；百丈瀑布，懸崖直下，鼓舞精神；千丈山峰，蜿蜒相接，屛障天邊；一碧清流，透明見底；浩浩大海，驚濤絕浪，水天相接。我的心神歡欣地和紅花綠葉，萬頃湖水，冥冥相接。古代騷客詩人，留下來多少對景感懷的詩：

『寒山轉蒼翠，秋水日潺湲。倚杖柴門外，臨風聽暮蟬，渡頭餘落日，墟里上孤烟。復値接輿醉，狂歌五柳前。』❷

『清晨入古寺，初日照高林，曲徑通幽處，禪房花木深。山光悅鳥性，潭影

❶ 蘇軾　前赤壁賦。

❷ 王維　輞川閒居贈裴秀才。

空人心。萬籟此俱寂，惟聞鐘磬聲。』❸

『山暝聽猿愁，滄江急夜流。風鳴兩岸葉，月照一孤舟。建德非吾土，維揚憶舊遊。還將兩行淚，遙寄海西頭。』❹

『國破山河在，城春草木深。感時花濺淚，恨別鳥驚心。烽火連三月，家書抵萬金。白頭搔更短，渾欲不勝簪。』❺

『春花秋月何時了，往事知多少？小樓昨夜又東風，故國不堪回首月明中。雕闌玉砌應猶在，只是朱顏改。問君能有幾多愁？恰似一江春水向東流。』❻

『林斷，山明，竹隱牆；亂蟬，衰草，小池塘；翻空白鳥時時見，照水紅蕖細香香。村舍外，古城傍，杖藜徐步轉斜陽；殷勤昨夜三更雨，又得浮生一日涼。』❼

---

❸ 常建　題破山寺後禪院。
❹ 孟浩然　宿桐廬江寄廣陵舊遊。
❺ 杜甫　春望。
❻ 南唐後主主李煜　虞美人（詞）。
❼ 蘇軾　鷓鴣天（詞）。

藝術哲學以這種詩詞爲詩人，將自己的感情灌注在自然界的物體中，使物而人格化。實則，是物和人的合一，物的顏色聲音進入人的感官，感官印象一入人的心靈，引起人的情感。詩人的情感敏而深，想像活潑，使人心感情和外物印象相合而爲一，眞正成爲生命的旋律。人心在宇宙美景中，拓廣到天之高、地之深，生命旋律的範圍，拓充到無限。

我的心靈則再因萬物的美好，上升到造物主天主，在造物的美好中，欣享咏讚天主的美善。

『讚主於天中，讚主於蒼穹。詩主爾衆神，讚主爾萬軍。讚主爾日月，讚主爾明星。讚主爾九天，讚主爾靈淵。讚主爲何因？莫非主所成。讚主爲何故？恃主很安固。各各有定分，祗守莫逾矩。讚主於大地，讚主於海底。漁海與源泉，冰雹與氛氣。雷霆與白雪。飄風布聖旨，小丘與高嶽。果樹與喬木，爬蟲與飛禽。野獸與家畜。王侯與衆庶，權位與尊爵。壯男與閨女，白髮與總角。皆應誦主名，主名獨卓卓。峻德超天地，子民承優渥。衆聖所瞻仰，義塞所依托。天下諸虔信，其非主之族。❽

❽ 吳經熊　聖詠譯義，第百四十八首。

2.合一的宇宙

甲、生態學的合一宇宙

物理學進行到量子力學，測驗到宇宙的合一，「宇宙之根本的『合一』，不僅是神秘體驗之中心特徵，而且也是現代物理學最重要的啓示。這已在原子的層次出現，而且愈來愈顯露出物質深處的奧秘，深入『次原子粒子』的領域，萬物之統一將再復現，貫徹現代物理學與東方哲學之比較中。」❾物理學家又認爲宇宙如同一架蛛絲網，各部互相連貫，網中是力的變化，都相牽連。

「研究把每種生物與物理的及化學的環境相關接的那些關係及過程的科學就是生態學（Eclogy），它是這個星球的管家科學，因爲我們可以這樣說，環境是生物爲生物所建造的家。這是一門新興的科學，它所能告訴我們的，不過是從地球上生命的網狀結構中所知道的小部份而已。」❿

從所研究的事物，生態學提出三項法則：

---

❾ 伽勒拉著，潘家寅譯，物理之道，頁一〇一，臺灣中華書局。

❿ 康門納著，宋尚倫譯，環境的危機，頁二四，巨流圖書公司。

生態第一法則:「物物相關」。這項法則指出地球上的物體彼此間有相連的關係,這種關係好像一幅網,物體互相連繫著。一種生物依靠另一種生物而生存;這另一種生物又靠前面的第一種生物而生存,彼此互相保持平衡,例如海藻的生態環境:水中有魚,魚排洩廢物,廢物腐化細菌,細菌供養藻類,藻類供養魚。若是一旦藻類因天氣酷熱而繁盛,吸盡了廢物細菌,兩者間失去平衡;可是魚因藻盛而多能食,藻類減少,魚所排洩廢物增多,又可恢復平衡。又如土因植物及動物所排洩廢物而成廢植土,廢植土爲多孔的海綿形,供給植物根含收土中硝酸鹽養料,又供給植物根所需要氧氣。廢植土越好,越促進植物的生長,植物茂盛則排洩的廢物多,又添加腐植土的含量。

這些平衡的循環作用,在自然環境中自然地進行,若因外來的力而破壞其中的一環,生態平衡的循環就要瓦解!這就是目前生態環境因污染而造成的危機。

在植物和動物中,動物靠植物以爲生,動物大的又靠小的以爲生。這其間的關係並不單純。生態的循環不是週迴的簡單路線,其間有很多岔路相互交叉,互相關結成爲網狀結構。網路結構較能抵抗瓦解的壓力。目前環境危機,是網狀結構被人爲的工作把環節切斷,生態環境簡化了,便臨於瓦解的困境。⓫

⓫ 同上,參考頁三五一三〇。

生態第二法則：「物有所歸」。現在垃圾問題，困擾許多政府，在自然界則無所謂廢物。一種有機體所排洩的廢物，被他種有機體取爲食料。動物由呼吸所排出的二氧化碳，是綠色植物的養料；植物所放出的氧，又爲動物所用。動物所排洩的廢物，滋養細菌，腐細菌又變成藻類的養料。但是，因著人的作爲，廢物當歸不到應歸的地方，因而累積成害。例如含有水銀的乾電池拋入垃圾堆，被收去焚化，焚化成蒸氣，蒸氣被雨帶入水，水流入河，河魚吸取水中水銀，魚被捕，供人吃，人吃魚腹水銀有害身體。⑫

生態第三法則：「自然善如」，在自然生態下，自然界一部份失去平衡，自然地會依復平衡。一部份生態物中生產一種不需要的成素。自然地會被排除。所以說『自然善如』。同時，人用人工加入生態中一種成素，往往是有害的。例如殺蟲劑、農藥，多用必有害。又如人造器官，如不合天然條件也不能用。⑬

生態第四法則：「出入相抵」，消耗了自然界的資料，必要補入。人不能自取白拿，好似「吃免費午餐」。例如把森林砍了，必須補上樹木，否則生態環境就遭破壞。

---

⑫ 同上，參考頁三一。

⑬ 同上，參考頁三一—三四。

地球的生態環境結成一個整體，在整體中沒有一樣東西可以無中生有也不能有中變無，整體的任何部份被人取出，必須以另一物代替。⓮可是今天的世界，卻是人類的需要擴大到不能節制的程度，人們用巨大的技術力量追求生產的增加，所用技術方法對生態影響就常發生破壞，常是自毀性的。「人類文明的當前進程是自殺性的」⓯。

「沒有人能夠預測擾亂生態體系裏任何部系的整體後果。即使非生物的環境也具有某些特質，沒了它們，我們所知道的生命會變得不可能。在科學家的心目中，人類爲自然之王的觀念已經被人類與自然共生的觀念所取代，莎翁筆下的哈雷王子有一段台詞：『人肥萬物而自肥，然人自肥爲蛆蟲。』雖然粗鄙，卻正確地爲人類在生物圈裏的地位做了結論。」⓰

乙、儒家的合一宇宙

⓮ 同上，參考頁三五—三六。

⓯ 同上，頁三五六。

⓰ 艾胥比著，曹定人譯，人對自然的和解，頁一二五，十竹書屋。長河版。

合一宇宙的思想，可以說是東方印度和中國的宗教及哲學的思想。印度教和佛教使人和宇宙不分；天臺宗和華嚴宗的觀法，「一入一切，一切入一。」主張萬法圓融。道家莊子的眞人，和天地元氣相融，便和天地而長終。儒家則注重倫理道德，以達到「與天地合其德，與日月合其明，與四時和其序，與鬼神合其吉凶。」（易經　乾卦文言）

儒家的宇宙是天地人合一的宇宙，這是易經的思想。易經本來是卜卦的書，爲卜知未來的吉凶，易經用卦變作工具，卦變則是遵循宇宙變化的原則。宇宙的變化，在易卦的製造者心目中，是一個整體的變化，整體爲宇宙，由天地人作代表。天代表一個元素，地代表一個元素，人則代表天地兩元素所成的萬物。天的元素爲陽、爲乾；地的元素爲陰、爲地。「一陰一陽之謂道，繼之者善也，成之者性也。」（繫辭上・第五章）整個宇宙就是陰陽的運行。

漢朝學者講授的易經，稱爲象數的易學，歸結到一個氣字上。宇宙的變易，爲氣的運行，氣運行有一定的途徑，氣運行的途徑稱爲氣運。纖緯的思想，就是氣運的思想；五行的思想，更是氣運的思想。宇宙的氣運在時間上爲四季，在空間上爲四方，四季四方五行由四個卦代表；然後將十二月，二十四節，七十二候，三百六十五日，和六十四卦相結合，構成一個整體；這個整體就是宇宙。

董仲舒不僅採納了五行相生相剋的思想，且更以人的身體的一小宇宙，利大宇宙的結構相配合。

禮記的「月令」，顯示儒家的政治思想，以皇帝治理四海，就如治理天地，國家稱爲天下。皇帝治理天下，宮室物飾都要配合季節和方位，還要供奉每季神靈；這是合一宇宙的政治。就是禮樂，也是按天理按氣運而成。還有所謂「五德終始」規定朝代皇帝的繼承；「天人感應」指示祥瑞和災禍的賞罰，都是根據氣運的思想。

漢末道家採納漢易的氣運學，製造了長生術。或呼吸元氣，或鍊製金丹，以延長壽命。

宋朝理學家周敦頤採用道教的太極圖，製成自己的「太極圖」，作太極圖說：太極而無極，太極生陰陽，陰陽生五行，五行生男女，男女生萬物，他說明萬物化生的歷程，乃是一氣的運轉。整個宇宙和萬物，在一氣的陰陽裏變易。邵雍用這種思想講宇宙的循環，皇極經世一書按易經的六十四卦推算宇宙循環的年代。

張載則將易經的太極「解爲「太虛」，作氣的本體，太虛的本體爲「太和」，「太和所謂道，中涵浮沉升降動靜相感之性，是生絪緼相盪勝負屈仲之始。」（正蒙・太和篇）「氣坱然太虛，升降飛揚未嘗止息，易所謂絪緼，莊生所謂生物以息相收野馬者歟！此虛實動靜之機，陰陽剛柔之始。」（太和篇）陰陽變化，化生萬物。宇宙萬物在氣的變化中，結成一體。因此，人在生活中，須要體驗這種一體的聯繫，爲能體驗，人心須要「誠」。「中庸曰至誠爲能化，孟子曰大而化之，皆以其德合陰陽，與天地同流，而無不通也。」（神化篇）

和天地同一體的體驗，張載在「西銘」裏說：「乾稱父，坤稱母，予茲藐焉，乃渾然中處。放天地之塞，吾其體，天地之帥，吾其性。民吾同胞，物吾與也。」人的心須要體驗到萬物，張載說：「大其心，則能體天下之物：物有未體，則心爲有外。世人之心，止於聞見之狹，聖人盡性不以見聞梏其心，其視天下，無一物非我，孟子謂盡性則知性知天，以此。天大無外，故有外之心，不足以合天心，見聞之知，乃物交物之知，非德性所知；德性所知，不萌於見聞。」（正蒙・太心）以仁德而體萬物，則有孟子所說：「親親而仁民，仁民而愛物。」（盡心上）

程顥具有孟子的上述精神，他曾說：「人在天地間與萬物同流，天幾時分別出是人是物。」（二程全書一　遺書二上，二程語錄二上）「所以謂萬物一體者，皆有此理，只是從那裏來，生生之謂易。生則一時生皆完此理。人則能推，物則氣皆推不得，不可道他物不與有也。」（二程全書　遺書二上，二程語錄上）萬事同一理，理爲生生之理，生生爲仁，人心有仁，怡然自樂。他作詩說：「閒來無事不從容，睡覺東窗日已紅，萬物靜觀皆自得，四時佳興與人同。道通天地有形外，思入風雲變態中。富貴不淫貧

賤樂，男兒到此是豪雄。」（二程全書五 明道文集三，秋日偶成）

朱熹繼承二程的「理一而殊」的思想，主張宇宙萬物同一生生之理，因著氣的清濁，各物之理乃不同，他便強調天地以生物爲心，生爲仁，人得天地之心爲心，人心因此也是仁。因著仁，人心乃能貫通萬物。

王陽明主張「一體之仁」，「蓋天地萬物，與人原是一體，其發竅之最精處，是人心一點靈明。風雨露雷日月星辰禽獸草木山川土石，與人原是一體。故五穀禽獸之類，皆可以養人；藥石之類，皆可以療疾。只爲同此一氣，故能相通耳。」（王文成公全書 卷三，傳習錄下）人心靈明，可以與萬物相通，人心的仁，也和萬物相通。因此，稱爲一體之仁。

王船山服膺張載的思想，特作正蒙注，對於張載的宇宙合一，深表讚同。張載在正蒙「大心篇」說：「體物體身，道之本也。身而體道，其爲人也大矣。道能物身放大，不能物身而異於身，則藐乎其卑矣。」王船山解釋說：「萬物之所自生，萬物之所自立，耳目之所見聞，心思之所能覺察，皆與道爲體。知道，而後外能盡物，內能成身；不然則徇其末，而忘其木矣。」王船山所說的道，和朱熹所講的理相似。萬物在道中，互爲一體。

儒家從易經開始，一直到清朝，常主張宇宙萬物合一。精神生活的目標，乃爲

「天人合一」。「天人合一」的途徑，以人心之仁，和天地好生之心相結合，以贊天地的化育。

丙、生命哲學的合一宇宙

生命哲學講宇宙，是合一的宇宙。

宇宙由造物主所造，造物主以創造力創造了創生力，創生力就是宇宙。天文學以最初的原始宇宙爲一氣團，氣團具有無限的力，內部因動而起爆發，逐漸造成銀河星辰。千萬的銀河，彼此的距離有若干億年的光速，但是它們結成一個宇宙，互相有能量(ㄌ)的聯繫。物理學說明宇宙的銀河星辰，構成元素相同，現在知道都是次原子粒子。生命哲學主張宇宙是同一「創生力」，有理有質，繼續變化。

這個創生力，具有巨大的發動力，爲宇宙一切變動的動力因。創生力有質，出整體宇宙說具有自己理，成爲一個宇宙。宇宙創生力常變，變時分化自己的質，和由創造力所得造物主所賦的理，化生新物體。新物體從質力面說是宇宙的質所成，由理方面說是造物主的創造。因此宇宙創生力繼續化生萬物，這種化生乃是造物主的繼續創造。

萬物由造物主繼續創造，萬物的物質是同一宇宙的物質，但因所得于造物主之理不同，質也各自不同。但是物質之本體，則同是同一宇宙的質。在質方面說，萬物是合一的。例如人的身體和禽獸的身體，在物質方面是相同的。從物理學和化學方面說，動物、植物、礦物的物質是相同的。

萬物的理各不相同，不僅物種之理不相同，同種的單體物的理也各不相同。人和禽獸之理不同，每個人的理也不相同。孟子曾以人之理爲性，每個人的理爲命。朱熹以人的理爲天命之性。每一個人的理，爲氣質之性。但每個單體物，理雖不同，卻質都是宇宙之質，和宇宙合一，因此也彼此相連繫。

宇宙萬物的化生，由於創生力的動力，宇宙萬物的存在，也是由於創生力的動力。宇宙創生力動而化生萬物，爲萬物化生的動因，萬物因生而存在，存在是繼續的動。繼續的動，爲創生力的動，爲內在的動，爲生命。宇宙萬物係同一創生力的動，所以爲同一的生命。

朱熹和二程都會主張宇宙萬物有同一的生理，萬物有同一的生物，但「理一而殊」，理由氣的清濁而不同，萬物的生命便各不相同，朱熹主張人得全部生命之理，物得生命之理的一部份。

創生力在運行中，化生萬物。所賦予每一物之理由創造力而來，即中國人所說的命，各不相同。大的不相同爲種類不同，小的不相同爲單體的不相同，因此物體的生命也就不相同。最低級的，則是祇有內動而不顯，不能增加自體，這是礦物的生命。再上一級是植物，有內勤，增加自體，生命顯於外，這是普通所謂低級生物。再上一級則是動物，右內勤，增加自體，且有感覺。再上一級便是人的生命，爲心物合一的生命，有內動，有感覺，有意識，有創作。再上一級爲精神體的生命，人死後靈魂生活，是精神體的生命，還有天使和魔鬼的生命爲精神生命，祇有「行」，沒有變動。最高級爲絕對精神體的生命，乃是純淨完全的「行」。

普通生物學以細胞能夠分裂出另一細胞，自己增長自己的生命。近文學作家蘇雪林教授說：「有生之物，無論大小，無論種類，必須有血液循環，神經系統；能自衛，能攻敵，能吃喝撒野，能生老病死，請問茅坑石子具此條件否？石中原子能找異性原子與之結合，無非是化學作用，是不能稱之爲生命的」。⓱這些對生命的解釋，祇解釋宇宙內物體的生命，超於宇宙的精神生命則沒有解釋，講哲學則必須講到精神生命。生命是實體的內在動的存在。存在就是每物的創生力。例如人因宇宙創生力而生，人生後即生活，活是動，動是創生力。人的生命就是創生力，人一刻不活，人就不存在了。宇宙萬物的化生和存在，是同一的創生力。

⓱ 蘇雪林，一篇玄科之戰押陣的文章，中央日報民八十年八月廿八日。

每個人的理不同，質也不同，每個人是一個具體的位格。在生活上，每個具體位格的人」性格不同，才能不同，卻要互相連繫，不能孤立。人的生命是「宇宙性的生命」，和宇宙萬物相連。

宇宙問的萬體，都是因創生力而有，因創生力而在。在理論上，每個物體是個自立的實體，不依賴其他的物體。在實際存在上，則互相連繫，互相依賴；因爲實際的存在爲繼續的動，繼續的動的動力，彼此互相影響。在具體的自然界：土壤、植物、動物、水、空氣，互相關連，一部份遭到傷害，其他部份連帶也受到傷害，這就是目前所謂生態環境的危機。

創生力的運行，爲化生和保全萬物，有天然的次序，由一物通到另一物。這次序天然地偶然受到阻礙，天然地會恢復，若是人爲的工作破壞了天然次序，必須人爲的工作予以補救，否則創生力的運行不通，整個宇宙要受到傷害。

宇宙萬物，衹有人有靈明，能自行決定自已的行爲，其他的物體，常是按看物性而動。中庸說：「誠者，天之道也；誠之者，人之道也。」(第二十章)自然界的物體，不會破壞天然的次序，常保守自然界的平衡。人想利用自然界的資源，製造了各種技術，技術的運用破壞自然界的平衡，傷害了物體間的關係。

中國儒家的倫理目標，以「贊天地之化育」爲目標，指示人類協助萬物能自然發育，不僅不破壞天地化生萬物的次序，還要予以協助。天主教的信仰，相信天主造生萬物供人類使用，受人類掌管。但普通的管理觀念，管理要按所管理的事物的物性去管理，還要使所管理的事物得到好處。天主賞賜萬物供人使用，人類應該合理地使用，決不能濫用。這兩種思想都是「仁」的思想。

宇宙萬物互相聯繫，宇宙萬物合成一體，這是自然界的客觀事實；但只有人能體驗到這種事實，使這個客觀的自然事實成爲一個有意識的事實。人的心是靈明，心的靈明可以照到自然界的事實現象。

王陽明曾經答覆學生問人心與物同體的問題說：「可知充天塞地，中間只有這個靈明(人心)人只爲形體自間隔了。我的靈明便是天地鬼神的主宰。天沒有我的靈明，誰去仰他高；地沒有我的靈明，誰去俯他深；鬼神沒有我的靈明，誰去辨他吉凶災祥。天地鬼神萬物，離卻我的靈明便沒有天地鬼神萬物了；我的靈明，離卻天地鬼神萬物，亦沒有我的靈明。如此，便是一氣流通的，如何與他間隔得！又問：『天地鬼神萬物，千古見在，何沒了我的靈明。便諸無了？』曰：『今看死的人，精靈游散了，他的天地鬼神尚在何處！』」（王文成公全書　卷三，傳習錄下）

這是王陽明的知行合一思想，從良知的知行合一，擴展到全部知識。從知識論去看，心不知的物，等於不存在。我們在這一點上，可以和王陽明意見相同；在本體論上，則我們承認物體不因人的心靈而存在。宇宙間不因人的心靈而存在的物，它們的存在是無意識的。宇宙的合一，沒有人的心靈也是無意識的合一。人的心靈，使宇宙的合一，成爲有意識的合一。人的心，能知能愛；人能知道宇宙萬物的合一，人能愛宇宙萬物的合一。在人的心靈內，宇宙萬物進入人的生命內，人的生命進入宇宙萬物的生命內。這樣，才可以實現聖保祿宗徒所說的宇宙萬物參加天主義予的光榮：「凡受造之物都熱切地等待天主子女的顯揚；因爲受造之物被屈服在敗壞的狀態之下，並不是出於自願，而是使它屈服的那位的決意；但受造之物仍有希望，脫離敗壞的控制，得享天主子女的光榮自由。」（致羅瑪人書　第八章　第十九節—第二十一節）人類因基督而得到救贖，成爲天主的子女，人類所掌管的萬物，也因人心靈歸於基識的意識而歸於基督，因基督而歸於聖父。如同聖保祿宗徒所說：「一切都是你們的；無論是保祿，或是阿頗羅，或是刻法，或是世界，或是生命，或是死亡，或是現在，或是將來，一切都是你們的；你們卻是基督的，而基督是天主（聖父）的。」（致格林多前書　第三章　第二十一節—第二十三節）

附錄　懷德海——自然與生命

谷風出版社——分析的時代，第六章　頁九三—九五

最後受到一位更遠爲有聲勢而受人尊敬的人物——二十世紀的科學家——的報告的支持，他不但給常識觀點以最後的封閉，而且還使懷德海開始進入其活動過程的哲學（activistic philosophy of process）。空無所有的空間的學說已被近代物理學所消滅，懷德海說，並被一種力場、一種不斷活動之場的觀念所代替。再則，「物質已被視爲和能同樣的東西，而能是純粹的活動。」由於任何局部的激動都會震撼整個宇宙，所以就不應當把任何事物作爲局部的、獨立存在的東西來看待。環境一直滲入了每一事物的本質。當我們測量宇宙深度的時候，關於自足的物質分子的常識和較古老的科學觀點祇是一種抽象，而且是一個無用的抽象，它祇可供律師及無知的哲學家之用，懷德海說，但它將阻礙我們理解：近代物理學的基本事實是活動（activity）。但是，「活動」的形象之爲近代物理學家放在其宇宙圖中心的，乃是懷德海所稱爲「赤裸裸的活動」，它還有待於哲學家用對一些極大量的問題的解答來給它穿著打扮好。這些

問題就是：「『活動』的目的何在，它產生什麼，『活動』包括著什麼？」在以下的選錄中，懷德海就要將牠的注意轉到這個費力的任務上去。它是從懷德海的《思維方式》一書（一九三八）中第八講「活的自然」摘出的一個節錄，並注明刪略之處。

生命在……自然中的地位，乃是現今哲學上和科學上的問題。的確，它乃是所有各種思想體系——人道主義的、自然主義的、哲學的——匯合的中心點。生命的眞正意義是令人困惑的問題。我們理解了生命，也就能理解它在世界中的地位。但是，它的要義和它的地位，同樣都是難以捉摸的。……

我所主張的學說就是，自然（Physical nature）和生命兩者都是不能理解的，除非我們將其作爲構成「眞正實在的（really real）東西的組成中的主要因素溶合在一起，而這些東西的相互關係和個別特性就構成了宇宙。

作爲論證的第一步，首先必定要形成某種關於生命能夠有什麼意義的概念。同時，我們還要求，我們關於自然的概念的不足之處，須要用它同生命的溶合來補充。在另一方面，我們也要求，生命的概念也領包含自然的概念。

現在，作爲一個初步的近似說法，生命這個概念暗含有某種自我享受（Self-enjoyment）的絕對性。這必然意味著某種直接的個性，它乃是一種吸收自然界物理過程所提供的許多有關材料使之成爲一種存在的統一體的複合過種。生命就暗含著從這種吸收過程產生的絕對的、個體的自我享受。在我近來的文章中，我曾用「掌握」（prehension）這個詞來表達這種吸收過程。同時，我稱直接自我享受的每一個別行爲是一個「經驗的機會」（occasion of experience）。我認爲，這些存在的統一體，這些經驗的機會,都是眞正實在的東西,它們以其集合而成的統一體構成不斷進化的、永遠處於創造性前進之中的宇宙。……

這種自我享受的概念並未將這裏稱爲「生命」的過程的那一方面，完全說盡。就其可以理解而言，這種「過程」包含一種屬於每一「機會」的眞正本質的創造性活動的概念。它乃是把宇宙間的這樣一些因素吸引出來使之變爲現實存在的過程，這些因素在這個過程以前祇以未實現的潛能的狀態存在著。自我創造（self-creation）的過程就是將潛能變爲現實的過程，而在這種轉變中就包含了自我享受的直接性。

所以，在了解生命在一次經驗的機會中所起的作用時，我們必須區別先行世界所提供的已經成爲現實的材料，準備促使這些材料溶成一個新的經驗統一體的尚未成爲現實的潛能以及屬於這些材料與這些潛能的創造性溶合的自我享受的直接性。這就是創造性前進的學說。按照這個學說，坐命之向未來轉化乃是屬於宇宙的本質。將自然理解爲一種靜止的事實，哪怕祇在沒有延續性的一瞬間，這是荒謬的。沒有轉變（transition）就沒有自然，而沒有時間的延續也就沒有轉變。這就是把時間上一瞬間的概念看作一件基本的單純事實之所以是胡說的理由。

然而到此爲止，我們還是沒有將創造的概念完全弄清，這個概念對於理解自然姓極其重要的。我們還領將另一特性加到我們對於生命的描述中去。這一未加上的特性就是「目的」（aim）。「目的」這個詞的意義就是，排除無邊無涯的可替換的潛力，而容納這樣一個一定的新因素，它就是羅致這些材料到那個統一化過程中去的選定方法。這日的是爲達到這樣一穗感情的複合體，它乃是依上述方式對那些材料的享受。「那種享受的方式」是從廣大無邊的可替換因素中選定的。其所以選定這一方式是爲了在那種過程中變成現實。……

二、人文世界

人文世界爲人的社會，人的社會爲理性的社會，人和人相接觸以理性爲基礎，即是以心靈爲基礎，心靈的接觸，必要有傳達的工具。

1.人文世界的建立

甲、傳達

聖多瑪斯曾說：『善是散播自己的。』（Bonum est diffusivum suiiprsius）[18]生命爲最高的善，生命常散播自己，使生命延續不絕。儒家的傳統思想，以宇宙爲生命的洪流，永久不息。易經說：「一陰一陽之謂道，繼之者善也，成之者性也。」（繫辭上第五章）陰陽運行，結合成物，物生生不息，爲宇宙之善。生命中最高貴的爲心靈生命，心靈生命必常散播。我散播心靈生命，別人一接受這種散播：別人散播心靈生命，我予以接受。一散一接，乃成心靈的傳達。

西洋哲學家中，有人贊成印度哲學的神秘主義，以生命的傳統，不經過理智而由生命直接相連。柏格森就是主張生命的內在動力，有如強健的洪流，決不能由理智的溝渠而傳達，生命的傳達，要靠超乎理智的直見。有些講美術和詩歌的學人，也認爲人的生命，以感情爲最眞切，感情在詩歌和美術品的傳達，以直接體驗爲途徑。但是我們知道人是身體和心靈合一的主體，心靈的傳達是要經過身體的。身體的傳達途徑，則由符號、語言、文字，以傳達到心靈。人和人之間，生命不能直接接觸，生命的接觸必要藉著身體。只有絕對的存有實體——天主，爲一切生命的根源，能夠和人的生命直接接觸，可以使人有超乎理智的直見。直見所以只能是絕對實體和人的傳達

[18] S. Thomas Summa' Theologica. 1.9. 5. 4ad 2.

途徑，但也是非常而不常有的經驗。人和人的心思傳達，必要經過傳達的溝渠，而要使用理智。

人對自己生命的認識，只有對生命的存在是一種直見的體驗；對於生命的內容，則需經過反省，反省所得又要形成爲觀念，才能夠認識。

詩歌和美術品所傳達的爲作者的感情，感情的傳達是藉著文字和符號，讀者和欣賞者透過文字和符號以接受感情，則必須經過理智。

我們人都有許多次的經驗，經驗到心內所感受的或所想的，沒有辦法可以表現出來。禪宗乃主張不立文字，因爲得道的禪觀者所有對眞如的體驗，不能用文字去表達。聖保祿宗徒則親身直見絕對實有者天主，事後沒有言語可以傳述。「我知道有一個在基督內的人，十四年前，被提到三層天上去——或在身內，我不知道，或在身外，我也不知道，天主知道——他被提到，惟天主知道——我知道這個人——或在身內。我不知道，只有提到天堂去，聽到了不可言傳的話，是人不能說出的。』（致格林多後書 第十二章 第二—四節）對於超乎理智的經驗，不能傳達，因爲傳達須經過理智。對於人生命的感受，也常不能傳達；因爲生命的感受是活的，是整體的，符號和言語文字則是靜止的，又是局部相對的。但是生命自性要求傳達，不能傳達時，我們心內感到非常痛苦。同時，當我們面對著一個不能表達自心經驗的人時，對著他的痛苦，我們也感到非常的同情。這已經是在不能傳達時，得到了一點傳達。

人的世界是人類的社會，社會的成立，靠各份子的互相溝通。彼此的互相溝通，就是心思的傳達。人類的生活若沒有理智的研究，便不能產生新方式的進步。新方式的形成，不僅靠理智的研究，還要靠理智的傳達。沒有傳達，便不能有人文世界。

學術的研究，以往是一個學者的工作，所有發明，也是一個學者的發明。現在卻進行到少數人共同的研究，共同的發明。將來，很可能會出現集體的研究和集體的發明。這種研究工作，乃是彼此傳達的成果。

現在的人類生活，已經進入傳達的生活裏。大眾傳播工具，將人類的生活混合成一個，一切的人類遭遇，成了全體人類的遭遇。連一個人的私生活和一個家庭的私生活，都因著傳播工具而失去了「私」性，變成了「公」性。

傳達是人類心靈生命的良能，心靈生命自然流傳到自體以外，又自然接受自體以外所來的生命流傳，因而能構成生命間的傳達。

心靈生命的傳達。和生命的本性相符合。人的生命本性是心物合一的生命，心靈生命的傳達便須經過感覺和理智，感覺和理智的傳達，都要藉著觀念，觀念常是靜態的和局部的，常不能傳達整體的活生命。但是人類的日常生活則都是局部的，由一種一種的動作結合的，靜態和局部的觀念結合起來·便能傳達日常的生活。因此，人文的世界，因著觀念的傳達而成立。觀念的傳達，最重要的是理智的傳達，感情的傳達卻也不能例外，因爲感情的傳達須要在適當的觀念裏，才能爲人所懂，才能成爲傳達，否則，自作自懂，別人不懂。不能成爲傳達以使人心溝通。

乙、符號

嬰孩一生下來就會哭，哭是一種生理動作，也是一種傳達的符號。生理的符號，在禽獸身上也有，禽獸的鳴叫，就是他們的生理符號。生理的符號，是最簡單最基本的傳達，是生命的良能。生理的符號，表現生命在生理上的一種感受，不要經過學習，也不要經過反省，自然流露，爲生命的良能。

符號，普通說來是一種動作或一種圖象，傳達生命的一種感受。感受可以是簡單的。感受而成一個觀念，例如痛苦、愛、恨；可以是複雜而成一種思想，例如國旗代表國家。因此，符號有簡單的符號，有複雜的符號。簡單的符號，可以是天然的，可以是人造的；複雜的符號，則常是人造的。

天然的符號，爲生理的良能。人的心靈生命有生理方面的感受，例如痛苦喜樂；人心靈生命的天性是向外傳達，一遇生理方面的感受，便有生理方面的傳達良能，例如哭、笑、怒。生理的傳達良能，就是天然的傳達符號。嬰兒哭叫，母親就懂得嬰兒的感受。

生理的感受，是生理方面的遭遇，嬰孩和小孩連禽獸都可以有，有了生理感受，生理上就有表現。待小孩長大，運用理智懂得事，心理方面的感受引起生理方面的感受，同時發動生理方面的傳達符號，例如，因受委屈而哭，因受讚美而笑。這些遭遇已經不是生理方面的簡單遭遇，而是心理方面的複雜遭遇。

心理方面的遭遇，爲心理生命的感受。詩人們心有所感，結句爲詩；詩便是詩人們傳達心理生命所有感受的符號。但是詩的傳達，已經屬於語言的結構，不是純粹的符號。

純粹的符號，只是一種動作或一種圖樣。動作或圖樣有的天然就代表心靈方面的感受，但是大多數的動作和圖樣，則是由人給牠一種代表對象，具有所指的意義。

符號和對象的關係，具有象徵的意義。符號都是有感覺性的，可以象徵一件感覺性的對象，可以象徵一種思想，而且可以象徵超乎理智的事體。在原始的民族裏，符號用得很廣，另外在宗教方面，圖騰的崇拜，巫術的執行，件件都用著符號。在文明進化的社會裏，國旗、會旗、會徽、暗號，也都是用著符號。

中華傳統文化的古老符號，是易經的卦象，卦象象徵一種事物，也象徵宇宙的一種變化。

「聖人有以見天下之賾，而擬諸其形容，象其物宜，是故謂之象，聖人有以有天下之動，而觀其會通以行其典禮，繫辭焉以斷其吉凶，是故謂之爻。」（繫辭上　第八章）「聖人設卦，觀象繫辭焉而明吉凶。剛柔相推而生變化。是故吉凶者、失得之象也；悔吝者，憂慮之象也；變化者，進退之象也；剛柔者，晝夜之象也。六爻之動，三極之道也。」（繫辭上　第二章）

易經卦象是符號，由感覺的事勿而到宇宙變化之理，又由人事的吉凶遭遇而進到鬼神之道，且有系統地實行推論，從已知到未知，有哲學的領域，又有宗教的領域，再擴充到日常人事的領域。在各民族的符號中，易經卦象可以算是最完滿的符號系統。

王弼曾說：

「夫象者，出意者也：言者，明象者也。盡意莫若象，盡象莫若言。言生於象，故可尋言以視象；象生於意，故可尋象以觀意。意以象盡，象以言盡。故言者所以名象，得象而忘言。象者，所以存意，得意而忘象。……是故存言者，非得象者也：存象者，非得意者也。象生於意而存象焉，則所存者，乃非其象也。言生於象而存言焉，則所存者，乃非其言也。然則忘象者，乃得意者也。忘言者，乃得象者也。得意在忘象，得象在忘言。故立象以主意，而象可忘也。重畫以盡情，而畫可忘也。」（王弼　周易略例　明象篇）

王弼以卦圖爲象，象是象徵一種意義，乾卦象徵「大哉乾元，萬物資始，乃統天。」（乾卦　象曰）坤卦象徵「至哉坤元，萬物資生，乃順承天。」（坤卦　象曰）卦象的意義，由彖辭加以說明。每一封，有意、有象、有言，象以象徵意，言以說明象。象生於意，言生於象。卦象爲符號，符號和象徵的對象，和說明的文言，三者所有的關係，說的很清楚。但是他說：「得意而忘象，得象而忘言」，則是爲推翻漢朝象數之易。象數之易，專門在象和言去發揮，卻把卦象的意義忘了。普通來說，符號和所象徵的意義相連：沒有意義，符號不能成立；沒有符號，意義不能傳達，兩者同時存在。言和符號也互相連繫，沒有符號，便不要言去說明，沒有言去說明，符號不能爲人所明瞭。在研究易經方面，當然可以，而且應該研究易經的思想，不要拘泥於卦象和卦辭；但若完全捨棄卦象和卦辭而講易經思想，則將失去根據。

在宗教方面，現代西洋學者，主張以符號象徵宗教事理：因爲宗教事理超越理智，語言和文字不能講述，只有使用符號，或是手勢，或是單獨聲音，或是圖案，一切籠罩在神秘的氣氛中。符號較比語言，更能造成神秘氣氛，乃是心理方面的現象，因爲符號直接引起感情以趨向神靈。但是以符號象徵超越理智的事理，並不能較語言爲更好，符號的象徵性豈不也是有限的嗎？而且還是籠統模糊，容易被人誤解。

人文世界的建立，靠心靈的傳達，傳達的途徑是經由符號。簡單的符號有些自身天然有意義，有些由人賦予意義，有人稱前者爲「徵候」，後者爲符號。複雜的符號，則是語言和文字⑲。

丙、語言文字

心靈生命的通常傳達的途徑，是用語言，正式傳達的途徑，則是文字。

語言是人類超越禽獸的特徵，又是人類的特徵。人由身體和心靈而結成一主體，誰言即是由身體和心靈結成的傳達工具。沒有聲帶和口腔，不能有語言，沒有心靈的思想，也不能有語言。語言是帶意義的聲音，聲音若沒有意義，則不能傳達心靈，就不成爲語言。

語言有聲音，聲音有所指，所指爲意義。意義爲語言對象，對象是說話者心靈生命的活動，心靈生命的活動可以是內心的體驗，可以是外面的事理。由體驗和事理

⑲ 何秀煌　記號學導論　頁三—四　文星書局　一九六八年。

達到語言以求表達，要經過理智，因爲語言是理智的產物。

聲音本身可以是符號，表達心靈的感受，沒有意義。只是生理方面的遭遇，例如悲嘆聲、歡笑聲。語言則由人的理智加給聲音一種意義，這種意義就是心靈生命的一種活動。說話的人用和自己心靈感受同意義的聲音說出，聽的人從聲音懂得所指的意義，兩者間乃有傳達的功用。荀子曾說：

「名無固宜，約之以命，約定俗成謂之宜，異於約則謂之不宜。名無固實，約之以命實，約定俗成謂之實名。」（荀子　正名篇）

一個聲音若不是生理感受的單純符號，本來沒有意義。例如牛，這個聲音本身並不指著任何一物。在開始造成一種語言時，人把這種聲音指著牛這種動物。大家習慣都用，這個聲音就成一個名字，就是一句話。既然成了話以後。就不能變更，一變更，便是錯說了話。

從哲學方面去看，造成語言是人的良能。原始的民族爲表達心靈的感受，天生地有使用自己聲音去表達的能力。每個原始的民族乃是一個家庭，在家庭內使用聲音傳達心裏的感受，在最初聲音很簡單，後來漸變複雜。家族的人增多，長成了一個部落，原先所使用傳達的聲音便成了部落的語言。

原始的語言，只有簡單的名，名和名的連繫也很簡單。說起來，加以手勢的幫助，聽的人可以懂。後來理智漸開，便有傑出的人，創造語言的文法。文法的製造，不能完全由人任意製造．因爲語言具有天然的基本文法。例如我打你，我是主動，你是被動，我打的動作要達到你，這是基本的文法。至於怎樣表示主動，怎樣表示被動，怎樣表示動作，每種語言都不相同。中國話最簡單地用這三個詞的位置來表達。

有了語言，然後有文字；文字是由傑出的人所造的。中國古代傳說倉頡造字，造字的原則有六書。中國的文字以字形爲主，字聲爲輔。西洋的文字則只有字聲，沒有字形。文字所表達的爲語言，由語言而有意義。在實用上，文字可以脫離語言，例如中國的古文，和日用語言有相當距離。但是，從哲學的觀察去看，古文的每個字還是言，文字仍舊不能脫離語言。

我的生命在人文世界裏，和別人的生命相接觸發生關係，這種關係由符號語言和文字去表達，我的生命乃能在正常的狀態下生活。若沒有這種傳達的方法，我的生命就得不到正常的發展，自己覺到孤獨；這種孤獨，使自己失去自己是人的意識。例如一個人走到另一語言的社會裏，自己不過那種語言，頓然覺到自己是一個怪物，同時，沒有語言，我對自我的意識也不能解釋。

三、人文世界的生活

我的生命活在人文世界，不能孤立，在人文世界中，我的生命和別人的生命互相連繫，組成家庭、社會和國家，在人文世界裏，我的生命發揚，如同中庸所說的盡性。生命的發揚，必有發揚之道，彼此不相衝突，不互傷害，便應有生命的規律和生命的修養。

1.原　則

甲、天道

我的生活在別人看來非常規律化，每天從早晨起牀到晚間就寢，一切工作都有一定的時間，祈禱、辦公、餐飯、寫作、休息，每天的時間都不大變動。我自己覺得很舒服，並不以有一定時間而覺得不自由，反而感到更順意。別人也以爲這種有規律的生活方式，能夠保持身心的平衡，精力的調協，壽命的延長。

有一部份的生活，不受我的管制，即是生理生活，血脈系統、消化系統、排泄系統的工作，我不知道，我也不能當。然而生活天然有很嚴密的規律，一切活動都照規律而行。若有一系統忽然走出規律以外，馬上造成病症，須由醫師加以矯正。

生命爲繼續由能而到成，由能而到成的變易，天然有自己的規律，這種變易受能的限定，是什麼樣的能，就有什麼樣的變易，這是天然的規律。有些由能到成的行，在身體外面或在語言文字上表達出來，必定影響別人的生命，爲維持生命間的良好關係，人們自己定出規律，這是人爲的規律。

生活所以必定要有規律，生活爲生命的表現，生活有規律，生命便有規律。

易經講述宇宙的變易，變易有原則，稱爲天地之道。宇宙變易由陰陽兩動力而成，陰陽兩動力常繼續變易，宇宙的變易便是常久的變易，不會停止。兩動力相接觸不是互相排擠，互相否認，而是互相結合，互相調劑。陰陽兩動力互相結合，常隨時地而不同，但常是適合時與位，所以易經的卦爻求居中正，以得時中。因得時中，宇宙變易顯得非常和諧，整個宇宙的現象都互相調協。中國農夫常說風調雨順，寒暑得宜，五穀纔能豐登。宇宙變易的和諧，目的在於「生生」，使萬物化生。

宇宙變易有規律，有變，變而相融洽，相調協，各得其宜，生命乃得發揚。

這些原則稱爲天地之道，實即天理，即是自然規律或自然法。中國古人專事農業，常從五穀生育觀察宇宙的變化，分一年爲四季，分四季爲十二月，分十二月爲二十四節氣，一切都和農事有關。易經所列的變易原則，也都和萬物化生有關。這些原則，我們現在還可以在自然界發覺。四季寒暑互相調劑。我們也體驗到宇宙自然界的一切，互相關連，不容破壞次序，目前環境污染，便是觸犯這項原則。我們研究生物學和物理學，就知道植物、動物以及礦物，都愛惜自己的生命。在一種生命和自然環境不適宜而被淘汰時，便有新生命出現，生命繼續不斷。

中國古人常有人法天的思想，以天所定的規律爲規律。易經所擬宇宙變易的原則，爲天地之道，在天地之道中，含有人生之道，所以稱爲天道地道人道，宇宙變易的原則就應該是人生命的原則⑳。

在尚書裏有「天命」的觀念「天命」乃上天之命，尚書的天命，常對皇帝而言。皇帝因上天之命而登位，應常按上天的意旨去治理人民㉑。

易經以宇宙變易的原則稱爲天地之道，宋明理學家以天地之道和人性之道稱爲天理。儒家傳統地承認人生命的原則，以自然界天所定的原則爲基礎。人在宇宙萬物中最靈最優秀，代表一切物體，和天地稱爲三才，人的優點在於心靈，心靈生活乃人的特有生活，宇宙萬物變易的原則——天理，天然地在物的本性中，萬物常順性而動，

⑳ 易經　說卦　第二章。

㉑ 書經　湯哲　牧哲。

人的心靈生來也有生命的天理，天理即是孟子所說的仁義禮智四端，人的心靈生命，便在發揚仁義禮智的四端，人乃是一個「倫理人」。

乙、人造規律

人生命本性的要求，形成規律，這種規律爲人的「性律」，出自人的天性，凡是人都天生地帶有這種規律，天然地傾向這種規偉，不受時間和空間的影響。性律爲易經所講的「人道」，「人道」來自「天道、地道」，「天道、地道」爲自然法。性律以自然法爲根基。近代許多學者，否認性律，以性律爲原始人類的共同規範，人類生活變易，性律也隨著變易。然而我們看上面所列舉的規範，是否隨時代而變呢？是不是一變，人的生命便受害呢？

倫理的規律當然也有變易的部份。性律的本質不變，性律的解釋則可以加多加新。性律以外，還有人造的規律，這部份規律，隨時地而異，人的生命不是孤單的，是結群而居，建立社會。社會既爲群眾的團體，應有次序，乃創立人造的生活規律；中國古代有禮法，禮係倫理親律，法係政府法律。禮的創造者必是聖王，中庸曾說明沒有德沒有位，即不能造禮。（中庸　第二十八章）因爲禮要以天理爲根本，唯有聖人可以洞悉天理，也唯有皇上才能使人服從禮規，除禮規以外，社會傳統結成一些生活習慣，習慣成爲規範，作爲社會的倫理規律。例如中國孝道的實踐，有許多禮規，又有許多習慣規範，在古代人人都要遵守。但是到了現今的時代，社會生活的環境和方式都變了，傳統的禮規和習慣都不適合現在的中國人生活，這些禮規和習慣就要改變了：或者取消，或者改革，或者創造新的禮規和習慣。可是，孝道並沒有改，誰也不能說現在的子女不要孝敬父母！衹是孝敬的方式改了。目前，我們體驗到臺灣社會生活的混亂，生活品質的降低，就是新的人造倫理規律還沒有建立起來。

2. 修　養

生命的發展都靠著培養，一株花須要加肥加水，一隻狗須要吃須要喝，人的生命何獨不然。身體的生命，常要用心照顧，不但不缺衣缺食，還要豐衣足食。現代科學發達，給予人生命的高度享受，造成二十世紀的新文明。人的精神生命，在這高度的享受裏，反而受到連累，不能上進，反而萎縮。目前，社會有識人士都在惋惜生活的品質低落，道德淪喪，大呼加強倫理教育。

倫理教育不僅是教授倫理的原則，而且是教育倫理的實踐，使人知道修身。中國古代的教育以修身爲目標，大學一書裏第一章標明了修身之道：正心、誠意、致知、格物、愼獨。宋明理學家雖高談性理，然卻致力實踐，以實踐的方法教人。古代的教育，尊師重道，老師以實踐人生之道教學生，學生看重人生之道，尊敬老師。目前，學校所教的知識，沒有修身之道，家庭父母也不如前管教子女，精神生命的修養將成爲絕學，必須予以提倡。天主教傳統地注重修養，積成一種學術，教會的男女修院，都鄭重實踐，不以現時代的風氣而停止。

我主張宜繼續中國傳統的修養，加以現代的心理方法，使自己的精神生命，漸得培養，穩健地發揚。

甲、正心立志

人是有理智的，做事常有目的，沒有目的，人不會動。目的由小主宰，爲修養先由心定下目標，稱爲定志，志向的好壞，在於心。大學爲修身，第一主張正心。大學的正心，在於心的意向正，所想的都合理。然而意向應當是正心的結果，心正然後意向正。這種正心乃是心地純淨，如同耶穌在福音所說：『心地潔淨的人是有福的，因爲他將享見天主。』（瑪竇福音　第五章　第八節）心地潔淨，沒有情慾的污染，特別沒有淫慾的污染，可以享見天主。天主爲純淨的精神體，和純潔的心相接近，而且和純潔的心相結合，純潔的心可以體認天主的美善。

王陽明曾說人心自然光明，有如明鏡。大學稱人心爲明德，自然顯露人性天理。

正心就在於保持心的明淨，不被物慾所蔽。爲能正心，第一要省察，反觀自小。清晨舉行省察，作默禱，以聖經的言詞，對越天主，心神開朗，明淨有如青天。先總統　蔣公，每晨默禱，從不間斷。晚間省察一天的思言行，有惡則政。曾子曾說：『吾日三省吾身，爲人謀而不忠乎？與朋友交而不信乎？傳不習乎？』（論語　學而）這種功夫，日常履行，養成習慣。

第二、收心，心不亂則淨。孟子主張求放心，心不宜放在外物上：

『孟子曰：仁，人心也，氣，人路也。舍其路而弗由，放其心而不知求，哀哉！人有雞犬放，則知求之；有放心而不知求，學問之道無他，求其放心而已矣。』（孟子　告子上）

心散在事物上，不能反觀自心，修身不能腳踏實地，中國理學家乃講靜坐以求心之不動。中庸曾以情慾不動稱爲中，呂大臨、楊時、羅從彥、李侗以中爲心的本體，靜坐求見心之本體，引禪入儒。朱熹反對這種主張，以靜時心靜，動時心也要靜。程明道告誡人：『心不得有所繫』㉒，每天以默禱省察，觀察自己的心，不使外馳。每

㉒　二程全書，二程遺書十一，明道話錄一。

年宜有幾天，閉門靜思，稱爲『退省』，不是禪坐，無思無慮；而是思慮自己精神生命發育的狀況。如生命雜亂無章，不進則退，自加修改。

正心立志，心淨則能立定前進的志向，使精神生命一步一步繼續發展。立志，在於成聖，以達到精神生命的高峰。

『長樂惟君子，爲善百祥集。
不偕無道行，恥與群小立。
避彼輕慢輩，不屑與同席。
優遊聖道中，涵泳微朝夕。
譬如溪畔樹，及時結果實。
歲寒葉不枯，條鬯永無極。』㉓

乙、守敬主一

爲收心，以默禱省察退省作日常功課，同時應「主敬守一」的方法。

㉓ 吳經熊　聖詠譯義　第一章，臺灣商務印書館，民六十四年。

「主敬」的方法，從孔子開始，朱熹大為提倡。孔子的「主敬」，以外貌端重為要，說話行動常端正不苟。孔子曾說：

『君子不重則不威，學則不固。』（論語　學而）

平居『席不正不坐，寢不戶，居不容，升車必正立，執綏，車中不內顧，不疾言，不親指。』（論語　鄉黨）

在現在的社會裏，青年人將罵這類自敬的人為迂闊，為學究，為腐敗。向學生講授這種自敬的方式，他們不會接受。但是自敬就是自重，自重在現代的青年非常受注意，人人都以自己為重，誰不願意自重，而招人輕視呢？自重要處處慎重，事事慎重，不可輕忽，也不可輕佻。說話要愼重，言語謹慎。

『子曰：巧言令色鮮矣仁。』（論語　學而）

『子貢曰：君子亦有惡乎？子曰：有惡：惡稱人之惡者，惡居下流而訕上者，惡勇而無禮者，惡果敢而窒者。』（論語　陽貨）

行動也有愼重，現在年青人喜歡活潑，行動敏捷；可是在快動作中也要愼重，外面的形態穩重，動作的次序不亂。男女往來時，行動更須愼重，一不愼，將成終生憾。

揚雄曾言：『或問：何如斯謂之人？曰：取四重，去四輕，則可謂之人。曰：何謂四重？曰：重言、重行、重貌、重好。言重則有法，行重則有德，貌重則有威，好重則有觀。敢問何謂四輕？曰：言輕則招憂，行輕則招棄，貌輕則招辱，好輕則招淫。』㉔

謹愼自重，爲外面的主敬，不在靜坐，而在動時愼重。然而守敬還要內面的敬，使自心不亂。中庸大學都主張愼獨，自心常謹愼，獨居如處人中。

『是故君子戒愼其所不睹。我懼其所不聞，莫見乎隱，其顯乎微。故君子愼其獨也。』（中庸 第一章）

內心常有所警惈，恨對自心，愼對天主。這種警惈爲一心理狀態，不是求知，不是良心自照，而是自心常惺惺。曾國藩曾說：『自世儒以格致爲外求，而專力於知

㉔ 揚雄 法言、修身。

善知惡，則恨獨之旨晦。自世儒以獨體爲內照，而反昧乎即事即理，則愼獨之旨愈晦。要明宜先乎誠，非格致則慣亦失當：心必麗於事，非事物則獨將失守，此入德之方，不可不辨者也。』㉕

內心的謹愼，不是其空獨坐，而是就事上謹愼，專心做好。朱熹乃主張「主一」，心專於當前所做的一事，不旁騖別想。朱熹說：『敬，莫把做一件事情看，只是收拾自家精神，專一在此。』（朱子語類　卷十二）

『心須常令有所主。做一事未了，不要做別事。心廣大如天地，虛明如日月。要閒心卻不閒，隨物走了。不要閒，心卻閒，有所主。』（朱子語類　卷十二）

有所主，主於當前的事，然不能是邪僻的事。做賊的人，偷竊時，心專於一；深交時，心專於一；這都不是修養的主一，主一要主放天理，合於良知。程伊川說：『閑邪固有一矣，然主一則不消言閑邪。有以一爲難見，不可下功夫，如何？一者無他，只是整齊嚴肅，則心便一。一則自是無非僻之奸。此意但涵養久，則天理自然明。』（二程全書　二程遺書　伊川語錄一）

㉕ 曾國藩　曾國藩全集　文集　君子愼獨篇。

心專於當前的事，良知自然顯明，邪僻的事便須立刻停止，或有不正則改。守敬主一，事事謹愼，必可免於惡。

『樂只君子，心地純潔，
遵行聖道，兢兢業業，
優哉游哉，順立之則。
惟精惟一，無貳無忒。
聖誠彰彰，寧敢荒逸。
祈主導我，虔守大法。
庶幾無愧，金科玉律。
俾得暢詠，主之靈騭。
正心誠意，惟主是式。
但求吾主，莫我棄絕。』㉖

㉖ 吳經熊　聖詠譯義　第百十九首　商務印書館。

專心於一，遵行天主的大道，兢兢業業，向著成聖的志向走，精神生命必能走在發展的路上。

丙、淨心寡慾

中國儒家傳統的修養，在於淨心寡慾；道家和佛教更主張絕慾。慾在中國古人的思想裏爲萬惡的根源，爲行善避惡，重點在注意慾情。孟子爲第一個標明寡慾的儒者，實行寡慾以培養人心天生的善端。孟子說：

『養心莫善於寡慾。其爲人也寡慾，雖有不存焉者寡矣；其爲人多慾，雖有存焉者寡矣。』（孟子　盡心下）

孟子以人心生來具有仁義禮智的四端，好好培養，則生長發育以成善德，若荒廢不治，情慾有如雜草，把善端窒息。宋門理學家，因受佛教的影響，對於情慾主張嚴加克制。主靜的人，力求情慾不動。元朝和清朝的學者，重在實踐，對於克慾，天天下功夫，在日記上記述克慾功夫的進展。

朱熹會解釋克慾爲治慾，不是克除。

『敬如治田而灌溉之功，克己則是去其惡草。』（朱子語類 卷十二）

『因說克己如剝百合，須去了一重方始去那第二重。』（朱子語類 卷四十一）

『克者，勝也，不如以克訓治較穩。曰：治學緩了，且如捱得一分也是治，捱得兩分也是治。勝便走打疊殺了他。』（朱子語類 卷四十一）

朱熹的方法，克制一項情慾，再克第二項。克是治，治是治理，治理在於有次序，使各得其宜。克慾，乃使情慾動時合於倫理規律，不亂人心，更不使人離開成聖的志向，就是中庸所說：『發而皆中節謂之和。』

儒家反對佛教的絕慾，認爲把人弄成枯木槁灰，失去生活的意義。佛教絕慾，因爲主張萬法皆空，無我無物，情慾之動屬於愚昧。既於無我，當然絕慾。道家主張無爲，爲能無爲，必須無慾。道家無慾不是絕慾，而是以情慾趨向清靜，享受自然美景和心神清閒之福。對於物質的慾望則予以克除。

目前的時代是一種生活享愛的時代，講克慾，少有人願意聽。可是目前因物質享受而帶來的病痛也不少，醫學雖發達，人壽增高，病症卻越加多，生活享受遭病痛抵消。

物質物爲天主創造以供給人使用的，人的情慾來自人性，兩者本身不是惡，惡是人用時不合規律，沒有節制。第一個直接受害的就是人的身體，同時人的精神生活也受損害。情慾藉感官而發，感官和外物則是物引物，感官容易被激動。情慾引發人的興趣，興趣引起喜好，有了喜好，感情則加強。還有社會的風氣，朋輩的唆使，慾情便常趨於越軌而動。一個人若沒有克制情慾的習慣，祇在臨事時使情慾中節，幾乎不可能。因此，須要勤加操練，意志要作情慾的主宰。『人有不爲而後可以有爲』，對於情慾，不單趨於惡的不許動，連正當的情慾也克制不許動。久了，才能隨時給情慾發號施令，而不被情慾所牽制。佛教有戒律，天主教有誡律。天主教獻身修道的修士修女，更宣發誓願，許下絕色守貞，絕財守貧，絕意服從，在名利色三點，徹底克除，然後可以舉心向天，超越塵凡。

『我於天主前，立志爲聖賢，
吟咏惟仁義，歌誦惟所天。
孳孳遵大道，兢兢莫踰閑。
主肯惠然臨，我心固以貞。
修身以齊家，蕩滌邪與淫。
痛絕虛僞習，根拔悖逆意。

傲者莫我親，讒者我所棄。
惟願求賢良，與我共國事。』㉗

『孔子曰：君子有三戒：少之時，血氣未定，戒之在色。及其壯也，血氣方剛，戒之在鬪。及其老也，血氣既衰，戒之在得。』（論語 季氏）

在日常生活中，謹愼不苟，日以省察，自觀生活的情況，對情慾加以管束。處在享樂主義和消費主義的時代中，提高警覺，自作情慾的主人，心地清明，精神生命得發揚。

丁、誠心對主

大學講正心在誠意，以心所定，誠意實行，內外相合，知行合一。

中庸對於誠，非常重視，如『誠者，天之道也，誠之者，人之道也。』（中庸 第二十章）誠者，爲天然或自然。宇宙萬物在變易發展上，天然按照性理而行。物體沒有自由，自然『率性』。理學家以聖人，心無情慾，動輒『率性』，稱爲「誠者」。

㉗ 同上，第百有一首。

普通一般人，努力爲聖賢，則須勉力自作主宰，使意能誠於心，稱爲『誠之者』。

『自誠明，謂之性；自明誠，謂之教。』（中庸　第二十一章）

『誠者，自成也，而道自道也。誠者，物之終始，不誠無物。』（中庸　第二十五章）

宋朝理學家周敦頤繼承中庸的思想，發揮「誠」的思想，以「誠」爲「易」，「易」爲萬物本源。

『聖，誠而已矣。誠，五常之本，百行之源也。』㉘

『乾道變化，各正性命，誠斯立焉。……元亨，誠之通，利貞，誠之復。』㉙

誠，就是「率性」，所以中庸以至誠之人能夠盡性。「率性」也就是大學的「明明德」，將人性之理顯明出來，行在事實上。王陽明的「致良知」和「知行合一」，便是「誠」。所以不必將「誠」神秘化，作爲宇宙萬物的本源，和太極同一意義。誠，

㉘　周敦頤　通書　第二篇。

㉙　同上，第一篇。

本來就是「信」，信是五常之一，仁義禮智信，理學家都以信不是一種善德，而是各種善德的條件，每種善德都包含信，都要是誠，都要「率性」。

在修養上，誠爲一重要的層次。我的心，明淨沒有情慾的擾亂，心靈所有可以顯露。心靈清淨，沒有物質的牽連，心眼可對神明。基督會說：心地潔淨的人，可以看見天主。在這種修養的層次上，我的心對越天主。天主本在我心內，我心沒有情慾，不染罪污，天主便顯露在我心中，我的心可以面對天主。

面對天主，我的心對越絕對眞美善，將爲所吸引。我的心便能定，定而後能安，我的精神生命將飛騰雀躍。

孔子曾說：『不怨天，不尤人，知我者其天乎。』（論語　憲問）

孟子曾說：『我知言，我善養吾浩然之氣。』（孟子　公孫丑上）

孟子的浩然之氣，以義去培養，使自己的胸懷廣擴，可以包容天地，天地之間沒有一物可以牽累他。我以天主作我心的趨向，遇事以天意爲準則，對於人物不怨。也無所求。時時誠心對越天主，心有所歸。聖保祿曾說世間沒有一事，可以使他和基督的愛相分離㉚。我的心時刻融會往基督的精神愛內，我的心便有浩然之氣。

㉚　聖保祿宗徒　致羅馬人書　第八章　第三十五節。

『稱謝洪恩，歌頌至尊。此事洵美，怡悅心魂。
朝誦爾仁，暮詠爾信，撫我十絃，寄我幽韻。
諦觀大猷，令我心醉，心醉如何，歡歌不已。
功德浩浩，不可思議。聖衷淵淵，經天緯地。……
心感我心，崢嶸我角。澡身浴德，芳澤是沐。……
雍雍君子，何以比擬。鳳尾之棕，鬱鬱葱葱。
麗盆之柏，楊茂條達。植根聖圃，霑溉化雨。
經霜獨青，歷久彌固；嘉實累累，綠陰交布。
以表正直，以宣永祚。』[31]

戊、自強不息

現世精神生活的美景，沒有一項長久不變，精神生命不進則退，修養的功夫須要自強不息。

[31] 吳經熊，聖詠譯義，第九十二首。

中庸求學的方法，最後爲『篤行之』，知而不行在修養的路上，等之於不知，儒家的修養重在『篤行』，孔子說：

『文，莫吾猶人也，躬行君子，則吾未之有得。』（論語　述而）

『子曰：君子欲訥於言而敏於行。』（論語　里仁）

『子曰：君子恥其言而過其行。』（論語　憲問）

行，當然重要；有恆，繼續去行，立志，克慾，每天從頭做起。在修養上，跌倒失敗的現象，常會出現。須要有勇氣，跌倒就爬起來，從失敗中求勝利。易經以乾道的運行，化生萬物，時時不停，所以說「天行健，君子自強不息。」（乾道　象曰）我在培養精神生活上，若「自強不息」，乃能涵養有素，有涵養才能培植品德。

『子曰：君子食無求飽，居無求安，敏於事而愼於言，就有道而正焉，可謂好學也已。』（論語　學而）

『居上不驕，爲下不倍。』（中庸　第二十七章）

中國古人對於人的品德，常重涵養。『明，夏原吉有雅量。或問吉曰：量可學乎？曰：吾幼時，人有犯者，未嘗不怒；始忍於色，中忍於心，人則無可忍矣。』㉜『劉寬嘗坐牛車而行，人有失牛車，乃就寬牛車認之，寬無所言，下車步歸。有傾，認者得牛而送還，叩頭謝曰：慚負長者。寬曰：物有相類，事容脫誤，幸勞見歸，何謝爲？洲里服其不較。寬雖倉卒，未嘗疾言遽色，夫人欲試令忿，伺當朝會，嚴裝已迄，侍女奉肉羹，翻污朝衣；寬神色不異，仍徐言曰：羹爛汝手乎？其性度如此，海內皆稱寬長者。』㉝

有品德則建立人格，有風度，有氣節，艱難痛苦不能改變節操。

『士見危授命。』（論語 子張）

『子曰：歲寒然後知松柏之後凋也。』（論語 子罕）

高尚的氣節，不能一蹴即到，而是點滴的功夫，一分一分地修養，久而後能成。

㉜ 秦孝儀 進德錄，頁一〇，中央日報社。

㉝ 同上，頁七四。

在消極方面，有過即改。

『子曰：過而不改，是謂過矣。』（論語 衛靈公）

在積極方面，有善，則勉力去行。

『子曰：三人行，必有我師焉。擇其善者而從之，其不善者而改之。』（論語 述而）

改過遷善的目標，成爲聖人。目標放高，努力上進。

『子曰：若聖與仁，則吾豈敢！抑爲之不厭，誨人不倦。』（論語 述而）

儒家學者教誨弟子，常以聖賢自期。朱熹曾說：『凡人須以聖賢爲己任。世人多以聖賢爲高而自視爲卑，故不肯進……然聖賢稟性與人一同；既與常人一同，又安得不以聖賢爲己任。』（朱子語類 卷六十四）『古之學者，始乎爲士，終乎爲聖人。』㉞

㉞ 朱熹 朱文公文集 卷七十四 策問，首條。

四、生命的旋律

我的精神生命，自立在宇宙中，和萬物互相連繫。創生力從宇宙萬物中流出，在萬物中週流。我精神生命既放出創生力，又接受萬物對我的生命所放出的創生力，我的生命和萬物的生命建立了一種旋律，互相週流，互相銜接。

生命不能孤立，天然地存在這種旋律中。我心物合一的生命，身體和周圍的物體相接觸，彼此互相授受，感官接受外物的聲色，內臟接納外物的營養，心理情感和外來情感相呼應，理智思慮使物我成一體。

生生創造力乃是「仁」。仁的愛，由我放射到「非我」，貫通宇宙的人物，帶回來宇宙人物的愛。互相授受的愛，織成旋律，我的生命更形活躍。

造物主天主創造了在愛的旋律中的生命，也佈置了生命旋律的自然旋律圈。人生在家庭中，家庭爲生命旋律的第一圈。由家庭走到社會，社會爲生命旋律的第二圈。由社會到國家，國家爲生命旋律的第三圈。家庭，社會，國家，都在自然宇宙中，自然界爲生命旋律的第四圈。這四個生命旋律圈，天然而成，合於人的天性。我的生命便在這四個生命旋律圈內，生長發育。中國古人稱五倫爲人生關係的範圍，實則就是生命旋律的範圍，也就是我生命的世界家庭社會國家都包括在五倫以內。道家卻願超越一切旋律範圍，祇求在自然界的旋律中生活；佛教更願超越一切旋律圈，以空觀一切。然而人性所要求的，人不能都拋棄。而在現代的生活裏，更不能否認生命旋律。

1. 家　庭

男女兩人，互相授受身體，結成一體，以創造新生命。兒子既生，父母的生命流行到子女，子女以生命相報，建立孝道。儒家的孝道，以生命回報爲基礎，父子生命相連，父母配天。在縱橫的兩方面，儒家孝道都以子女的生命爲範圍。子女孝敬父母，一生不變，不論成年不成年，父母去世，仍舊『事死如事生。』（禮記　祭義）子女一生的行動都歸之於孝道，凡是善行都是孝，凡是惡事，都是不幸。兒子生活的目的，在於「揚名顯親」。兒子生命的繼續，在於繼續父母的祭祀。家庭的意義，完全集中在生命。宇宙的生命在萬物中生生不息，人的生命在家族中綿綿不絕。人一出生，生在父母的家庭中，父母隨著生命賦予子女以愛，「父慈子孝」，乃生命的第一個旋律。家庭的愛，養育子女的小生命，漸漸成長；子女的愛充實父母的生命，堅強壯實。天倫之樂乃生命旋律的花果，在家庭中自然長成。

工商發達的社會，工作搶奪了生命的時間，家庭生命的旋律流動漸慢，甚而至於枯萎。父母早出晚歸，子女少有看見父母的機會。子女漸大，獨立的觀念促他們脫離父母的關懷，兩方面愛的表現，稀薄散漫，父母既不教，子女乃不考。目前中華民國的社會，孝道竟發生危機。在這種環境裏，別的旋律圈加多加深，然而生命旋律以愛爲動力，愛推動創生力週遊不輟。愛須由母胎發始培養，在家庭的旋律中生根。若是缺少家庭愛的旋律，在社會國家的旋律中，將爲工作關係的運繫，人心將養成虛僞欺詐。家庭的愛在工商業的社會中理應加強。家庭教育宜和學校教育平行，相輔相成。週末假日，春節年關，端午中秋，家人團聚。兒女奉養老年父母，膝前抱孫。安老院祇爲孤單無依的老人，娛樂中心可供同鄉同里的老者散心。今天的孝道，愛心勝於禮儀，養心勝於養身。若將家庭的生命旋律化爲社會生命旋律，胎兒生後即送托兒所，牛奶代替母奶。父母老後即送養老院，每月一兩次拜訪；似乎嬰兒和老父母都變成了贅疣，天倫之樂祇在青年父母和幼稚子女的家庭。子女一入工廠或大學，生命的旋律就流入了社會，白天，家庭將空寂無人。這種轉變帶給精神生命的傷害，雖然無形，卻相當深。大家提倡以廠爲家，以校爲家，圖謀以工廠學校塡補離別的家庭，若不能仍保持且加強在工廠和學校的子女和父母連繫，青年的心靈仍將有缺憾。「父慈子孝」的旋律今天還是精神生命的發祥地。

生命由父母所生，父母子女在生命上連繫；兄弟姊妹間有一生命來源，血脈相通。五倫中有兄弟一倫：『兄友弟恭』。目前的社會，兄弟平行，祇有在家庭企業裏，或兄或弟擔任總管，發號施令。古代姊妹爲女性，女性在家庭沒有地位，祇預備出嫁，成爲他家的人。現在姊妹在家和兄弟一樣。家庭生命旋律，周流在兄弟姊妹中，愛的成份既多，情緒將更濃。父母日間出外工作，兄弟姊妹同校，形影相隨，將可增進家庭愛的旋律。父母老而去世，兄弟姊妹尚能保持血親的愛，家庭生命旋律便將周流在兄弟姊妹家庭中。詩經常棣章歌詠兄弟相好的天倫樂：

『常棣之華，鄂不韡韡。凡今之人，莫如兄弟。
死喪之威，兄弟孔懷；原隰裒矣，兄弟求矣。
奔令在原，兄弟急難，每有良朋，況也永歎。
兄弟鬩於牆，外禦其侮。每有良朋，烝也無戎。
喪亂既平，既安且寧，雖有兄弟，不如友生。
儐爾籩豆，飲酒之飫。兄弟既具，和樂且孺。
妻子如合，如鼓瑟琴。兄弟既翕，和樂且湛。
宜爾室家，樂爾妻帑。是究是圖，亶其然矣。』

2.社會

家庭爲生命的根基，生命成長後即走入社會。我的生命不能孤獨，必和其他的生命相接觸。人和人相處，自然結成社會。擴大生命接觸的範圍。唐君毅先生說：『吾人首須知：日常生活中人與人同情共感而互助之事，雖極庸常。然此中之每一事，對己而言，皆足以開出一自己之生活境界之擴大超升之機，對人而言，皆足啓示一心靈世界之存在，而成就人之心靈的世界之實超升而擴大，對世界而言，則使人肯定一眞實之客觀存在之世界。』（生命存在與心靈境界　上冊　頁六二九　學生書局　民六十六年）社會在農業時代，範圍衹在村中，稱爲農村社會。今天的社會，則鄉村和城市相連，一國和別國相交，今天社會的範圍，擴充到天下。但平日我所接觸的社會，常是同城同域的人。同城同域的人今日少則數十萬，多則數百萬，我生命的旋律爲能正常地同流在這些人中，須要有周流的管道。在中國古代，社會的管道爲師爲友，再有同族同鄉同業。這些管道，在今天的社會裏，仍舊爲社會生命旋律的適當管道。

師，在古代爲生命旋律的重要一環，家中所供牌位，上書「天地君親師」，五者都信爲生命的根源。師爲生命根源，因爲老師教誨弟子人生之道，爲生命的導師，古代乃『尊師重道』。今天的師，則成爲知識的傳授者；若衹傳授知識，則和報紙的編者，電臺的廣播者沒有什麼分別，不值得特別的重視。

但是，生命的導師在今天的需要，較比以往更需要，因爲生活日趨複雜，工作的情況更艱難，須要向明智人和有德的人請教。

『子曰：三人行，必有我師焉。』（論語　述而）

『子入太廟，每事問。』（論語　八佾）

『舜其大如也歟！舜好問而察邇言。』（中庸　第六章）

『曾子曰：以能問於不能，以多問於寡，有若無，實若虛，犯而不校，昔者吾友，常從事斯矣。』（論語　泰伯）

好問是向人請教，能虛心問人，得益必多。自以爲明智，事事有把握，失漏和失足的地力必多。人生最有益和最幸福的事，在能得一位有德有學之士，時時可以向他請教，待以師禮。雖沒有進過他的教室，仍可以尊他爲師。社會上常有人拜人爲義父母，但很少有人除業師以外拜人爲義師的！

儒家的傳統除師以外，很看重朋友。朋友爲平輩，感情相通，互有愛的旋律的人。師不容易求，友則可以容易遇到。有友則不孤，同心合力則力強。

友情既爲精神生命的旋律，便應協助生命的發展，不可反加摧殘，儒家乃特別提倡愼重擇友。

『孔子曰：益者三友，損者三友；友直，友諒，友多聞，益矣。友便僻，友善柔，友便佞，損矣。』（論語　季氏）

『無友不如己者。』（論語　學而）

『責善，朋友之道也。』（孟子　離婁下）

朋友相交，在互相協助，不僅在工作和事業上，尤其在進德上，朋友須互相規勸。可以協助進德的朋友，自己要是有德，或至少努力進德，然後才可以「責善」。孔子所以說擇友的標準，在於選擇肯直言的人，選擇見聞很廣的人，選擇氣量廣大。知道原諒的人，朋友間不免有缺乏，有衝突。直言又可以引起憤憾，事後聽話的人必會自反，所以應予諒解。

『子曰：可與言而不與之言，失人；不可與言而與之言，失言。知者不失人亦不失言。』（論語　衛靈公）

朋友交情，清淡如水，不濃如醴，可以持久。責善，不聽；再言，不聽，放棄這種朋友，免得因數度責善而受辱。人一生能得善友，乃一大樂事。孔子說：

『有朋自遠方來，不亦樂乎。』（論語 學而）

『君子以文會友，以友輔仁。』（論語 顏淵）

人生有伴，攜手同行，在生命的路上，互相關注，互相勸勉，互相援助，在生命的路上必多樂趣。

中國社會傳統，有同族，同鄉，同業，組成一個團體，作爲社會生命的旋律。同族爲家庭的擴充，血脈相連。在古代成爲一種組織，有共同的法規和習慣，對同族的人，負有管束扶助的義務。當時的社會福利，由同族的組織負責實行。目前，家族組織已失去地位；然而同宗同姓的連繫，今天又重新加強，還可以成爲社會生活互相協助的因素。

同鄉爲鄉誼的連繫，若離鄉背里，同鄉人互相援手。在外國遇到中國人就覺得親熱。在外縣遇到同鄉人感到是鄉親。

同業，在古代時意義不重，在今天的社會裏，意義不僅超過了同族同鄉，而且已成爲社會組織的重要一環。目前各種行業，和各種學術研究，都組成同業會或聯誼會或學會，共同保障同業的權利，互相攜手以謀發展，且共同提倡職業道德，實行同業自律，以得社會的重視。

人爲社會動物，人的生命在社會裏生存，人的眞正「存有」是在社會內的「存有」。所以我的精神生命，生來帶有社會性。而且我信仰天主教，按照天主教的教義，我看凡信奉天主教的人，都是基督妙身的肢體。大家同基督合成一身，基督爲無形的頭，有形的頭則是教宗。基督妙身形成一個教會。在基督妙身教會內，基督的生命周流在肢體中。我的精神生命因基督的生命，併合基督的生命，在教會生命中旋律。

3.國　家

社會進而爲國家，生命的發展，得到保障。國家爲人民而成立，出自人的天性，不是來自民約。由酋長而諸侯，由諸侯而帝王，由帝王而進入民主，國家的形式隨時代而變，國家的意義常是爲謀國民的幸福。

書經的天命觀，以皇帝爲上天所選，代天行道。桀紂不遵天命，禍國殃民，上天命湯王武王起兵討伐，繼承皇位。皇帝代表社稷，社稷代表國家，國家由皇帝而造福人民，人民對於皇帝盡忠。忠和孝乃爲儒家約兩種最重要的實踐道德。秦始皇、漢武帝建立了君主專制，國家歸於皇帝所有，人民任憑皇帝管轄，沒有權利，祇有盡忠。但是儒家的天命思想繼續傳遞，臣下盡忠爲『盡忠報國』。

「仁道」的觀念，由易經生生思想孕育發揚，儒家學者都願贊天地之化育。易經說聖人以仁守住（繫辭下　第一章）造福百姓。中庸描述聖人的仁德：

『大哉聖人之道，洋洋乎發育萬物，峻極於天，優優大哉！』（中庸　第二十章）

孔子和孟子一生追求一官半爵，爲能推行堯舜之仁道，以行仁政，養民教民，後因不遇明君，乃退而教授徒弟。孟子曾說：

『得志，與民由之；不得志，獨行其道。』（孟子　滕文公下）

孔子的生活原則，是『窮則獨善其身，連則兼善天下。』這種原則爲儒家愛國的原則。在朝廷居官，得志而顯達，便『先天下之憂而憂，後天下之樂而樂。』[35]

---

[35] 范仲淹　岳陽樓記。

『孟子曰：說大人，則藐之，勿視巍巍然。高堂數仞，榱題數尺，我得志弗爲也。食前方丈，侍妾數百人，我得志弗爲也。般樂飲酒，馳騁田獵，後車千乘，我得志弗爲也。在彼者，皆我所不爲也；在我者，皆古之制也，吾何畏彼哉。』（孟子　盡心下）

孔子常以政爲正，先正身然後才從政，身不正，怎麼能正別人。在孔孟的思想裏，皇帝利大臣應該是聖人，聖人從政乃是以身教，即使不從政，德教仍能普及全國。

『唯天下至聖，爲能聰明睿知，足以有臨也；寬裕溫柔，足以有容也；發強剛毅，足以有執也；齊莊中正，足以有敬也；文理密察，足以有別也。溥博淵泉，而時出之。溥博如天，淵泉如淵：見而民莫不敬，言而民莫不信，行而民莫不說。是以聲名洋溢乎中國，施及蠻貊，舟車所至，人力所通，天之所覆，地之所載，日月所照，霜露所墜，凡有血氣者，莫不尊親，故曰配天。』

（中庸　第三十一章）

聖人在國家裏，德表照耀人民，人都信服。朱熹注說：『言其德之所及，廣大如天也。』故曰『配天』。中庸以孔子達到了這種境界。

『仲尼，祖述堯舜，憲章文武，上律天時，下襲水土，譬如天地之無不持載，無不覆幬，譬如四時之錯行，如日月之代明，萬物竝育而不相害，道竝行而不相悖，小德川流，大德敦化，此天地之所以爲大也。』（中庸 第三十章）

儒家仁道的政治爲仁政，仁政以教化爲原則，故重德教。儒家求學目的在行道，以仁道教化國民，『大德敦化』，今日民主政治，治國者由民選，民選的人大都『大言不慚』，少有正身以從政，『如日月之代明。』

不從政的國民，每人對於國家都有『忠』的義務。國家有土地，有政府，有人民。國民有義務保衛國家的疆土，服兵役以備戰。國民有義務保障政府的法統，不便政權分裂；有義務供給政府各項建設的經費，接法納稅。國民有義務保護民族的文化，繼續發揚。民族的存在，以民族文化爲代表，爲象徵。當社會生活環境，急劇改變的時代，民族的傳統文化，不能適合當前的環境，民族中的智者，應該整頓傳統文化，依照時代的環境，予以改革。爲保衛國家，國民應發揮責任感和正義感。先總統 蔣公留有遺訓：

『以國家興亡爲己任，
置個人死生於度外。』

我精神生命的旋律，在家庭中孕育而生，在社會中發揚而長，在國家中堅強而立，在教會中垂久而存。

五、生命發展的歷程

1.歷史與生命

甲、歷史的意義

歷史是什麼？大家以爲歷史就是以往的事實，或者就是記述以往事實的書籍。中國的廿四史，是廿四種史書。史書所記述的事實，當然是以往的事實；可是以往的事實，是不是就是歷史？當然不都是歷史。只有某些以往的事實，可以是歷史。

整個宇宙在時間裏變動，一切變動都含有過去，一切變動的過去，不可能都是歷史。在科學上，有天文學史、地質學史、生物學史，敘述這各方面的變遷；但是這些變遷，卻不成爲歷史。自然界的變遷，按照自然規律，必然出現，沒有新的事實。知道了自然規律，可以預先推測。歷史的事實則是新的事實，不能預先測定必然會有。因此歷史只是人的歷史。

耶里克・卡勒爾（Erich Gabnel von kahler）說：「歷史即是事件，一種特殊的事件，附屬着環繞它而生。沒有事件則無歷史。純永生——就其能被想像的程度而言，——亦即缺乏所有變化的且一直靜止的永恆；這種意指看像涅槃般的空泛，是沒有歷史的。相反的，純事件，一全然混亂的，示因的，變化不定的『事件混合』，也是不能形成歷史的。要成爲歷史，首先，事件之間先須互有關連，而構成一串連，一延續性的流。延續性，契合（Coherence），乃是歷史的基本先決條件。」㊱

柯靈烏（R. G. Collingwood）曾說：「因此自然現象的過程足可以說是事件的時序變化，而歷史的過程卻不可以。歷史不只是事件的變化，而是行爲的時序變化。行爲的變化有內在的一面，包含著思想的過程，這也就是史家所要探究的，整個歷史就是思想的歷史。」㊲

㊱ 歷史的意義 耶里克・卡勒爾著・黃超民譯，臺灣商務印書館，頁二。

㊲ 柯靈烏，歷史的理念・黃宜範譯・聯經出版公司，頁二一九。

「歷史並不是一如過去所當誤解的那樣，是有關事件遞變的故事或變化的記載，歷史家跟自然科學家不同，他對事件本身並不重視，他只關心思想所形之於外的那些事件。基本上他只對思想感到興趣，至於外在的事件他的興趣只是附帶性質，只是因爲這些事件能多少指引他對思想本身的掌握。思想當然在某種意義上也是時間之流上發生的事件。但由於史家了解思想的唯一途徑是史家自身在心中使思想重演再現。」[38]

「所謂『歷史的知識』就是了解人類心智過去的作爲，同時把過去行爲重演在現在。因此歷史知識的對象並不只是物體，心智之外的物體；它的對象是思想的活動；思想的活動必須透過心智的重演才能加以認知。」[39]

黑格爾對於歷史則說：「世界歷史可說便是『精神』在繼續作出牠的潛伏的自己之『精神』表現。」[40]黑格爾所說的「精神表現」乃是自由。

歷史不是過去單獨的客觀事件，但是也不是事件的主觀思想。單獨的客觀事件，自然界時時刻刻都有，人類社會裏也時時刻刻都發生；把這些事件一樁一樁紀錄下來

---

[38] 同上，頁二二一。

[39] 同上，頁二二二。

[40] 黑格爾　歷史哲學・謝詒徵譯，大林書局，頁二八。

可以成一本書。但不是歷史，只能算是歷史的資料。因著外面的事件而發生思想，有理性的人個個都可以做，把這些思想寫下來也可以成一本書，但不是歷史，只是一些「雜感」。

歷史一定要有以往的事實，這些以往的事實是人生活的行爲，由人用理智和意志所計劃的，就是人心靈生活的表現。它有原因，有目的，互相連繫。寫歷史和研究歷史的人，注意這些事實，確定事實的眞僞，然後更要注意這些事實在事實作者的心靈上的意義，因爲這些事實是作者的行爲。

歷史是人類的專有物，沒有理性的物體沒有歷史，超越時間變化的精神實體也沒有歷史。歷史乃是人類生活的歷程，也就人生命發展的歷程。一切實體的存在都是變動，但是最低紙的物體礦物，只有內在的動，沒有變。低級的物體植物有動也有變，沒有感覺；高級的物體動物，有變動，有感覺，沒有意識。再高級的物體──人，是心物合一體，有變動，有感覺，有意識，上級的實體爲精神體，有活動，有意識，沒有變。最高級實體，爲絕對精神體，有「行」，有完全的意識，歷史須有變，有新，所以只有人是心物合一體，才能創造新的事件，才能有歷史。

歷史並不能沒有意義，卡爾・波普（Karl Raimund Popper）說：「我不想在這裏涉及『意義』的意義問題，當大多數說起『歷史的意義』或『人生的意義或目的』的時候，他們很明確地懂得所指的是什麼意思；我認爲這是當然的。在這個意義上，即在提出歷史的意義這個問題的意義上，我回答說：『歷史沒有意義。』……但常常有人認爲上帝在歷史中顯現『自己』；歷史有意義，其意義是上帝的旨意，這些是基督教教義的一個部份。因此，歷史主義被認爲是宗教的一個必要因素。但我不承認這一點。我堅持，不僅從理性主義者或人道主義者的觀點來看，而且從基督教觀點來看，這種見解純粹是偶像崇拜和迷信。」㊶

但是卡爾·雅斯培（Karl Jasper）別說：「爲什麼要研究歷史呢？因爲人生是有限的，不完全的，同時也是不可能完全的，所以他必須通過時代的變遷才能領悟到永恆。」㊷研究歷史，可以認識人的存在的統一性。

歷史既是人類生活的歷程，人類的生活由人的自由意志所作，人的自由意志沒有任何目的時不作決定，人類生活大小事都有或顯或隱的目的。這些行爲的目的，便是這些行爲的意義。從客體方面去看，每件行爲有自己的意義，例如吃飯在客觀上是

㊶ 波普　歷史有意義嗎？見現代西方歷史哲學譯文集　張文傑等編譯　谷風出版社，頁二一二、二二三。

㊷ 雅斯貝斯　論歷史的意義，同❻，頁四六。

消化作用，目的在於養育身體。又如這次波斯灣戰爭，在客觀上是最新武器的比賽，目的爲把伊拉克的軍隊從科威特國驅逐出去。但是爲歷史的人和研究歷史的人，則要研究吃飯的人那一次吃飯有特別的目的，例如鴻門宴的宴會；又要研究波斯灣戰爭的前因後果，和別一次戰爭不同。

歷史的事件不僅如同柯靈烏所說有內外兩面，外面是事件的外面行動，內面是事件的思想；而思想有客觀和主觀兩面，客觀的思想是事件本身的意義，主觀的思想是歷史事件作者的目的。歷史的意義在於歷史作者的主觀目的。歷史事件的客觀意義，是自然科學的意義；歷史事件的主觀目的，造成歷史的意義。因爲歷史是人的行爲。

人的行爲，是自由的，不守一定的規律。人的行爲又常是偶發的，不是依照一連串的系統原則而成的：所以每樁事件是單獨的。但是人的行爲既然是人的行爲，人行爲的基本是人的人性，柯靈烏所以說歷史以「人性」爲基礎。「人性」是人人相同的，孟子早已說過：「故凡同類者，舉相似也，何獨至於人而疑之。……故曰：口之於味也，有同耆焉；耳之於聲也，有同聽焉；目之於色也，有同美焉；至於心，獨無所同然乎？心之所同然者何也？講理也，義也。」（告子上）雅斯培因此說歷史所表現的是人的存在的統一性。

現代哲學家常否認一致不變的人性，而且認爲人性不能被認識；但是誰也不能否認人的生活和狗的生活有不同點，這種不同點在任何人生活上都要表現出來。講哲學的人在抽象方面去講這種不同點，大家很可能各講各的，而且還要互相詆毀都在紙上或空中指畫：可是，從人的具體方面去研究，必定可以把握幾點具體事件是人可以作，狗則不能作。歷史就是具體生活的事件，表現人性的共同點。歷史的基硬，便是人的生活。生活是生命的表現，歷史便表現人的生命的意義。

乙、歷史表現人生命之目的和趨向

、歷史有目的，有趨向：不是像卡爾·波普所說是偶像崇拜和迷信，更不是基督教義的信仰，而是從理智和人道主義去講。

歷史是人類生活的歷程，生活的歷程就是人的生命歷史便是人類的生命，不是從本體方面說，是從生命的表現方面說，生命是體，歷史是用。

反對歷史有意義的人，是因爲沒有可能寫一部完全的世界歷史，也不可能都認識並研究人類的全部生活，因此便不能得到結論肯定人類生活的共同點，作爲生命的目的和趨向。這一層理由，也可以用之於反對自然科學。自然科學的實驗也不能作無數的實驗，但在可以決定一項原則時，就認爲實驗的數目夠了，所得原則可以實行到一切的相同現象。歷史的事件是人的事件，研究人的事件，從多數的單獨事件中，得到了共同點，以這共同點作爲人類生活的共同點，誰也不能說不可能，更不能說不合理。在哲學上，我們說人類生命的目的，在保全並發揚自己的生命，人類生命的趨向，在於追求這個目的。從歷史的事件裏，幾千年來，無論在那一年代，在那一地區，人類都是在追求自己生命的保全和發展。許多事件看來卻是向反的方面走，許多發動戰爭的人和民族自蒙其禍。那是因爲作事件的人沒有看清楚事件的實質意義，就如每一個人屢次以惡事作好事看，以有害的事作有益的事看。至於說不可能有一部完全的世界史或完全的國家民族史，這是因爲人的智力有限，在別的生活方面都是一樣，我們人類便要在符合有限理智力的情況下去生活，也去寫歷史。

歷史在思想方面，不僅顯示人類生命的目的和趨向，表現人類存在的統一性，也表現人類生命的創造力。人類和其他物體不同，就在於人類的生命能創造新的生活方式，創造文化，建設文明。自然界一切物體的存在，有本身的原則，常不能改變，狗的生活常是一樣的生活，桃樹的生活常是同樣的生活，都不能自己改變方式；若有改變，是受外在的原力而改。人類的生活則從初民到現在，一直在改進，改進的動力是人自己的內在理智，理智創造發明，發明造成新的生活方式，結成新的文化。所以文化分段，有石器時代、銅器時代、鐵器時代、電氣時代、原子時代。文化的變遷代表人類生活的變遷，也就造成人類的歷史。人類的歷史，便是人類的文化史。

文化的變遷不是一直往前進，不是一部直線的進化史。人的理智雖具有創造力，然而本身是有限的，而且要運用別的工具。工具不足，不能創造；有限的理智力能將發明用於傷害人的生命，例如目前環境的污染。文化的前進，曲折迂回。人類的歷史表現人類生命的發展，路途多難。

歷史記述事實，歷史的意義不在於事實外面的行動，是在於事實內面所含作者的思想，即是歷史事實作者的行動目的。歷史所遺留下來的，是紀事的書籍或事實的遺跡；但是這些史書和古跡，並不是歷史，這些史書和古跡是死呆的，是歷史資料。歷史則是活的。史書所紀的事實在當時本來是活的，是事實作者生命的活動，有他的思想，有他的情感。這種作者當時的思想和情感，乃是歷史的意義，也就是歷史。因此許多歷史哲學者和柯靈烏一樣，認爲歷史不是過去的事實，而是史家自身在心中使史事作者的思想和情感重演再現。然而歷史實在理所當然的是過去的事實，這些事實包含有作者的思想與情感。史家寫史書或研究歷史的人要將這些思想和情感實現在自己心中，這是我們人爲有認識應有的過程。無論對任何一個客體，無論是過去的或現在的，我們爲認識它或想它，都要把它在我們心內現出。然而客觀若是一個實在的客體，它必要有自己的客觀存在。歷史的事實在本身包含有作者的思想和情感，寫史和研究歷史的人是根據事實所包含的思想和情感去重演再現，而不是任憑自己隨便去想，否則便不是「重演再現」，而是製造史事的思想或情感。歷史的意義是在史事以內，不在史家或研究者的心內，祇是在被人認識時，則在人心內。

史家或研究者在心內重演歷史事實，回想事實作者的思想和情感，可以想得對，也可以想得不對；因爲若是歷史書上沒有記載史事作者的心情，後來史家或研究者根據史事去回想，則要看史家或研究者的史學天才，天才高可以深入事實，可以由當時的環境，想到史事作者的思想和情感。

然而根本上，則不在於天才，而是在於史事作者和史家或研究者都有同一的生命，都有人的生命，人的生命因人性相同，在相同的事件上，可以有同一的心情，在同一心情裏乃可以推想前人作事的思想和情感，不一定常對，然而可以對的機會很多。所以歷史的因果關係，是可能的關係，不是必然的關係，詩人騷客作詩作文時，常把人的思想感情和自然界的物體相連，因爲人和物的生命相連繫。歷史的史事都人類的事，人類的生命更是統一的。

丙、歷史哲學

現在講歷史哲學的人，大致分爲兩大派：一派是「理論歷史哲學」，一派爲「批評歷史哲學」。「理論歷史哲學」注意議論歷史的意義，以哲學或以宗教信仰作爲理論的根據。西洋聖奧思定、黑格爾、以及馬克思都以自己的宗教信仰或哲學思想講人生，由講人生而講歷史。一些人便鄙視這種學說，稱爲玄想的歷史哲學。「批評歷史哲學」注意研究歷史智識的價值，不是考據史事的眞僞，而是從語言分析和史事智識在認識論的價值各方面去檢討。

我們研究歷史哲學，對於歷史智識當然要檢討，第一個問題，是歷史的客觀性；第二個問題，是歷史的解釋；第三個問題是歷史的共同原則。這些問題爲「批評歷史哲學」所注重，以往「理論歷史哲學家」沒有注意到。然而歷史哲學不能就限制在這些問題上，而不進入研討歷史的意義，和歷史與人生的關係，以及歷史的目的或趨向。

西洋一般哲學的趨勢，從笛卡爾以後就走入認識論裏，開始有洛克、休謨經驗派的唯經論，繼而有康德的純理性批判，後來有羅素的數學邏輯，最後有維也納學派的語言邏輯。這些學者極力摧毀傳統形上學，詆爲玄想幻想，祇從語言去講哲學，語言實際上則只是發表思想的工具，以語言的研究作爲全部哲學，不能不進入形上學。這些認識論的學者一方面極力唾棄傳統形上學，自己卻建造自己的形上學，所用原則仍舊是傳統形上學的原則。

批評歷史哲學所走的路，就是認識論學者所走的路，歷史智識固然是檢查，歷史的意義也該講，因爲西洋現代哲學否認形上的「人性」觀念，否認有不變的原則；

這類的歷史哲學者當然不承認歷史有人生的意義，離開人性，有什麼根據可以將歷史事實結合起來？歷史事實若只是單獨的事實，它所有的意義是這件事的作者，當時所有的思想和感情，研究這種意義是歷史家的任務，歷史哲學所研究的：不是椿椿的歷史事實，而是將歷史事實連貫起來，研究串接歷史事實的意義，和歷史事實的共同原則。這種歷史以人的生命爲串接歷史事實的基線，研究歷史事實表現人類生活的目的和趨向，又表現人類生活常有善惡成敗的衝突；這種表現便是歷史的基本意義，歷史事實又因著人類的同一生命，在相同的境遇中，相同的事實可以發生，這就是歷史的共同原則，給後代人的教訓。「批評歷史哲學」否認這一切，詆爲空談，好比語言邏輯學詆毀形上學爲空談一樣。可是語言邏輯學和數學邏輯學還自己謙虛地稱自己爲邏輯學，「批評歷史哲學」也該自稱爲歷史邏輯學，不能代表全部歷史哲學。我家中藏有二十種這樣的批評歷史哲學書，沒有一冊講到歷史哲學的各種問題，柯靈烏的歷史理念一書，則講歷史哲學的歷史，在後一小部份，講了歷史哲學的理念。他們理念卻又是以人性爲歷史的基本。

歷史哲學研究歷史對人生的意義，當然不能流於空疏，祇以自己的哲學思想作標準。若是這樣做研究，就要如同余英時所說：「過份強調史學的哲學性最後必然使史學流於空疏，失去任何客觀的標準。於是哲學家就可以把歷史家看作他的奴僕，而歷史家的任務也就限於如何爲哲學家提供『建造系統』的材料了」㊸。

歷史不能脫離人生，不能過於講抽象理論，忽略具體的人生；也不能放棄人生，祇講史學的某方面意義；前者是玄學的歷史哲學，後者是批評歷史哲學。歷史是記述人類生命的歷史，人類的生命具有豐富的意義。歷史哲學根據人生的事實探索人生的意義。人的生命是人心靈明的活躍，變化多端，神妙莫測，不能由以往的事實推出將來的事實，只能就人性的同一，預測將來可能有同樣的事實發生。自然科學根據所知的定律，推如將來必然發生的事：所以自然科學有『必然性』的定律；歷史屬於人文科學，只能有『或然性』的原則。然而『或然仕』的原則已經可以使歷史學成的科學，也使歷史科學成爲科學，何況新物理學對於定律也只有「或然率」，而不是必然的了。一位哲學家曾經說過：「任何科學（自然科學）都必然能夠在同樣的條件下產生同樣的結果。」事實卻不然，你建立完全相同的環境，每次做實驗時條件都一樣，但無法預測在那一個小孔後面可以看到電子。然而即使同樣的條件不能產生同樣的結果，科學（自然科學）還是照常發展。這使我們頗不舒服，因爲在已知條件下，我們竟無法精確

㊸ 余英時 章實齋與柯靈烏的歷史思想，見歷史與思想，頁一六八，聯經出版公司。

地預測下一步。」44歷史學者對於不能精確推知下一件歷史如何發生，心裏沒有不舒服：歷史是人文科學，原本只能有「或然性」的原則。

還有另一種應當警覺點，是唯史論。黑格爾主張絕對精神爲唯一實有體，絕對精神常循正反合辯證式變動，便以爲全部哲學都是辯證邏輯學，又以全部都是歷史學。西洋當代興起唯史論（Historicism）一切都在變，一切都是歷史。因此，沒有不變的眞理，沒有不變的善惡標準，一切都是相對的，一切隨看時代變。這種主張的錯誤在以變爲主體。生命是動的，動在物質性的實體中必定生變。但是，沒有物質的精神生命，雖動卻不變；在有物質性的實體中，生命雖動而有變，生命本身卻常是同一的生命。我在討論「一致性」時，曾經有所說明。生命本身的「性」和「次序」，和「變化原則」，基本上是不變的。易經也曾主張「易，有變易，有不易。」理學家也主張「動中有靜，靜中有動。」我們研究歷史哲學，在具體的事件中，研究人生共同的思想和情感，有具體的實證事件作根據，有共同的思想作意義，不能偏走玄想，也不能偏走訓詁，集合多方面的資料而作綜合，以求歷史的統一性。

44 范恩曼（R. P. Feynman）著，林多樑譯，物理定律的特性，頁一二七，臺灣中華書局。

2.文化與生命

甲、民族的生活

文化，爲民族生活的方式，積而成爲文明，祇有人類有文明。民族的生活由一個一個的人的生活結合而成，一個一個的人不是哲學所講的具有人性的抽象人，而是具體上的實體，生活在具體境遇中的人。具體的人爲一個存在的整體，存在即是他的生命。

義大利目前有一個新哲學派，名爲「人的理解學」（Ermeneutica umama），主張人是具體的單體。單體爲「位格」（Persona），「位格」爲整體性，整體性包含人的各種境遇：時間、空間、性別、理智、情感、才能。這些境遇，人人都有；可是在具體的位格上，則各有各的表現，這種表現稱爲理解，就像一個名詞，在解釋上可以有各種解釋。㊺

時間，就是存在。絕對的實體，沒有變易，超出時間，祇是永恆；永恆，以時

㊺ Laura Pasleti Enmeneutica delle condizioni umane. Edizioni Fondazione Nava Spes Roma 1990.

間意義表現自己的意義。相對的實體。它的存在，就是時間。一個人出生後，就在時間裏，嬰孩、兒童、少年、壯年，老年，一連串的時間，規劃了他的生命，生命在時間裏變易，表現在生活裏。可是，時間在每個人的生活裏，所有的具體意義不相同。兩個嬰孩，具體的生活並不一樣，兩個兒童的具體生活也不一樣，兩個民族的生活在同一時間內，也不能相同。在不同的時間裏，一個人的生活有變化；在不同時代裏，一個民族的生活也有變化。易經常說，時間的意義很大！因爲整個宇宙的變化，就在時間內運行。

空間，每個人都活在空間以內；可是一個人的空間，在以往農業時代，「老死不出鄉里」，沒有多大變化，在現代工商業時代，交通方便，一個人便常換居住的地方。不過，習慣流動的人，不大隨地改換生活方式。但是，在不同地區的人，地方的自然環境對生活的影響就很大。一個民族的生活，便常受空間的自然環境的限制，民族爲求發展，常設法改良自然界環境，征服自然界的困難。湯恩比就說，文化，乃是民族對自然環境的對抗和征服，一旦缺少這種努力，文化就會停滯，以至於衰滅。

性別，是每個人必有的境遇，人或是男人或是女人，位格必定附有性別。性別帶給每個人生活的變化和表現。各不相同。男人和女人不同，男人和男人，女人和女人也不相同。性別是宇宙間萬物的生命所有，每個物體的生命具有性別的特徵。性別特徵在理論上爲共同的特徵，在具體上卻不相同。在具體生活上，兩性的生活結成一個生活；因爲每個具有性別的生命，自然要和另一性的生命相結合，以成一個圓滿的生命。具體的圓滿生命，在婚姻中實現；可是婚姻的生活，各不相同。

理智、情感、才能，每個人都該當有；位格就包含這一切境遇。位格所包含的這些境遇，每個人卻都不相同。這些境遇乃是每個人生活的重要成素，人的生活由這些成素而成。而且人之所以爲人，就在這些成素上。人用理智、情感和才能，發展自己的生命。一個民族靠民族裏有智慧，才能和勇氣，創造新的生活理想、生活工具、生活方法，造成民族的文化，文化高尚優良，民族的生活也就高尚優良；但若民族中生出敗類，興起壞而惡的生活習尚，民族文化低落，民族生活也就品質低落，心身痛苦。

文化，爲民族的文化，由民族生活而結成，民族則由單體的人而結成，單體人的存在就是生命，生命構成單體的位格，位格則包含生命的境遇，(或者說生命的條件，或生命的特性)，境遇在實際的發展或表現上各不相同。雖然每個人的境遇表現不同，但在同一地域和同一時代內，必有相同點，這些相同點造成同一地域和同一時代內的生活方式，成爲民族的文化。

文化，不能在抽象的觀念上去看，而要在具體的生活上去看。具體的生活乃是生命的變易，生命的發展。文化，便是建立在生命上。文化的生命，爲民族的生命，民族的生命，由單體個人的人格生命而積成。

乙、生命的創造力

宇宙萬物的存在和變易，全賴由造物主的創造力所造的創生力。創生力爲活力，也爲造物主的繼續創造。懷德海對這點曾說出他的意見，我雖不完全同意，但也同意他說得有理由。馮滬祥曾介紹說：「在懷德海看來，神是一切宇宙創進的動力來源，也是宇宙創進的最後目標，前者是『神的根本性』，後者是『神的後得性』。他稱前者是『絕對飽滿的潛力在概念上無限的實現』，後者則是朝此目標繼續創造的不斷完成歷程；前者重概念性，後者重實踐性。要言之，神的根本性就是『創造性』，就是在現實世界創進歷程背後的創造原理，懷德海又稱之爲『凝聚原理』，因爲據之可以凝聚一切時間之流中當下完成之實際體，這種當下完成，現實自足的實際體是一個創造品。對懷德海來說，世界演進的過程就是代表神力所創造的過程，每個創造品自然與創造性不可分，所以在大化流衍創進的歷程中，每一『時刻的緣現』，或實際的緣現，都是自呈其創造性，在整個貫串凝聚的歷程中就代表神的內在創造性；因而每一創進歷程，也都代表神的根本性的流露。所謂『神的後得性』則指在無限的未來中，繼此原始創造性與時俱進的向前奔流，前者神的根本性是永恆不變的，後者神的後得性則浹化宇宙的創進而不斷在前進中。」㊻懷德海的這段話，用創造力和創生力去解釋，則容易懂了。「原始創造性」爲造物主的創造力，「繼續不斷的創進歷程」爲創生力。

人的生命爲創生力的最高創造品，凝聚了創生力的動力，在身體和心靈方面時時有創新，乃能創造文化，建造歷史。

思想，爲人生活的燈光，指導人生活。思想結成系統，成爲各家的哲學。思想由人的理智去創造；理智力高，所創造的思想豐富、高深、完美。中西的大哲學家，亞里斯多德、聖多瑪斯、康德、黑格爾、孔子、孟子、老子、莊子、朱熹、王陽明、王夫之。他們的思想，代表中西文化的光輝。

自然科學的發明，科技的精品，代表理智創造力的高峯。造物主以自己萬能的神力，創造了自然界宇宙，宇宙按照造物主的理想，繼續不停創造。人用理智力，深入自然界的宇宙秘密中，探索創進的原理、原素、路程。依據探索所得，運用宇宙的物質，仿效宇宙創進的路程，製造科學儀器，繼續造物主的創造而創造。人類的文化

㊻ 馮滬祥 文化哲學面面觀，頁一七〇，先知出版社。

乃呈現新奇性，突進性，邁向無限的前途。這就是生命的創生力的最具體的表現，也是推進文化的原動力。

文化的美，是人的天才所造。中國文藝有五千年的天才作品，屈原的離騷，李白、杜甫的詩歌，李清照、蘇軾的詞，關漢卿的曲，水滸傳和紅樓夢等小說，故宮博物院的書畫、銅器、瓷器、玉器。西方也有幾千年的文藝作品，古希臘和古羅瑪的雕刻，文藝復興期米格安琪洛、拉法尼爾等大家的繪畫，羅瑪聖伯鐸（彼得）大殿，義大利米蘭，法國巴黎，德國科隆的哥特式大教堂，還有希臘悲劇，拉丁文的委而奇里阿史詩，但丁的神曲，歌德的浮士德，莎士比亞的戲劇，還有古埃及，古印度的皇墓神廟和中國的長城，都是全球各民族文化的異彩，顯露人類天才創造力的偉大。

但是感情更能代表人的人格，更能表現生命的活躍。中國儒家主張喜怒哀樂發動時應該中節，以至誠的態度自然流露，大人不失赤子之心，親親、仁民、愛物。贊天地的化育，培養浩然之氣，建立聖賢『與天地合其德』的人格。莊子教人隳形骸、立心齋，忘己忘人忘世，與天地長終以成至人。佛教實行禪觀，使六根清靜，心空無物，冥冥與眞如合一，進入涅槃以得「常樂我淨」而成佛。聖人、至人、佛，爲中國文化的高峰，絕俗性的凡情，造超越的眞情，滅紛亂的雜情，鍊純粹的至情。一面克除，一面培育，生命的創造力發揮淋漓。

舊約聖經的創世紀記載天主上帝按照自己的肖像造了人。天主的本性是創造，人的本性也是創造。人是一個一個的人，是一個「位格」，是一個生命。一個有位格的生命，在自己的「境遇」中不停地前進，造成生活的型態，結成了文化。

但是一個有位格的生命，在內心所創造的精神型態，則不結成文化，而留爲精神生活的「位格」。在佛教約三世報應說，現生的我，由前生所造，現生所行，造成來生的我。天主教信仰人的靈魂永存不滅，每個人結束了現世的生命，靈魂進入永遠的境界。每個靈魂的我，乃是他在現生善惡所造。這個我，就是靈魂的「永恒位格」。

丙、宗教的創造

自然科學所研究的，爲一件一件的事物；哲學所研究的，是整體的宇宙；宗教則專注在人的生命。宗教不同於生理學和心理學，分析生命的現象。而是指示人生命的發展和歸宿。中國儒家說明了人生命的來源和目的，「愼終追遠」人的生命來自父母，歸於父母，子女爲父母的遺體。儒家的孝乃包括每個人的一生，所言所爲都屬於孝。天主教則信仰人的生命來自造物主天主，也歸於造物主天主。這條信仰是動力性的，激動人的心靈昇向超越的境界；但不是如同一般人所想像的，由地面登上天堂，而是心靈超出物質界，和絕對的精神相融會。

這種精神超越，時時刻刻要進行，不能停流。停流就後退。又常遇情慾的誘惑，心靈傾向罪惡，心靈的精神便跌到地面，有時罪惡重大，還要墮入深淵。本來人的心靈雖是精神靈，但祇能用本性的動力，趣出物質，如同儒家所講「與天地合其德」，不能上昇而與絕對精神體天主相融會，並且人負罪惡，更沒有動力使心靈清白以傾向天主。天主教信仰天主聖子耶穌降生人世，代人贖罪，以洗禮洗人的罪，提拔人的心靈和祂結合一體。耶穌以祂的精神，創造和自己結成一體的新人。耶穌的精神乃是『聖神』，或稱『聖靈』，爲天主本性的神力。人的心靈靠著『聖神』的神力，時刻前進，以與天主融會。人若跌倒，墮入罪惡一經悔悟，聖神又使他振作，自強不息。這種宗教生活，發展人的精神生命，時時創進。

宇宙萬物爲造物主天主所造，供人使用。爲使用萬物，人須要研究萬物的物性，瞭解萬物變化的原則，然後要創造使用萬物的方法；這就是自然科學和科技。歐美的人信仰天主教或基督教，他們熱心研究科學，常多發明。並不是如同許多人所說科學反對宗教，反過來要說宗教促進科學的發展。

宗教信仰淨化人的內心情感，使人傾向絕對精神體天主，藉著藝術以表達。歐洲的古典藝術，都由宗教情緒所激發，古典音樂，文藝復興期的繪畫，羅瑪式和哥特式的教堂，結成歐洲文化的光彩，也是宗教信仰的創造。

宗教情緒綜合爲愛的情緒，「愛天主在萬有之上，愛別人如同自己。」愛的情緒是動力、是熱、是人，加以聖神的神力，宗教信仰的愛，乃能使人的心靈時刻在創造。天主教精神生命的修養和發揚的方式，世世代代常有新的變化。或者遠離社會，隱居曠野；或者封閉修院內，長齋苦身；或者拋棄家庭，絕財絕色絕意，獻身教會工作；或者身居棄世，嚴守教規。每個人在培養精神生命時，各有各自的位格，各人又有自己的創造。創立各種修會的會祖，表現創造的風格，每個修會常保有創會人的風格以作特徵。還有以聖神神火發揮愛的力量，或到外地宣傳福音，敢爲福音而捐軀；或同德肋撒修女一般，走遍世界，援助窮人；或埋頭工作，終生在安老院服侍老人。

宗教的愛，在各民族的文化史上，乃是建造文化的活力，這種力量來自人的心靈，出自人的生命，加以聖神的神力。宗教的愛，使人的心靈和絕對精神相融會，引導人的生命歸向自己的目標，得到正常的發展。

宗教信仰在中華民族的文化內。不表現它的活力；這是中國人歷代把宗教的意義，限制在神靈的崇拜，其實儒家的文化本來就是上天的文化，也是天命的文化。『天』的觀念貫串整套儒家思想，上天、天命、天理，爲儒家思想的根基。把天解釋爲自然或天然，那就把儒家變成了道教。命的觀念，統制了中國人的全部生活。這兩個重要觀念，也就是宗教的兩個重要觀念。還有中國民間的生活則充滿崇拜神靈的敬禮和信鬼的迷信，也就構成中華民族的基層文化。

文化，建立在人類的生活上，人類的生活是每個人生命的發展。每個人追求生命的發展，運用理智、才能和感情創造生產的工具，思想的體系，藝術的作品，構成民族的文化。文化的本體是人類的生命，文化的建造動力是生命的創生力，各種民族文化的特徵是各民族的生命的位格。民族生命的位格，由集合民族中每個人的位格而成；集合的工作，歸之於民族中的先知先覺。

第七章 生命哲學的生命超越

一、儒家的生命超越

天主造人時，特別聲明按自己的肖像造人。天主所作聲明的內容顯示人的本質；人的本質是肖似天主的本質。肖似天主的本質，並不是說人的本質就和天主的本質一樣，兩者可以相異幾千萬倍，可以有無限的差別。但是在無限差別中，有一相似的共同點。天主的本質是成全的精神實體，常於自己無限的本體中旋轉；人的靈魂爲一有限的精神體，常向無限運轉。原祖背命犯罪以後，天主撤銷了人的特別地位收回了一切特恩，如長生不死，不勞作而享受安樂生活。但是人的本質就沒有變壞，人仍舊相似天主，常向無限的前途追求。

向無限的追求，乃是人的本質，中國傳統的儒家，常以「天人合一」爲生活的目標;道家的生活,以「道法自然」爲原則,歸終於「人法自然」,一切與自然相通。後來由印度宗教思想漸變爲中國佛教思想的天台華嚴和禪宗,也以合於「眞如」爲佛教的涅槃。所以說中國人的生活觀,是走在「天人合一」的路上。

普通講中國哲學或人生觀,常認爲道家的思想更澈底;儒家規定了倫理和禮儀,自己設了限制。這一點是對的,但其中理由,是人的生活是集體生活,有家庭,有社會,有國家民族,集體生活不能沒有規範。道家主張避世,離群以獨居,當然不主張有生活的規矩,儒家在主張集體生活的規範以外,也有自然生活的一面。歷代儒家文人詩家所留下的詩詞和山水遊記,就顯向無限追求的精神。在包圍人世界的宇宙中,人和自然山水都在無限的運轉中,互相結合。一片無限山水的美景,是宇宙無限精神的顯露,人的靈魂含在無限山水的美景中,開展於宇宙無限的精神,自己也就體驗到自己的無限。人們在自己的無限中,才能欣賞山水美景的無限。當兩種無限結合爲一時,人的自然生活發展到了最高峰,在自然的人性生活發展到最高峰,無論儒家道家都認爲乃是自然的人性生活最圓滿的境地。自然界的山水美景爲造物主的功效,蘇軾曾在〈前赤壁賦〉中說:是造物主沒有把它藏起來,留給我們人去共享。山水美景乃造物主所有,因此具有無限的精神,讓人的無限追求,可以有契合的對象。一見就合,一合就體驗到自心的滿足。

1.儒家天人合一的合德

儒家的天人合一，是天人合德。道家批評儒家的道德，爲人工的僞善，限制人精神的發展，儒家不能接受這種批評；因爲倫理道德的仁義理智，乃是人的自然無限。仁義禮智不是外面的生活規範，乃是人心發展的途徑。人若是不發展仁義禮智，人就不成爲一個人。孟子所以說仁義禮智四端，沒有這四端便不是人。「四端說」就是形上倫理學的基礎。舉例來說：人有理智可以推理，可以作判斷；假如一個人不知道推理，連作事的簡單理由都說不出來，大家便說這個人沒有發展成爲一個眞正的人，而是智障的殘缺人。同樣一個人連最簡單的仁義禮智道德的行爲都沒有，大家就說這個人是沒有受教的野蠻人。儒家從孟子以後，常保持這種主張。

人心爲精神體，常向無限追求；人心的無限追求，在追求和上天合德。《易傳》下第一章就說：「天地之大德曰生，聖人之大寶曰位，何以守位？曰仁。」聖人在儒家的思想裡，爲人類的代表，爲一個「全人」；聖人的特點，能在於與天地合德。乾卦文言說：「夫大人者，與天地合其德，與日月合其明，與鬼神合其吉凶。」《中庸》書裡充滿這種思想。第二十七章說：

「大哉聖人之道，洋洋乎發育萬物，峻極于天。優優大哉，禮儀三百，威儀三千，待其人而後行，故曰：苟不至德，至道不凝焉。」

第三十章說：

「仲尼，祖述堯舜，憲章文武，上律天時，下襲水土，辟如天地之無不持載，無不覆幬；辟如四時之錯行，如日月之代明，萬物並育而不相害，道並行而不相悖。小德川流，大德敦化，此天地之所以爲大也。」

第三十一章說：

「唯天下至聖，爲能聰明睿知，是以有臨也。寬裕溫柔，足以有容也。發強剛毅，足以有執也。齊莊中正，足以有敬也。文理密察，足以有別也。又溥博淵泉，時而出之；溥博如天，淵泉如淵，見而民莫不敬。」

上面幾章，很愼重莊嚴地說明聖人的精神，和天地的精神相配合。天地的精神，「溥博如天，淵泉如淵」，聖人的精神乃能「洋洋乎發育萬物，峻極于天」。儒家從古有一種信念：人心爲精神體，人心的生命就是精神生命，精神生命的途徑，就是仁義禮智。儒家發展仁義禮智，就是發展精神生命。仁義禮智不是外在的倫理規範，而是人心自己所有的生活途徑。發展了仁義禮智，人心的生命自然就發展，並不是道家老子所說，儒家自造了仁義禮智的外在規範，守了外面規範，內在的精神生命就被封閉。《中庸》第二十二章乃說：

家道是不並，展發就然自命生的心人，智禮義仁了展發。徑途活生的有所己自心人是

範規面外了守，範規在外的智禮義仁了造自家儒，說所子老

被就命生神精的在內，範規面外了守，範規在外的智禮義仁了造自家儒，說所子老

而，範規理倫的在外是不智禮義仁。命生神精展發是就，智禮義仁展發家儒。智禮義

「唯天下至誠，為能盡其性。能盡其性，則能盡人之性。能盡人之性，則能盡物之性。能盡物之性，則可以贊天地之化育。可以贊天地之化育，則可以與天地參矣。」

誠為天道，為自然。天下至誠的人即是聖人，能夠自然發揮自然的人性。人性和物性都是同一生命之理，生命可以有高下，生命之理則為同一之理；生命之理貫通宇宙萬物，事物相通。事物相通之理，使宇宙萬物生命發展稱為「仁」。譚嗣同的仁論，以通為仁。相通則相生，人的生命通於宇宙萬物，和天地的生命相密契，具有莊子游於六合的情景。朱熹主張人得天地之心以為心。天地有好生之德，朱熹說天地有好生之心，人得天地之心以為心，故仁。心和德，生和仁，相同。朱熹以仁不是愛，仁是愛之理。仁為生，在《易經》裡仁乃是元。乾卦為元亨利貞，元為首，為生命的

端，亨利貞爲生命的發育，配合一年四季，春生，夏長，秋收，冬藏。儒家把仁學，作成整體哲學的代表，成爲心靈生活的總綱，不僅具有形上形下的意義，也具有心靈和身體生活的規律。

2. 誠的神化

誠爲宇宙根源，爲宇宙的生命，地就是生源，是「元」，《易經》內生命繼續生發去講。《中庸》說：

「誠者，天之道也；誠之者，人之道也。」（第二十章）

「自誠明，謂之性；自明誠，謂之教。」（第二十一章）

「唯天下至誠爲能盡其性。……可以贊天地之化育。」（第二十二章）

「唯天下至誠爲能化。」（第二十三章）

「至誠之道，可以前知。……善必先知之，不善必先知之；故至誠如神。」（第二十四章）

「誠者，自成也，而道自道也，誠者物之終始，不誠無物；誠者自成己而已也，所以成物也。」（第二十五章）

「故至誠無息，不息則久，久則徵；徵則悠遠，……悠久所以成物也，……天地之道，博也，厚也，高也，明也，悠也，人也。」（第二十六章）

「唯天下至誠，為能經綸天下之大經，立天下之大本，知天地之化育，夫焉有所依。肫肫其仁，淵淵其淵，浩浩其天。苟不聰明聖知達天德者，其孰能知之？」（第三十二章）

「誠者，天之道也」，不是天地的本體，更不是宇宙的根源。天之道，乃是行動之道。天的行動，自然流行，故稱為誠。在每個物體中，為性。人性和物性和天之性相通；人能盡人性，就能盡物性，盡天性，贊天地的化育。

至誠的人為聖人，聖人至誠，乃能自成又成物。自成，發展自性，自成一全人。每一物體，也要誠以自成。「成者，物之終始，不誠無物。」每一物體的完成，都在誠於自性。

至誠聖人，能夠化育萬物，「唯天下至誠為能化。」宇宙萬物不是死靜死板，而是變化神妙不可測。聖人至誠，可以參加宇宙的變化，而且能夠推動，故能贊天地的化育。

既然參加天地的化育，便和化育相融；了解化育的過程，善或不善的遭遇可以前知，「至誠如神」。

誠爲天之道，也就是地之道；天地之道表現出來爲繼續不停，爲悠久深淵；爲博厚高明。「肫肫其仁，淵淵其淵，浩浩其天。」精神深淵廣大，沒有界限，充塞宇宙。

聖人心中具有這種精神，

「仲尼，祖述堯舜……上律天時，下襲水土……萬物並育而不相害，道並行而不相悖。小德川流，大德敦化，此天地之所以爲大也。」（第三十章）

「唯天下至聖……，溥博淵泉，而時出之。溥博如天，淵泉如淵。」（第三十一章）

聖人的生命和天地之道相通，乃溥博深淵。聖人也是人，不過是完人；其他的人所有生命，也能和天地之道相通，所以說「誠者，天之道也：誠之者，人之道也。誠者，不勉而中，不思而得，從容中道，聖人也。誠之者，擇善而固執之者也。」普通一般人，不能自然和天地之道，在生命中相通，便要擇善去做，後來能夠達到聖人的誠道。《中庸》說：「其次則曲，曲能有誠。誠則形，形則著，著則明，明則動，動則變，變則化；唯天下至誠爲能化。」（第二十三章）這一段就是敘述聖人以下的人，因「誠之」之努力，則能變化自己，到達「至誠」。

漢代學者，常主張天地有「一元之氣」，周流宇宙，生化萬物。宋明學者，繼承這種思想，以一元之氣即天地的生命。宇宙萬物，都爲一元之氣所生，自身也具有元氣。宇宙萬物在元氣中，彼此相通，也和天地相通。人的生命達到這種相通，乃是在「密契」中生活。

3.自然密契生活

中華文化的傳統精神生活，以學者作代表。中國歷代學者多爲儒士，然也有道家求仙煉丹的隱士。他們的生活都求能使精神超於物質，寓於漁樵，皆用酒琴書畫。在歷代的散文和詩詞裡，密契生活躍躍如畫。

在詩詞裡，作者慣以自然界景物，表述本人的情感，人和自然界融而爲一。

「國破山河在，城春草木深。感時花濺淚，恨別鳥驚心。」（杜甫）

「青山橫北郭，白水繞東城。此地一爲別，孤蓬萬里征。浮雲遊子意，落日故人情。」（李白）

大家都記得這兩首詩，杜甫李白以花淚、鳥心、白雲、落日，述說自己的心情。這些自然界的物體，沒有界定祇指一物，而是遍及天地間各處，代表宇宙生命的一部份。詩人的感情就融入宇宙的生命。

「獨坐幽篁裡，彈琴復長嘯，深林人不知，明月來相照。」（王維）

「移舟泊煙渚，日暮客愁新，野曠天低樹，江清月近人。」（孟浩然）

這兩首，王維和孟浩然，描述自己精神生活的一面，在自然環境裡營造自己的日常生活。他們的日常生活，就是密契生活。

「蜀僧抱綠綺，西下峨眉峰，爲我一揮手，如聽萬壑松。客心洗流水，餘響入霜鐘。不覺碧山暮，秋雲暗幾重。」（李白）

這首詩，李白描述琴韻使他自己的心和霜鐘、碧山、秋雲，融化在宇宙的生命裡互相通，互相感，秘秘相契。

這些詩，引自唐詩三百首，大家都熟識。我再引用幾章宋詞。宋詞雖多爲妓女作歌，但其中也有歌迷精神生活的佳詞，另外描述漁家詞人的詞更顯明密契的精神。

「林斷，山明，竹隱牆，亂蟬衰草小池塘，翻空白鳥時時見，照水紅蕖細細香。

村舍外，古城傍，杖藜徐步轉斜陽。殷勤昨夜三更雨，又得浮生一日涼。」（蘇軾·鷓鴣行）

「歲晚喜東歸，掃除市朝陳跡，揀得亂山深處，釣一潭澄碧。賣魚沽酒醉還醒，心事付橫笛。家在萬重雲外，有沙鷗相識。」（陸游·好事近）

蘇軾陸游的生活，用首詞描述，不是單獨偶然的事，而是選定的日常生活，陸游住亂山中，心事付橫笛，蘇軾杖藜徐步古城郭，「亂山」和「古城」反映兩人心情的超出物質。

辛棄疾、朱敦儒、姜夔等人，長篇描述欣賞雄偉山水的詞，表示自己超世的精神。

在中國散文的遊記和山水樓台記的文章中，文人學者借山水的景色和自己的心境融會合一，作者的生命滲入山水的生命中，物質從生命中濾出，顯明宇宙生命的意義。散文最著名的范仲淹〈岳陽樓記〉，在大家心中引起共鳴。

「若夫霪雨霏霏，……陰風怒號……薄暮冥冥，……登斯樓也，則有去國懷鄉，……滿目蕭然，感極而悲者矣。」

「至若春和景明，波瀾不驚，上下天光，一碧萬頃；而或長煙一空，皓月千里，浮光耀金，靜影沉璧，……登斯樓也，則有心曠神怡，寵辱皆忘，把酒臨風，其喜洋洋者矣。」

金錢、權位、榮譽在岳陽樓的山光水色，銷聲斂跡，所有在心中的，則是心靈對生命的感受。

更顯明心中的感受，是作者文人自己有心參加山水的生命，山水和文人融成一個生命，白居易的〈廬山草堂記〉，白居易在廬山造一草堂，自居其中。

「樂天既來爲主，仰觀山，俯聽泉，傍睨竹樹雲石，自辰及酉，應接不暇。俄而物誘氣隨，外通內和，一宿體寧，再宿心恬，三宿後頹然嗒然，不知其然而然。」

生活的變化，心情的適調，「不知其然而然」。自然和山水的氣相運融，「春有錦繡谷花，夏有石門澗雲，秋有虎溪月，冬有鑪峰雪，陰晴顯晦，昏旦含吐，千變萬狀，不可殫記。」四季景色千變，人隨著變化。在這時候，可以忘記日常生活的飲食衣著，更可以忘懷金錢，生活在一種超然的環境中，唐邱爲的〈尋西山隱者不遇〉詩中說：「松風晚窗裡，及茲契幽絕，自足蕩心耳。」宋王禹稱〈黃岡竹樓記〉，記述文人自己追求自然密契生活。

「公退之暇，被鶴氅衣；戴華陽巾，手執周易一卷，焚香默坐，消遣世慮。江山之外，第見風帆沙鳥，煙雲竹樹而已。」

「消遣世慮」，從日常俗世生活中飛出，不見公牘，不審刑賞，更不計營利，這時的心靈，似是空無一物，實則滿有江山煙雲竹樹，心滿神足。

這種生活，已近道家的生活。道家靜坐養氣，呼吸長壽。吸取天地元氣，補充身內消耗，不是密契，而是物質。

莊子則說：「若夫乘天地之正，而伸天氣之辯，以遊無窮者，彼且惡乎待哉。故曰：至人無己，神人無功，聖人無名。」（〈逍遙遊〉）莊子的生活，則御六合之氣，週遊宇宙，和天地以長終。至人，神人，聖人，生活在和宇宙密契之中。

中華文化傳統，以天人合一爲目的。天人合一因天地萬物同一生命。人得天地的生命爲生命，和宇宙萬物相通。生命相通，生命才有發育。通則生生則仁，仁則化。《易傳》常以宇宙萬物的生生，是神而化之。中華文化的密契不在神靈，而是靠自然生命，靠排除物質享受。歷代的學者，另外宋明理學家，都存心追求。

這種傳統繼續到了清代，我們讀《古文觀止續編》（百川書局）的清代及近代，王士禎的〈紅橋遊記〉，沈德潛〈遊虞山記〉，惲敬〈遊廬山記〉，林紓〈湖心輕泛記〉，都留有傳統的古風。民國以來，廢棄傳統，大陸受共產物質政權的壓制，傳統精神文明蕩然無存。台灣在經濟發達以後，全面西化，追隨美國，祇看金錢，祇求物質享受。但是大家不明白歐美人追求物質享受，他們有宗教信仰，每星期日上教堂。台灣人士，則留學歐美，足也不入教堂門。但是近幾年，許多人士往佛教廟宇坐禪，他們不是爲信佛，而是爲找到心靈的安適，即是爲找到傳統的精神生活；然而離密契生活，則還很遠。

佛教在中國的修爲，發揮涅槃生活的精神；修爲的歷程，吸收了中華文化的密契。佛教寺廟的建築，常處山水勝景中。環山抱水，古木蔭覆，春花冬雪，夏風秋月，「禪房花木深，山光悅鳥性，潭影空人心。」

中華文化充滿密契，千年相傳；但祇在自然生活中。我們的基督生活，才有超然入神的神秘密契。

二、道家，佛教的生命超越

1.道家的生命超越

道家精神生命發展的歷程，分有層次。就如儒家分有士、君子、聖人的層次；道家分有田園人、虛靜自然人、至人。道家人生哲學的基本，在於本體論之「道」。「道」爲一無限之本體，「先天地生」（道德經　第廿五章）『自本自根。未有天地，自古以固存。神鬼神帝，生天生地。』（莊子　大宗師篇）爲萬物的根源。「道」的本身，渺茫不定，『道之爲物，惟恍惟憾。恍兮懈兮，其中有物。窈兮冥兮，其中有精。其精甚眞，其中有信。』（道德經　第二十一章）「道」本身渺茫不定，具有自變之力，稱爲德。「道」因德而化，化而不息。『道生一，一生二，二生三，三生萬物。萬物負陰而抱陽，盎氣以爲和。』（道德經　第四十二章）

「道」生萬物，「道」也在萬物。萬物的本體是「道」，萬物爲物的外形。

「東郭子問莊子曰：所謂道，惡乎在？莊子曰：無所不在。東郭子曰：期而後可。莊子曰：在螻蟻。曰：何其下耶？曰：在稊稗。曰：何其愈下耶？曰：在瓦甓。曰：何其愈甚耶！曰：在屎溺。東郭子不應。莊子曰：夫子之問也，固不及質。正獲之問於監市履狶也，每下愈況。汝唯其必無乎逃物。至道若是，大言亦然，周徧咸三者，異名同實，其指也。』（莊子　知北遊篇）

萬物因此在本體上相等，莊子乃倡齊物論。

『天地與我同生，而萬物與我爲一。既已爲一矣，且得有言乎！既已謂之一矣，且得無言乎！』（莊子　齊物論）

「道」之變，絕對順乎自然。「道」乃無欲，『道常無欲，可名於小。』（道德經　第三十四章）既是無欲，也就無爲。『道常無爲而無不爲。王侯若能守之，萬物將自化。化而欲作，吾將鎮之以無名之樸。無名之樸，夫亦將曰無欲。不欲以靜，天下

將自定。』（道德經 第三十七章）

老子的人生哲學，建立在他的本體論上。人的本體爲精神，爲道；人的身體爲形相。形相不足重，所重者在精神。形相的需要減到最少，精神的發揚極大。爲減少形相的需要，老子主張「歸眞反樸」，純乎自然。

『見素抱樸，少私寡欲。』（道德經 第十九章）

依照這種人生觀，第一階層的人，爲「田園人」。「田園人」愛田園的自然生活，捨棄名利，不求聞達，不做官，不貪富貴。「田園人」是避世人，明哲保身，耕田自娛。古代乃有田園詩人。

『結廬在人境，而無車馬宣。問君何能爾，心遠地自偏。採菊東籬下，悠然見南山。山氣日夕佳，飛鳥相與還。此中有眞意，欲辯已忘言。』（陶潛 飲酒詩）

『中歲頗好道，晚家南山陲。興來每獨往，勝事空自知。行到水窮處，坐看雲起時。偶然值林叟，談笑無還期。』（王維 終南別業）

「晚年惟好靜，萬事不關心。自顧無長策，空知返舊林。松風吹解帶，山月照彈琴。君問窮通理，漁歌入浦深。」（王維 酬張少府）

鄙棄社會事務爲俗務，以官場爲髒污，逃避社會間的日常接觸，置身在山野間，日與自然界景物爲伴。不求身體感官的滿足，只想心靈的自娛。「田園人」超越世事，退隱避世，以自然美景和心靈清淨爲樂。

道家人生觀的第二階層的人，爲「虛靜自然人」，莊子提倡這種人生境地。

「虛靜自然人」，首先使自己虛空，把自己忘了。

『墮肢體，黜聰明，離形去知，同於大通，此謂坐忘。』（莊子 大宗師篇）

忘記自己的形骸，不求形骸的享受，無欲無爲，乃得心虛。

『虛者，心齋也。』（莊子 人間世篇）

心齋沒有事物的欲望，常自足，『知足不辱，知止不殆，可以長久。』（道德經 第四十四章）心既得虛，便可以靜。

『廣成子蹶然而起，曰：善哉問乎！來！吾語汝至道。至道之精，窈窈冥冥，昏昏默默，無視無聽，抱神以靜，形將自正，必靜必清。無勞汝形，無搖汝精，乃可長生。』（莊子 在宥篇）

『聖人之靜也，善故靜也。萬物無足以撓心者，故靜也。水靜則明燭鬚眉，平中準，大匠取法焉。水靜猶明，而況精神。聖人之心靜乎，天地之鑑也，萬物之鏡也。夫虛靜恬淡，寂寞無爲者，天地之平，而道德之至也。……虛則靜，靜則動，動則得矣。』（莊子 天道篇）

心既虛乃靜，靜則精神活動，精神活動順乎自然，乃能和天地相通，『同於大通』。虛靜自然人超越萬物，心不爲任何世物所牽，遨遊於天地之間，可以說是方東美教授所稱的「太空人」❶。

道家最高的精神生命的階層爲「至人」。莊子以喻言，描述至人或神人，登天入

❶ 同上，頁六九。

地，遨遊六合之外。

「至人」捨棄形相，忘懷自我，和「道」相合。尋得了自己的本體——「道」，捨棄形相的個體。「道」生萬物，以氣成形，氣爲一爲有。「至人」以氣和天地的氣相合，由天地之氣和「道」相合，忘掉自己的小我，和眞我——「道」相合。「至人」的知，不以心知，而以氣知。「至人」的氣知爲上知，「至人」的德爲上德。

『不離於宗，謂之天人；不離於精，謂之神人；不離於眞，謂之至人。以天爲宗，以德爲本，以道爲門，兆於變化，謂之聖人。』（莊子　天下篇）

『夫至人有世不亦大乎？而不足以爲累，天下奮乎而不與之偕，審乎無假而不與以利遷。極物之眞，能守其本。故外天地，遺萬物，而神未嘗有所困也。通乎道，合乎德，退仁義，至人之心有所定矣。』（莊子　天道篇）

『入無窮之門，以遊無極之野。吾與日月參光，與天地爲常。』（莊子　在宥篇）

『古是眞人，不逆寡，不雄成，不謨士，若然者，過而弗悔，當而不自得也。若然者，登高不慄，入水不濡，入火不熱，是知之能登假於道也若此。古之眞人，其寢不夢，其覺無憂，其食不甘，其息深深。……古之眞人，不知說生，不知惡死。其出不訢，其入不距，翛然而往，翛然而來而已矣。不忘其所始，不求其所終。……
吾猶守而告之，參日而後能外天下，已外天下矣，吾又守之，七日而後能外物。已外物矣，吾又守之，九日而後能外生。已外生矣而後能朝徹，朝徹而後能見獨，見獨而後能無古今，無古今而後能入於不死不生。』（莊子　大宗師篇）

至人或眞人，在能守其眞。老子曾說「道」本體雖彷彿不定，然「其中有精，其精甚眞」，「眞」爲「道」之本體的「眞」，眞代表「道」的本體。這種本體是眞，是存有，是氣。「至人」或「眞人」以自己的氣和「道」之氣相合。莊子「達生」篇說：

『子列子問關尹曰：至人潛行不窒，蹈火不熱，行乎萬物之上而不慄，請問何以至此？關尹曰：是純氣之守也。非知巧果敢之列。』（莊子　達生篇）

莊子「大宗師」篇也說：「彼方且與造物者爲人，而遊乎天地之一氣。」「至人」以氣與「道」相合，乃得大智，認知自己的本體是「道」，「道」超乎宇宙，無限無垠。「至人」乃超越宇宙一切。「至人」的超越在於本體的超越。通常人是小智，以自己心靈爲本體，由心靈以生活。「至人」則超越自己的心靈，以「道」爲自己的生命。道家的超越和儒家不同，儒家的生命超越，只是「與天地合其德」，不是本體的超越；道家的超越則是本體的超越。「至人」的本體，已不是一個人的本體；有限，有時空，爲相對的本體，「至人」的本體是無限之「道」的本體。

道家的超越和天主教的超越也有不同，在後面我將說明。然而道家的超越精神生命和佛教的超越精神生命，和天主教的超越精神生命，有相類似。這種超越，玄之又玄，有和無相合，相對和絕對相合，有限和無限相合。人的精神生命，直飛到生命的頂點。一切不可言，不可思議。莊子以大鵬鳥爲喻，直飛天際，兩翅若垂天之雲；然仍不足以表達❷。

2. 佛教的生命超越

佛教素以提倡精神生命而自豪，以「苦、集、滅、道」，爲四諦，解脫人生的痛

---

❷ 參考方東美　中國哲學之精神及其發展　第四章、第五章及羅光　中國哲學大綱　下冊　第四章、第五章。

苦，登於涅槃的「常、樂、我、淨」的極樂世界。可是儒家學者則常詆毀佛教剝削人性，使人成爲枯木槁灰。兩者的人生觀完全不同，兩者的形上學更是相異。因此兩者對於精神生命的發育，觀念和理想雖不是南轅北轍，實則相差很遠。

佛教體認現世的生命爲痛苦，常在生老病死四種痛苦境遇中。釋迦牟尼尋求生命痛苦的緣因，力求予以解脫。他指定人生痛苦的緣因，在於無明，或說愚昧，宇宙萬法（物）本不存在，人卻認爲存在，乃起貪戀，由貪而起各種慾望，產生各種罪惡，罪惡在來生引起業報，生命遂輪迴不斷。解脫痛苦之道，在除去人的愚昧，使成智者而成「覺」。因此有和空兩詞，成爲佛教中心觀念。

小乘佛教肯定萬法爲有，以宇宙萬物由四大——地、水、火、風結成，中間森羅萬象。然卻否定「我」的存在，有的主張三世實有，有的主張現世和未來二世實有，有的主張只有現世實有。以阿毗達摩大毗婆沙論爲基本，由這本經論產生世親的俱舍論。

俱舍論主張「三世實有，法體恒有」。由「法體恒有」的主張引伸「體用」的學說，以法體絕對不生滅，只是作用有生滅等變化❸。

❸ 參考羅光　中國哲學思想史　魏晉隋唐佛學篇　上冊　頁四三九　學生書局　民六十九年。

印度佛教的小乘，也並不純淨接受萬法爲有，俱舍論歸結到「業緣論」。一切萬法的有，都由因緣而有，雖爲有，實則不有。俱舍論講十二因緣，作爲「我」輪迴的因緣。輪迴分三世；前生、現生、來生。現生由前生之業而成，現生之業又造來生。業，爲行爲的效果；行爲的效果由倫理善惡而評估，惡業爲有漏的，善美爲無漏的。有漏業在來生有惡報，乃生無明愚昧。由無明生行，由行生識，由識生名色，由名色生六入，由六入生觸，由觸生受，由受生愛，由愛生取，由取生有，由有乃有生，由生有死。無明、行、識、名色、六入、觸、受、愛、取、有、生、死，爲十二因緣，不斷地循環，成爲生命輪迴的一個圓圈。

但是若萬法不有，唯因緣爲有。因緣究竟怎麼有呢？世親同兄長無著開起大乘，由小乘到大乘的橋樑爲唯識論。唯識論主張萬法唯識，萬法所以有，是因爲「識」所造。無著作攝大乘論，爲唯識論鋪路。世親的成唯識論則是唯識宗的基本經典。唯識論倡言有八識：眼鼻耳舌身意前六識，後兩識末那識、阿賴耶識。阿賴耶識稱爲藏識，藏有種子，種子有天生種子，有業種子，業種子爲前生行爲所造。種子因現生感官行爲受薰乃造「境」，「境」爲感官的對象，因前生種子受現行所薰能現前生行爲之境，感官對「境」生感，乃有感覺，意識爲心識，心使人有感覺的意識，而由末那識判定爲有，乃生「我執」和「物執」。「我執」是心肯定而把持自我爲有，「物執」是心肯定萬法爲有而予以執著。萬法的有，來自人心的「我執」和「物執」。這兩種執又來自識。因此，萬法皆空，所有唯識。唯識緣起論建立在業緣起論上，解釋業緣不僅在生命的輪廻，而是在造境，產生萬法的識❹。

大乘佛教繼續向前追求，識的產生在於心，假使說萬法唯識，更應該說萬法唯心。大乘佛教便特別注意「心」。

大乘講「心」的經典，屬於般若。解釋般若經的重要著作爲大智度論，共百卷，由鳩摩羅什譯成漢文。般若爲智慧，以般若光明觀照現實界，『藉辯證上躋，而點化之，提昇之，超化爲重重無盡之法界勝境，便不斷淨化之，滌除清染，更宏以高尚之理想。同時，此種超脫解放精神，惟其內具般若聖智，澈通不隔，故能洞見一切現象本自清淨無染，是以神遇萬物而不滯，玄照至極以睹眞，圓滿無漏，而得證大自在，大解脫，大歡喜。」❺

大乘對般若的講解，常從「心」出發。楞伽經在卷首御製序文中，譽爲『斯乃諸佛心量之玄樞，群經理窟之妙鍵。』楞伽經主張『一切事物都由因緣和合而生，因緣

❹ 同上，上冊 第四章 緣起宗論。

❺ 方東美 中國哲學之精神及其發展 上冊 頁二六九—二七。

並非實有，都由心所現，而心亦是妄心。因此事物不是實在的事物，因緣不是實在的因緣，則所謂生滅也就不能是實有的現象。』❻

心既是妄心，怎樣能尋得眞心？大乘乃有如來藏緣起論。如來藏爲根本淸淨心，爲眞心，藏在妄心內，人須破除妄心，達到如來藏境界。這種境界『爲佛境界。佛有慧智正見，不以外物性相爲有，也不以破除性相爲空，而是見如實處，即見眞如。』❼大乘起信論提出眞如緣起論，以心即眞如。眞如爲絕對實有，然有二法門，一爲心眞如門，一爲心生滅門。眞如本體不可言，不可講，絕對超越人的知識。然眞如對外有非我的表現，這種表現即是心生滅門。妄心看到宇宙形形色色，誤以爲有，但若以智慧達到覺，則是有亦空，空亦有，一切絕對平等。

大乘般若便講這種能使人生命超越的智慧，講三論宗的中論。中論講「八不」——「不生亦不滅，不常亦不斷，不一亦不異，不來亦不去。」八不的根基，在於否定因緣。這種中論，不是儒家的中論。但是宋明理學家裏有人以中爲人性本體，便是仿傚佛教的中論了，中論以本體爲眞如，眞如爲中，一切萬法也以中爲本體，因而不有

❻ 羅光　中國哲學思想史　魏晉隋唐佛學篇　上册　頁四八一。
❼ 同上，頁四八七。

也不空，有和空不相對抗，也不相完成，而是本體的兩面。如大乘起信論所說二法門。對於有無不用破除，而是用「觀」。中論的第一品爲「觀有無品」，把有無和果報看成不有不無，則一切法都是不有不無，到底畢竟空。畢竟空的實相爲如來，如來爲相對者的否定，但也不積極肯定爲絕對的實相。中論在「觀如來品」裏，說如來亦有亦非有。邪說以爲如來爲沒有的，偏見以如來爲有，實則如來亦有亦無。畢竟空爲最高妙理，爲妙空，不講有，也不講空，又不講不有不空，而只是否定。這種思想由「觀如來品」，進到「講涅槃品」，更爲顯明❽。

『若一切法空，無生無滅者，何斷何所滅？
而稱爲涅槃。無得亦無至，不斷亦不常，
不生亦不滅，是說名涅槃。』（中論 卷四 觀涅槃品 第二十五）

這種否定的觀法，到了佛教的圓教，乃改爲肯定的積極觀。佛教圓教有華嚴宗、天臺宗和禪宗。圓教肯定有絕對實體的眞如，宇宙萬法爲眞如的非我現身。禪宗教人

❽ 同上，下冊 頁五八七—六〇〇。

以直觀透視心靈深處的眞如，眞如爲眞我，爲眞心，爲實相。修禪觀的智者，空虛一切的知識和思慮，直觀本心眞如。眞如絕對又無限，無可言宣，不可傳達。人所有觀念和語文都有相對的觀念和名詞，絕對無法表達眞如。禪宗主張體認，不立文字。

天臺宗和華嚴宗主張以觀法，洞徹看到眞如實相，又圓滿透視宇宙萬法。事爲萬法，理爲眞如，事理通融，萬法和眞如互相通達。一爲眞如，一切爲萬法；一即一切，一切即一；一入一切，一切入一。天臺宗講「摩訶止觀」，以一法攝一切法，眞俗中三諦自相融會，其他一切也互相攝，互相融會，而到「一念三千世界」。華嚴宗講「三重觀」：眞空觀、理事無礙觀、周徧含容觀，又發揮爲「十玄門」。

『人要修行，勉力入法界，能夠以「一心眞如」爲心，能夠觀看萬法和眞如一心的融會，也觀看一切法的融會，於是有諸相圓融的世界，這個世界就是華嚴世界，也就是眞如。』❾

圓教精神生命的超越，也是和道家的精神生命的超越一樣，爲本體的超越。人放棄了自己的妄心，識破了自己的假我，直觀自己的本體眞如。圓教的智者或覺者，將自己的本體和眞如相融會，直接觀看自己本體的絕對性、安定性、清淨性，體認了

---

❾ 同上，頁六九七。

自己的眞我，眞我爲常，爲樂、爲淨。這是涅槃的境界。禪宗的得道者，達到了涅槃境界，直觀絕對眞如，由眞如再觀萬法，萬法互相通融，又和眞如通融，一切絕對平等。

慧能曾有一偈說：

『無上天涅槃，圓明常寂照，凡愚謂之死，外道執爲斷……
惟有過量人，通達無取捨。以知五蘊法，及以蘊中我。
外現衆色相，一一音聲相，平等如夢幻。
不起凡聖見，不作涅槃解，二邊三際斷，常應諸根用，而不起用想。
分別一切法，不起分別想。
劫火燒海底，風鼓山相擊，
其常寂滅樂，涅槃相如是。』（六祖壇經 機緣品 第七）

人在塵世，心入涅槃，世事見著如有，心卻不黏著一物，菩提達摩同時代的傅大士曾有一首詩：

『空手把鋤頭，
步行騎水牛。
人在橋上過，
橋流水不流。』

『一切的矛盾都廢棄了，一切平等。但是五燈會元的雲門之部述說一段話：「雲門文偃有一次與起柱杖道：看到柱杖就是柱杖，看到柱子就是柱子，這有什麼錯？」要緊的，是心中不加肯定，也不加否定，說是也好，說不是也好，心中無牽連。』❿

佛教圓教的生命超越，直入絕對現實眞如中，以絕對本體爲本體，以絕對木體爲自我，爲眞心。宇宙的萬法都空寂了，然而又現爲絕對本體之表相，是有是無，不有不無，心空靈無滯。生命修成了絕對生命，不滯留於世物，乃享受涅槃境界的「常樂我淨」。

佛教圓教的生命超越，和道家的生命超越，同是本體的超越，合於道，合於眞如和儒家的德能超越更高，類似於天主教的生命超越。然而佛道以萬物的本體，本來

❿ 同上，頁八〇七。

就只是眞如或是道，世人不知而誤以萬物各有本體，因而佛道的超越，是一種破妄除錯的修爲工作；破除了錯誤，得到大智大慧。結果，眞的生命顯現，絕對常樂。這種超越的歷程，由外而入內，洞見自己的眞我；不是將自己固有的木體，提昇到絕對的本體；所以既不是Praeternatural性外的超越，更不是Supernatural超性的超越，而是內在本體的發現。在本體論方面，佛教大乘肯定萬法無本體，只是種種現象。道家雖講「道」在萬物，又講「齊物論」，然並沒有顯明地否定萬物的實體。道家講虛，是虛自己的心，不是以萬物爲虛；而且老子明明以萬物爲有，由氣所成，莊子以氣結合而有人，氣散則人死亡，氣歸於天地大氣中。因此，道家的超越，超越氣的聚散，直接與氣相結合而歸於「道」，佛教的超越則是超越萬法的現象，直接歸於本體眞如。精神生命合於道的生命，或合於眞如的生命，絕對永存，成至人或成佛。

三、天主教精神生命的超越

1.形上的學理

中國當代學者談精神生活的超越時，常常談到西洋精神生活的超越。所謂西洋精神生活，指的是天主教精神生活。對於天主教精神生活的超越，免不了常有誤解，最普遍的和最學術化的誤解，在於指責西洋精神生活的超越，輕視個人精神生活的內在性，肯定一超越的神，個人精神生活超越宇宙而和神相結合，乃一外在的結合。由一外在的結合，再回到宇宙萬物，如同由地上升到天上，由天上再回到地上。方東美教授稱呼這種超越爲「超絕」或「超自然型態（Praeternatunal）」以中國精神生活的超越爲超越型態和內在型態⓫。西洋精神生活的發展歷程常遵循惡善對立的二元論，以肉體和靈魂對立，而又以人受原罪的破壞，人性已是壞而有缺。方東美教授說：「惟此種型態之形上學絕少爲中國思想家所取。揆其緣故，非由於超絕形上學之注重崇高價值理想，實則吾人對崇高價值之嚮往與注重，有過之而無不及；而係有鑒於其所謂「超絕」云云，對自然界與超自然界之和合無間性與賡續連貫性，顯然有損。同時兼對個人生命之完整性，才有所斲傷。人乃身心健全之結合體，集健全之靈魂與健全之肉體於一身，使兩者圓合爲一，於以成統一人格之整體，或健全之品德。」⓬方教授對於個人的完整，非常樂觀。但是儒家歷代的性善性惡問題，顯示儒家

⓫ 方東美　同上，頁二八。
⓬ 同上，頁三〇。

並不相信凡是人都有健全的統一人格，因爲朱熹的氣質性可惡可善，已進入形上學本體論，不以個人的本體常爲健全的善。至於「健全的品德」，儒家一致主張由修養以建立，不是每個人天然而有。

天主教對於人的精神生命，有健全的形上理論。人爲心靈（靈魂）和肉體相結合的整體，人一切的自主活動常由靈魂（心靈）和肉體統一的主體而行。人性是善的，人的肉體也是善的，只是人心常傾向肉體的享受，即使所追求的精神享受，如名、位、學術，也常以在社會中能取得的感覺性尊崇而追求。這種傾向，中國古人無論儒釋道都認爲發於情慾。爲什麼人的情慾傾於惡呢？只有朱熹答說是因爲氣濁而理不顯。然而氣爲什麼濁呢？爲什麼我的氣是這樣的清濁，你的氣又是那樣清濁呢？關於這種問題朱熹只能說是因爲「理」限制氣，氣又限制理，根本沒有答覆。天主教答覆說情慾向惡乃是原罪的流毒。人類原祖在造物主所設的一種考驗中，失敗了，違背規誡，違背規誡的傾向世代遺傳，造成原罪的流毒，人類傾向感官的享受而造成惡，都是溢出規律以外，中庸說情慾動而中節爲和，不中節便是不和，不和乃是惡。天主教並沒有說人性因原罪而遭破壞，成爲惡性。

人的來源來自造物主天主，造物主造人，是按天主的肖像，人肖似天主。人價值的高，高於儒家所說得天地的秀氣而爲萬物之靈。人的心靈爲精神性，肖似造物主，稱爲靈魂。人的肉體有肉體的美；天主教沒有摒棄希臘人體美的思想，在教宗宮裏西斯篤小殿的天花板繪滿彌格安琪洛的裸體畫。正中祭壇上的最後審判圖，乃是彌格安琪洛的蓋世裸體名畫。但因爲人心煩於感官享受而常不中節，天主教因而不主張以裸體畫供大家的興享。

人心傾於感官享受常不中節而作惡，爲人類普遍的事實，人雖能以自己的心靈主宰情慾，導引中節，卻常感力不從心。從另一方面人類原祖經不起考驗，違背造物主天主的命令，與天主相隔離，迷惑在許多五色的神的信仰中。造物主天主爲引人走上正途，爲給人牽制情慾的力，乃遣派望子耶穌降生成人，參入了宇宙的生命系統，進入了人類的歷史。

基督耶穌捨了自己的生命，作爲贖人類罪惡的祭祀犧牲，制定了神聖事宜，以洗禮洗人的罪，提昇人的精神生命和基督的神性生命相合爲一體，使受洗者成爲天主的子女，這種提昇爲本體的提昇；我的人性生命，變成了天主的神性生命，不只是動作的提昇，而是生命本體的提昇。因此稱爲超性生命（Supernatural life），不只是越性生命（Praeternatural life）。

造物主天主爲絕對精神實體，自有自全，超越宇宙一切。宇宙萬物爲天主所造，而不是天主所生，也不是從天主本體所流出。創造是動作，是能力；萬物和天主的本體關係，爲能力動作關係，即創造關係，萬物和天主的本體完全不同，萬物爲相對的，天主爲絕對的。萬物受造，得了存在，成爲「存有」。萬物的「存有」不是自有的，而是由天主的創造而有，從無而有。萬物由創造而得的「存有」，爲能繼續存在，仍須要創造力繼續支持「存在」。造物主的創造行動超越時間空間，在有時空的宇宙中看創造行動和支持行動，有時間的先後，但是在造物主的行動，則沒有先後，又是創造又是支持。因此，天主教說造物主在萬物內，即是說造物主的創造行動常在萬物以內。這是力的在，有如易經所說：『天地之大德曰生。』

整個的自然界，連人類在內，和天主的本性不相同，本體也不相同。創造行動在萬物內，支持萬物的存在，卻不改變萬物的本性。

基督受難，復活了。復活了的基督是純淨精神性的本體，祂的肉體也失去了肉體的物質特性。一個人領受洗禮，例如我領受了洗禮，我的精神生命被提昇和基督的生命相結合，基督復活後的生命完全是神性的精神生命，祂生命的本體爲神性和己神性化的人性的本體。我精神生命的本體爲靈魂，在和基督神性生命相結合時，我的靈魂和基督的本體相融會，我的靈魂接受神化，我同樣成爲天主的義子。父子的本性本體是相同的，我因此不僅是因人按天主的肖像受造而肖似天主，而且已因與基督的結合而與天主同性同體。這個超越乃是本體的超越，超越自然界的本性。不是我的本體被舉到天上，而是天主降臨我心靈內，使我的靈魂和祂相結合，天主住在我心內。我的靈魂和基督的生命結成一體，我並沒有走出宇宙以外，我仍是我自己。不是如同道家以「道」爲萬物本體，也是我的本體。也不如同佛教以眞如爲萬法的本體，也是我的眞我，和道或和眞如相結合，普通我所認爲的我消失了，而只有「道」和「眞如」。我和天主相結合我的靈魂雖然神化了，仍舊是我的靈魂。這個靈魂仍舊和肉體結合爲一整體，連帶使我整體的活動都成爲神性的活動，我整體的生活成爲神性的生活；因爲我的本體已神化了。

神化生活的表現，在現世透過我的心靈，我有神化的意識，有和天主共同生活的意願。在現世生活裏，我的感覺和理智都不能直接透視天主，而是靠我的信仰。因此現世的神化生活乃是信仰的生活。信仰的生活雖不是理智的生活，因爲理智不能明瞭，而是一種神秘，然而並不是幻覺，也不是盲目迷信，理智懂得信仰生活是一種不相反理智的生活，而是超越理智的生活。

然而精神生活的超越，在現世也能超越信仰，而取得「直見」天主的生活。靈魂直接明見天主，不是眼見，不是理智見；而是神見，玄而又玄，神秘更神秘，精神生命達到極高峰。不能言，不能說，不能表達。神見的天主乃絕對眞美善的實體，不是空洞或無位稱的空洞體。天主是位稱的天主，是仁愛明智慈祥的天主。神見所得超乎人的想望，滿足人的一切追求，是極樂的境界。但是這種境界雖在我心內，又超出我的心靈，所以不能常留，乃是靈光的一貶。可望而不可求，不求而又可得，可得而不常住，神秘莫測，無可言宣。人死而脫離肉軀，靈魂獨存，沒有因罪而和基督分離，精神體對精神體，則「直見」天主而入這神化的超越生命中，永遠無間。

2.空虛的自己

甲、觀 過

神秘生命可望而不可必得，然而俗語：『上天不負苦心人』，人若誠心預備，自己可以接受神秘生命，天主會恩賜給他。

預備的工作，最基層的爲信仰生活和倫理生活，我希望我的精神生命能夠神化，直見天主的本體，我便要使我的精神生命歸向天主，誠心信仰天主的慈祥和美善。在我現世生活裏，我的價值觀決定以天主高於一切，作爲我生活的目標。我又堅信我的生命本體已經超性化，和基督的生命本體成爲一體，可以用聖保祿宗徒所說：

『我生活已不是我生活，而是基督在我內生活；我現今在肉身內的生活，是

生活在對天主子的信仰內；祂愛了我，且爲我捨棄了自己。』（致迦拉達書　第二章　第十九節第二十節）

這種信仰生活是活潑潑的生活，信仰支配我整體的生活，而且引導我的心靈常用祈禱的默靜，歸向天主。

若我希望得到神秘生命，與享天主的美善，我應該是正直的君子。我不能說我沒有罪過，也不能說我已達到道德的成全境界。聖若望宗徒曾經說：

『可愛的諸位，現在我們是天主的子女，但我們將來如何，還沒有顯明；可是我們知道，一顯明了，我們必要相似祂，因爲我們要看見祂實在怎樣。所以，凡對祂懷著這希望的，必聖潔自己，就如那一位（基督）是聖潔的一樣。』（若望第一書　第三章　第二節）

但若望又說：

『如果我們說我們沒有罪過，就是欺騙自己，眞理就不在我們內。但若我們認明我們的罪過，天主既是忠信正義的必赦免我們的罪過，並洗淨我們的各種不義。如果我們說我們沒有犯過罪，我們就是拿祂當說謊者，祂的聖言就不在我們內。』（若望第一書 第一章 第八節）

我認識自己的弱點，別人也認識自己的弱點；我們人沒有一個是完全沒有缺點的，每天都犯許多缺失，或大或小。孔子曾說：

『觀過，斯知仁矣。』（論語 里仁）

『已矣乎！吾未見能見其過而內自訟者也。』（論語 公冶長）

基督瞭解人的弱點，制定了懺悔聖事。人在領洗後不免又犯罪過，違背倫理規律，基督著人知過，內省而自訟，便寬赦祂的罪過。

我所講的正直君子，不是完全沒有缺欠的人，而是有過而知過，知過而改過，常常「自強不息」，往理想的人路走。若是一個人以目前的我爲滿足，再不求前進，他已經走在墮性的路上，已經沒有志向，已經沒有理想，不能使精神生命發展。「自強不息」的人，永遠向上，向無限的將來，向絕對的眞美善。他預備自己的精神生命接受神秘的生命。

信仰生活和倫理生活，常常「自強不息」，我只是奠下向上升的基礎，天主是絕對的眞美善，當我的相對眞美善遇到絕對的眞美善，和祂相融會，我的相對眞美善就消失了，不是本體消失，而是意識的消失。一盞燈，一支燭，對著強烈的陽光，燈火和燭光就形爲不是光了。我希望我的精神生命神化而融會在天主的生命中，我必定要「空虛自我的意識」。

乙、空虛自我意識

目前我心靈充滿自我意識，我知道自己的地位和職責，我事事有自己的計劃，遇事我表現自己的意見和喜好。自我意識使我知道我是自己的主人，也是我職務的主人。誰撞著我的喜好答話或行動，我天然地臉上表示不愉快。普通說這是男子的氣概，這是有作爲的人的天性。但是我既然肯定我自己，事事是我自己，怎樣能使我的精神生命神化而融會於天主的生命呢？雖然我的靈魂已經和基督的生命本體合成一體，但是我生命的活動卻常是由我作主，而不是由基督作主。因此，我必須經驗一個階段，空虛自我意識。

空虛自我意識的階段分成兩個層次：第一個層次是主動的層次，第二個層次是被動的層次。

A　主動空虛自我意識

主動的空虛自我意識，由我自己克制自己，在思念行爲上以天主的聖意作我的意向，一切作天主願意我作的。我活動行爲的目標常是爲愛天主。基督在世的三十多年生命，完全以天主聖父的意旨爲自己的意向。基督說：

『我的食物就是承行派遣我來者（聖父）的旨意，完成他的工程。』（若望福音　第四章　第三十四節）

『我的教訓不是我的，而是派遣我來者的。』（同上　第七章　第十六節）

『我由我自己不做什麼；我所講論的，都是依照父所教訓我的。派遣我來者與我在一起，祂沒有留下我獨自一個，因爲我常作祂所喜悅的事。』（同上　第八章　第二十八節　第二十九節）

『我沒有憑我自己說話，而是派遣我來的父，祂給我出了命令，叫我該說什麼，該講什麼。我知道祂的命令就是永生。所以，我所講論的，全是依照父對我所說的而講論的。』（同上　第十二章　第四十九節　第五十節）

『我對你們所說的話，不是憑我自己講的；而是住在我內的父，作祂自己的

事業。』（同上　第十四章　第十節）

『你們所聽到的話，並不是我的，而是派遣我來的父的話。』（同上　第二十四節）

『父啊，……祢所授給我的話，我都傳給了他們，他們也接受了，也確實知道我是出於祢，並且相信是祢派遣了我。』（同上　第十七章　第八節）

基督一生的言行，完全承奉天主聖父的旨意，祂不以自我為主，而以聖父為主。在即將被捕而被殺時，祂向聖父祈禱說：

『父啊！一切為你都可能：請給我免去這杯罷（受死）！但是不要照我所願意的，而要照你所願意的！』（馬爾谷福音　第十四章　第三十六節）

基督的生命本體，由天主神性和人性結合而成，祂有整體的人性，有理智，有意志，當殘酷死亡臨近時也有懼意，祂卻完全承奉天主聖文的意旨。

我和一切的人，都不能達到基督的生活境界；一切行動都以天主的意旨為意向；然而，我們要勉力向著這種境界上攀。我精神生命的動向，常向天主。孔子曾說：『五十而知天命』（論語　為政），知天命而畏天命，『君子有三畏：畏天命，畏大人，畏聖人之言。』（論語　季氏）畏則接納而順從。孔子所講天命，係上天的使命和上天所定的命運，不是生活各方面都完全以上天的意旨爲歸向，更不是愛慕天主而心向天主。舊約的聖詠說：

『予心之戀主兮，如麋鹿之戀清泉。渴望永生之源兮，何日得重天顏。人問主安在兮，朝暮涕淚漣漣。以涕淚爲飲食兮，吾主盡亦垂憐。』⑬

『爲盼天上主，向天頻仰首。猶如彼僮僕，常看東翁手。猶如婢女目，恒在主婦肘。吾目亦視主，望主頒恩祐。』⑭

古來的僮僕，事事仰承主人和主母的吩咐，不敢自作主張。我要空虛自我意識，就須事事順從天主的意旨。對於每一樁我所該做的事，我精神生命的表現，天主的意旨必定爲我有好，祂看事看到事的究竟，看人看到人的心底，而且全能無限；我專事承行祂的意旨，我用祂至高的智慧，作我的智慧，用祂無限的全能，作我的能力。我

---

⑬ 吳經熊　聖詠譯義　第四十二首。

⑭ 同上，第一二三首。

的心常安定。

怎樣可以知道天主對事事的旨意呢？在祈禱中，在靜默中，在反省中，天主的無聲的言語，沒有文字的光明，會在我心靈中響亮。聽不見聲音，看不到閃電，但是心安心靜而嚮慕天主的人，在內心可以聽到天主的無聲的言語。

B　被動空虛自我意識

被動的空虛自我意識，較主動的空虛更上一層。主動的空虛，雖是我勉力以天主的旨意爲意向，仍然還是我作主控制自己，在心底處還在著自我意識，被動的空虛則是接受天主使我空虛自己，使我自己被空虛得茫然無主，不知所爲。聖十字若望稱這種境界爲「黑夜」。

『我們有三層理由，可以把靈魂（精神生命）走向與天主結合的歷程稱爲「黑夜」。第一，靈魂向前走時，應捨棄對世物的一切慾望；這種捨棄對於感官就有如黑夜。第二，靈魂走向天主的路是信仰，信仰對於理智的認知有如黑夜。第三，靈魂走向的目標是天主，天主不能爲人所認知，所以也如同黑夜。』⑮

⑮ The complete works of S. Jhon of the Cross. V.I.B.I.C.I. ed, Westinistec Mdzyeand, 16 1946, V. Z. p.21。

這上面所講的「黑夜」，還是通常的「黑夜」，眞正的「黑夜」則是被動空虛自我意識的歷程。被動空虛的歷程，第一歷程對世事的欲望。每天所有遭遇，洽對我的願望相反，所遇的人不是和我相投的，我希望得的物沒有得到，得到的物是不希望的。希望健康而竟生了病，想安息一會卻有人來談事。這種現象不是偶然一次，而竟成爲常態。我的心靈便要安定不亂，且不動心。這種不動心較比孟子的不動心更難。孟子的不動心是發展自我的抱負，表現自己的人格。我所須要的不動心在於空虛自己的意識，忘記自己。也不僅是莊子的『隳棄形骸』，而是忘懷自我。我要縮小又縮小，以至於不見了我自己。佛教的禪通所講的空虛自己，有些相似，禪道是不思慮，心完全空；我所須要的空虛自己，則在於遭遇相反情緒的事，絲毫不動心。不是沒有感觸，沒有感觸將是痲木，我的感觸非常靈敏，只是找不著一件順心的事物，必要平靜不動，像如沒有感觸；這點要緊好的修養。

『第一，一個靈魂感覺不出對於天主的事有任何的安慰和愉快，同時，對世上的事物也是一樣；因天主使這靈魂進入這「黑夜」，祂可以搖盪他，淨化他的一切對世物的欲望。祂讓這靈魂在任何事物上找到慰藉或慰密。……』⑯

『如我上面所說，心靈的枯燥由空虛事物慾望而發，不覺到任何安慰。可是心靈底處感到有一種力量，從本體方面去工作。這種力量的養料乃是神秘的妙觀。妙觀藏在心靈深處，和枯燥同時存在，人不能體會，然使靈魂傾向並追求安靜獨處，但不能思慮任何的事。』⑰

這種境界乃是「黑夜」，心靈沉在枯燥的深淵裏，對世上事物，對天上事物，都失去了與趣。可以說是打不起精神了。若遭遇了這種境遇，心靈驚惶，恐怕遭遇天主的摒棄，焦急尋求逃出的路，則錯而會再錯，失去「黑夜」的價值。這種空虛世物慾望的「黑夜」雖然可怕，然尚不及空虛精神慾望黑夜的艱苦。

『最好的事，遭遇空虛事物黑夜的人，要鎮定，要忍耐，不要自悲。堅心相信天主不會拋棄誠心追求祂的人，也不會不給予他所需要的，最後會引他走

---

⑯ 同上，B. I. C. TX V. I. P. 373。

⑰ 同上，V. I. p.375。

入愛的光明路上。……』

『他們在這種境遇中該走的路，是安靜不動，不要去想，不要去推理，因爲現在不是時候。他自己看來什麼都不能做，自白消磨了時間。實際上只要靜靜祈禱，不加思慮，一顆愛心向主。』⑱

對世物的空虛自己，帶來心靈的枯燥和驚慌，人要鎮定，加強信仰的信心。天主不會使我灰心失望，會支持他追求神秘生活的「自強不息」，再進入一更深的「黑夜」，以空虛自己對於精神事體的欲望。

我精神生命爲追求神秘生命的要件，是信仰。信仰對於理智雖是一種黑暗，因爲所信的事不能理解，然而心靈常體驗到信仰有一道內在的光明，引導精神生命的一切活動。天主爲摧殘殘魂的自信，使信仰的光明熄滅了。信仰對於靈魂完全成了黑暗，一切都看不見了，另外是對於未來身後的生命，一層厚厚的黑霧，蔽塞了未來身後生命的存在。聖嬰仿德蘭曾身歷這種境遇，曾描寫心所受的痛苦：

---

⑱ 同上，V. I. p.379。

『同時好耶穌又准有一種黑暗，密密層層，衝進我心，把我從小，其甘如蜜的天堂（身後永生）思想，變作戰爭的焦點，苦痛的原因。……其中被困情形，我極願詳細說明，無奈苦於不能。大抵非身親其境，走過這黑地洞者，不知其烏漆黑黑是何等。』⓳

然而聖德蘭心雖極端痛苦，仍舊安靜不亂，『主所為，無不教我滿心歡喜。』……由此愈感念天主，溫厚仁慈，給我這重大十字架，正當我能背負之時。早一些，怕就心灰意懶，背不動了。現在不過把我情性中，所有的心滿意足，一筆勾銷。嚮慕天鄉的誠心誠意仍在也。』⓴

這種黑夜的功效，就是在把「我情性中，所有的心滿意足，一筆勾銷。」對於自己，絕對沒有自信心，自知無能且自知多過。同時，對於心靈的愉快和滿足，也另有體認。為發展精神生命，心靈的愉快和滿足不是必需的，而且還是障礙。追求心靈的愉快和滿足，表現嬰兒求乳的心態，需用甜蜜的感覺來支持。捨棄心靈的愉快和滿足，

⓳ 聖嬰仿德蘭 靈心小史 第九章 頁二〇五，馬良譯 上海 土山印書館 一九三三年版。
⓴ 同上，頁二一〇。

在心靈枯燥黑暗時，「自強不息」，才是站起身來走路的成年，經得起考驗。

聖文篤在他所著的「天路歷程」說明，開始的步驟，在於熱火一般地愛十字架，犧牲一切。

『但是，引導進入平安祥和的路，只是熱火般愛十字架的愛。這種熱情的愛，使聖保祿上升三層高天，使他非常地和基督同化，高呼說：「我已同基督被釘在十字架上了；所以，我生活已不是我生活，而是基督在我內生活。」（致迦拉達書　第二章　第十九節）同樣的熱愛也深入了聖方濟的內心，在他去世兩年以前，基督受難的五個傷口，印在他的身上。』[21]

每人精神生命的發展，有自己的途徑或方法，合於自己的喜好，在空虛精神欲望的黑暗裏，這種喜好也要被摧毀。我所喜好的途徑和方法，偏偏不生效，使我自己不知適從。整個的自我被消滅了，對任何事物沒有自己的偏好，自己也不再選擇，任憑天主作主。但絕對不是消極的灰心懶意，也絕對不是一顆枯樹沒有生意，而是生意

---

[21] S. Bonaventura.-Textres et studes par Valentin reton, Aubier p.426。

達到最高點，靈魂的愛融會在天主的愛裏，以天主的意旨，作自己的意旨。禪宗常主張空虛一切思慮，空虛自我，以便直見自己本體的眞知。禪宗的空虛爲冷靜的空虛，是冰天雪地的空虛，追求天主的空虛自己乃是愛情的空虛。在人間兩個相愛的男女，戀情純淨而熾烈時，每一方自求空虛自己以接納對方。追求天主的愛在「黑夜」裏空虛自我的一切，以自我的整體獻於天主的愛，以接納整體的天主。

在「黑夜」裏不能直見天主，天主的觀念反而造成空虛精神欲望的第二層痛苦。第一層痛苦來自信仰，第二層痛苦來自天主。

『可以問：天主的光明爲什麼會給靈魂變成黑夜呢？天主的光明不是光照靈魂，消除他的愚昧無知嗎？這個問題的答素有兩點：天主的智慧不僅對於靈魂是黑夜，同時還是傷痛和焦慮；因爲天主的智慧過高過深，超越理智能力，靈魂對著如對太陽，什麼不見，乃形同黑夜；又因爲靈魂自知不潔，自慚形穢，對者天主乃有傷痛和焦慮，也又形同黑夜。』㉒

㉒ The Complete works of S. Jhon of ph Cenoss. V. I. p.406。

天主爲絕對眞美善，無限地超越人的理智力，又無限地超越人的純潔；追求神秘生命的靈魂已經和世物斷絕了欲望一心仰望天主。他卻瞭解天主的絕對超越性，在任何方面，都不能上攀。對著絕對的眞美善自覺絲毫無力，自覺形穢不堪，心靈既是黑暗不見光明，又是痛苦焦慮。這種痛苦猶如一個久在異鄉飄零的人，經過千辛萬苦，已回到家門；然而看到家門緊閉，自知無顏見父母，心中痛苦萬分。這種痛苦，使靈魂自認卑微。基督曾說：

『父啊！天地的主宰，我稱謝祢，因爲祢將這些事瞞住了智慧和明達的人，而啓示了給小孩子。父啊！祢原來喜歡這樣做！』（路加福音　第十章　第二十一節）

粉碎人的自傲，不讓人自以爲有智慧有善德可以攀上天主的堂奧，天主讓自卑自謙如同小孩的人得達神秘生命。在這種精神的「黑夜」裏，靈魂雖感得徹心的痛苦，然而心神非常安定，無任何想望，只是想攀上天主的堂奧。聖十字若望說：

『現在我該當說：雖然這種好的「黑夜」帶給了心靈黑暗，實則對於每椿事實都給予光明；因為「黑夜」雖然抑制靈魂，使他痛苦不堪，但卻是為舉揚他，提攝他。雖然使他空虛對世事的一切欲望，乃是為使他可以神化而向前進，可以對天上地下的一切事物都可以享受，可以有精神的自由。』㉓

心靈空虛了一切，空虛了自我意識，不因自己的理智而作計劃，不因自己的喜好而有所傾向。心靈一片空白，無所點染。好比一塊乾淨的黑板，沒有半筆隻字，一切只等待老師去寫去畫。老師是天主，祂用自己本體的光和美，貫徹靈魂的整體，靈魂則整體地在等待。

3. 愛的圓融

甲、成物圓融

聖文篤在「天路歷程」裏，描寫靈魂由天主工程的跡象，即自然界物體上升到天主；由天主的肖像，即人的靈魂上升到天主；從物體的本體「存有」上升到天主。「愛

㉓ 同上V. I. p.422。

的圓融」境界使靈魂常在「愛的圓融觀」中和天主的愛結合。道家的超越使人以氣知而有大智，觀一切物平等。佛教的超越使人有圓融觀，事法相融，萬法圓融，一入一切，一切入一，天主教的超越，使靈魂有「愛的圓融觀」，觀一切都是天主的愛，在天主的愛中觀一切。

A　宇宙圓融

「愛的圓融觀」觀自然界萬物，欣賞自然界每件物體的美好，愛這些美好爲造物主天主美好的印跡。詩人騷客歌詠自然界美景，以自己的情感注入萬物中，春花秋月，高山流水，隨著詩人騷客的感興而有悲歡。信仰天主的虔誠者，看著花草的美麗，對著海月的奇偉，瀑布的雄壯，崇仰造物主的美好。「愛的圓融觀」則不以自然物兩人格感情化，也不由物的美而上溯到美的根由造物主，而是由天主的愛而觀自然物，自然物的美好乃是天主愛的表露，自然物愈美，天主的愛愈大造。對著自然物即是對著造物主天主，欣賞每件物體的美好，愉快地體驗造物主的愛。自然物在「愛的圓融觀」裏是活潑的歌詠者，歌詠天主愛的奇妙。自然物已經神化了，也是天主的子女，就如同聖保祿宗徒所說：

『受造之物仍懷有希望，脫離敗壞的控制，得享天主子女的光榮自由。因爲

我們知道，直到如今，一切受造之物都一同歎息，……等待著義子期望的實現。』（致羅瑪人書　第八章　第二十節　第二十三節）

宇宙萬物同爲造物主所造，結成一體的生命，由人率領。人類墜落在罪海裏，遠離造物主，自然物也隨著遠離天主。人類因著基督的降生和基督成爲一體，作爲天主的子女，自然物也隨著而成爲天主的子女，歌詠天父的美好。「愛的圓融觀」實現自然界萬物對於義子的期望，在萬物中歌詠造物主的愛。義大利的聖方濟常以自然物爲兄弟姐妹，自然物也以這種心情相待，豹狼跟著他如同家犬，野鳥飛上他的手聽他歌唱。

『聖方濟對大自然洩露欣慕的泉源，並非自然物的本身，亦非聖方濟天生的性格，而是他強烈愛主之情。成德明鏡書上已恰當地描寫如下：「完全在天主聖愛內消逝自己的方濟，在一切受造物中看見上主的慈愛，所以他也以同樣親切誠懇的愛，撫育諸受造之物。」

自己是天主之嬌子的思想，完全佔住他，支配他，當然要將一切受造物，視爲天主的大家庭。任憑在何種造物身上，無有不驚歎天主的智慧、全能與恩愛。僅舉目觀看太陽、月亮和星辰，或任何大小受造之物，就會使他充滿難以形容的喜樂。

並且因爲它們完全起源於天主，所以也都與他有親屬的關係；一切都成爲他的弟兄姊妹，……它曾作太陽歌：

「至高全能全善的上主，
讚美，光榮，聲譽，宏福，都歸於祢，
惟有祢，至高的上主堪當承愛；
任何人都不配稱呼祢的聖名。

讚美我主爲祢的眾造物，
尤其是高貴的太陽弟兄；
它給我們帶來白晝與光明，
它是多麼美麗，發揮雄偉的絢光；
至高的天主啊，它多麼肖似祢！
讚美我主爲月亮、星辰眾姊妹，

祢曾創造它們在穹蒼之上；
又明亮，又高貴，又美麗。

讚美我主為風弟，空氣，雲霧，
為天時，不分陰晴，用以維持眾生。

讚美我主為泉水姊妹，
又謙卑，又清潔，用途又廣。

讚美我主為我們的熱火弟兄，
祢藉它光照黝黝的黑夜；
它多麼燦爛，快活，剛強有力。

讚美我主為地，我們的母親姊妹，
它培育我們，養活我們，
賜給各種佳果，五顏六色的花草！

讚美頌揚我主，

一切受造物請讚美祂，

謙虛自卑地服事祂，阿們。」』㉕

「愛的圓融觀」，不是神話，也不是童話，而是精神生命的旋律，以圓融的愛連繫宇宙萬物，神化宇宙萬物，一切旋流著天主神性的愛。在圓融的愛裡萬物都是美。

B 人類圓融

宇宙萬物已經在圓融的愛裏，結成一體，生命的旋律灌注在每一自然物中，作爲天主的子女。

自然物作爲天主的子女，藉著人類的生命而被提昇，自然物的本體仍舊是自然物，仍舊是不靈之物；但是因著人的心靈，使它們披上了一層精神的外衣，隨著人也幫助人將精神生命和造物主天主的生命相結合，分享人的圓融之愛。

人的靈魂因著洗禮結合在基督妙體內，和所有受洗的人結成一體，同是天主的

㉕ 聖五傷方濟的禮想 費爾德著 甘愼言譯，澳門 一九五〇年 頁三三五、三四六—三四九）

子女。天主的愛在人的靈魂上特別表現出來。萬物和我結成一體是在自然的生命上，因自然界的各級生命互相連繫。我的精神生命和別人的精神生命則爲同一生命，『四海之內皆兄弟也。』我領了洗，我的精神生命和基督的精神生命結成了一個妙體，即是我的靈魂和基督的復活後精神化的人體結合，再經過基督的人體而和基督的天主性生命相結合，成爲基督妙體的一部份，其他領洗者也同樣成爲基督妙體的一部份；因此，受洗者彼此間的結合是神化的基督妙體的結合，同爲天主的超性子女。沒有領洗的人在本性界和我也是兄弟，而且也可能成爲超性的兄弟。「愛的圓融觀」既然深深體驗天主高深的愛，而也體驗基督深摯的愛，對於人類兄弟乃具有超性的愛。聖保祿說：

『因此，我在天父面前屈膝，——上天下地的一切家族都因祂而得名，求祂……使你們能夠同眾聖徒領悟基督之愛是怎樣的廣、寬、高、深，並知道基督的愛是遠超越人所能知道的，爲叫你們充滿天主的一切富裕恩賜。』（致厄弗所書　第十八節）

聖保祿勉勵信友要在基督的愛內『根深柢固，奠定基礎。』（同上　第十七節）在基督天主的愛內，根深柢固的人，以圓融的愛觀看並接納一切的人，認爲天主愛的特選者，每個人都受有天主高深之愛，爲基督妙體的份子，爲天父特愛的子女。每個人的長處短處都消失了，所見到的乃是天主對人的愛。心中的感受乃是以圓融的愛誠切地愛人。聖嬰仿德蘭述說兩樁愛人的事，顯明地表現圓融的愛。

『院中一位有德行的修女，她一向有種本領，教我看去，全不順眼。……修女一身，說不盡的討厭。我不肯順從本性所生惡感之情，我向我說，愛德之爲用，不但在情分上，還該在行事上，發顯出來。於是對這位修女，我便下工夫，做上許多事，一如對於最友愛之人。每次遇見她，必爲她求天主，把她的德行功勞，獻於天主。我覺如此做法，大大討耶穌歡喜。爲的美術家無不愛人稱賞他的手工，吾主便是靈魂上的美術家，見人不流連別人的外表，知道看到別人的靈魂，欣賞別人靈魂爲天主所揀選的聖宮，讚美吾主的美術，妙絕無倫，吾主那得不歡喜。……

有一天，我本想逃避惡語回答她，修女笑容問我說：「我的小德蘭姐，我沒有一次遇到你，不是春風滿臉的，承你如此相傾相慕，是因我何點小善，彼此相投，可直言無隱否？」啊！我的磁石，我的琥珀，便是藏在我心頭的吾

主耶穌，祂拏極苦的黃連，變作極甜的蜂蜜。』㉖

以「愛的圓融觀」，不看人的外表，深入人的靈魂，靈魂乃是天主的愛之匯會所，才能對討厭的人發出誠摯的愛。聖德蘭在院中有一位生病的修女，行動不便，需人摻扶；但性情怪僻，動則怨人。聖德蘭遂自薦每天摻她進入餐廳，小心翼翼，一不小心，修女便喊：『你走得太快，要跌煞我也。』或喊說：『你跟我嗎？拉住我嗎？我不要栽觔斗嗎？唉！我說你太年輕，摻不來，不是不錯嗎？』後來竟能大得有病修女的信任，尤其感激德蘭的眉開眼笑。德蘭記述說：

『這小小愛人之事，已相隔多年，一回想問，吾主仍給我留著，天上的一股清香清氣。』㉗

好一股天上的清香清氣，超性圓融的愛來自天主，聖德蘭心靈充滿天主的愛，

㉖ 聖嬰彷德蘭　靈心小史　頁二二八、二三〇。
㉗ 同上，頁二六〇。

隨處以天主的愛愛人，心靈所享受的便是天上的一股清香清氣，不沾塵埃。

C　存在圓融——生命圓融

道教和佛教的超越，都是在存有本體上的圓融，道家的至人，發覺自己本體是「道」，捨棄形骸，和「道」相合，乃得大智，平等觀宇宙萬物，自己本體既與「道」合而爲一，便遨遊宇宙，超登天地之上。宇宙一切「存在」本體均已消失，所有的祇有「道」。在生活裏乃忘我忘物。佛教的佛，發覺自己的本體眞我爲眞如，空虛一切萬法，自己沉入眞如之中，然後反觀宇宙，一切即一，一切入一，祇有眞如。萬法本體都成空虛，祇在眞如上存立。佛便空虛一切，無所貪戀，心靜如水。

天主教精神生命的超越，精神生命的本體靈魂和基督神性生命本體相合，在神見或默觀的超越中，靈魂面對天主的本體，加上天主神性的生命，欣賞絕對的眞美善，融會在天主高深的愛中，超越生命雖是本體的結合，天主和人的本體仍各自存在，不相混混，在生命中則合而爲一。天主的生命爲愛，聖若望曾說：

『天主是愛。』（若望第一書　第四章　第八節）

在愛中，圓融爲一。天主教的超越生命不是冷靜的冰清生命，不是消失感情的平靜生命，也不是空渺虛浮的生命；而是最著實際，最有活力的超性愛的生命。不是高飛天際傾向不可攀登的天主，而是天主在我心內的生命。超越生命是生命本體的體認生命，生命根由和受造生命的結合，人乃以整個心靈喊叫天主為「天父」。

由天父的愛而和宇宙萬物相接，乃有圓融的愛，體認宇宙的每一個「存有」，無論是事是物，實際存在，見證天父的愛。

每一樁事，順逆不分，都帶著天父的愛。處理每一件事，猶如接受天父愛的恩賜。痛苦更是天父愛的證據；因為基督以痛苦十字架而得天父的寵愛，和基督相結便是和痛苦十字架相連。死亡為喜訊，報告進入天鄉。

『讚美我主為受妳而恕仇的人，
為忍受軟弱，飽嘗憂苦的人。
心地泰然受苦的人，眞是有福，
將要從祢，至高者，獲得榮冠。
讚美我主為死亡，死亡乃我弟兄，
任何人都不能逃脫了它。

身負死罪而逝世的人眞是有禍的，
然而敬遵主旨的卻是有福的；
來日的重死不能陷害他。』㉘

不怕痛苦，不懼死亡，世上還有什麼可怕的呢？祇怕罪惡，罪惡消滅愛，拆散和天主的結合，毀滅超越的生命。除罪惡外，宇宙萬有都是貿際「存有」，披有天主的愛，爲天主的愛作證。「愛的圓融」灌注精神生命以超性的天主愛，面對絕對眞美善本體，不可言宣，不可董述心靈充滿了愛生命根由之愛。日常生活，和事物相接，「圓融的愛」愛所接觸的每一個人，每一件事物。生命的旋律充溢著超性愛的情緒、意義、價值。現世的生命已是精神生命在來世「福觀」生命的起程。現世的一言一行，一舉一動，都留有天上的一股清香清氣。

乙、與主圓融

靈魂經過「黑夜」已經淨化了，已經空虛了，絕對的實體——天主，直接顯示給

㉘ 聖方濟的理想　太陽歌　頁三四八。

靈魂。這種顯示是一種最親密的結合，好似陽光照到玻璃杯，透入玻璃杯的各部份，陽光在玻璃杯各部份以內，和玻璃杯完全結成一體。

靈魂——相對的「存有」，遇到了自己「存有」的根，愉快地雀躍地衝入絕對的存有。

玄之又玄，眾玄之玄，絕對的眞美善，顯露給相對的渺小靈魂。靈魂面對無限的眞、美、善，整個地滿足了，喜樂滿心。孔子曾說：

『知之者，不如好之者，好之者，不如樂之者。』（論語　雍也）

直接面對絕對的眞美善，心靈所有的是好是樂。俗語說「瞪目相向」，不用思索，不用研究，不用分析，理智失去推理作用，只有興享。

天主直接顯露給靈魂，自體是精神光明，光照靈魂，不用想像，不用觀念。靈魂直觀天主。完全不能用感覺，軀體好似僵屍，但有生命，也不是夢寐，想像和感官都停止作用。只有靈魂精神體直接對越天主。聖保祿曾有經驗。

『我知道有一個在基督內的人，十四年前，被提到三層天上去——或在身內，我不知道，或在身外，我也不知道，惟天主知道。我知道這個人，或在身內，或在身外，我不知道，天主知道。他提到樂園（天堂）裏去，聽到了不可言傳的話，是人不能說出的。』（聖保祿　致格林多後書　第十二章　第二節）

神見，默觀，面對天主，興賞絕對美善，沒有觀念可以代表，沒有言語可以描述，更沒有文字可以紀錄。人世的觀念、言語和文言，都是相對的．局部的、暗昧的，不能表達絕對的眞美善。連記憶都不能相幫回憶，只能回憶有神見的一樁事，內容則不能回憶。

神見，或默觀，面對天主，乃精神生命超越到絕對頂峰，靈魂的精神生命融會在天主的生命中，靈魂本體沒有消失，自我意識仍然存在，靈魂知道自己面對天主。默觀，靜靜欣賞絕對眞美善，好似在人世面對非常美的畫，自然美景，或藝術品，祇有張著眼睛看，一句話也不說，一樁事也不想，祇有心中的滿足和愉快。默觀，欣賞天主本體，本體融在天主以內，快樂融融，快樂陶陶，心靈完全滿足。

絕對的眞美善，無限無垠，雖面對面地顯露給靈魂，靈魂總是有限的精神體，不能一下透視了整體的絕對眞美善。在身後的永常生命裏，默觀永久繼續，所欣賞的常是新的眞美善，乃稱爲「福觀」（visio beatifica）。

在現世的幸運者，達到神見，只是暫時的一閃。回到日常的生活，他的精神生命則融會在超性的境界中。神見的內涵，和默觀的快樂，已只有概括的回憶；但是神見或默觀時的愛，則存留不失，而且時常長進。

神見或默觀給予靈魂的神妙，是欣賞天主本體，欣賞而生愛慕。靈魂對天主的愛，是對生命根源的愛，是對一切恩惠的施主之愛，是對絕對眞美善之愛。天主對靈魂的愛，是對自己所造的生命之愛，是對自己所特選者之愛，是對純淨無染者的愛。

愛是生命的授受；造物主把自己本體授予靈魂，造物者本體乃生命的根由，又是一切美善的泉源；靈魂將自己整體獻於天主，以自己的生命投入造物主的生命。兩者都是生命的授予，所以是愛的圓融。

西洋天主教按照西洋的文化思想，以人世之最親密最透徹的愛爲男女的戀愛，男女以心身相受，結婚而結成一體一個生命，子女的愛則已是子從母出生而分離的愛，因此，爲象徵靈魂和造物主在愛的圓融中的愛，以男女的戀愛作爲象徵，稱靈魂和天主基督的結合爲「神婚」。「神婚」不是婚姻，絕沒有婚姻的意義，祇是借用成婚的男女彼此之愛，象徵圓融之愛。在舊約有雅歌（cantici canticorum），歌詠男女戀歌，天主教會歷代常認爲是天人結合的象徵。

『（新娘）請將我有如印璽，放在你的心上；
有如印璽，放在你肩上。
因爲愛情猛如死亡，
妒愛頑扣陰府；
它的焰是火焰，
是上主的火焰。
（新郎）洪流不能熄滅愛情，
江河不將它沖去，
如有人獻出全副家產想買愛情，
必受人輕慢。』（雅歌　第八章　第五節）

在我們中國人看來，這種象徵簡直是褻瀆神明。在古代希臘的神話裏，希臘的神明男女戀愛，悖情亂倫。天主教的雅歌則祇是象徵，象徵純潔而徹底的愛。

『而今而後，別無心願，惟願愛耶穌，愛到發狂而已矣。原來只有愛情，一塊吸鐵石，吸得動我。我而今而後，亦不專心求痛苦，亦不注意求死亡；雖則皆吾所愛，死亡我呼之爲報喜之人，來報喜信於我者。……我而今而後，一面懷抱痛苦，一面手捫天鄉之高岸。我從小，便想我這顆山花，一到春天，就該被天主收去，而今而後，則一心委託主命，聽主安排。這委聽二字，便是我的領港人，便是我的羅盤針。世上一無可熱切懇求的事件，只有懇求天主聖旨，一一承行於我身，於我靈魂而已。故唱十字若聖會祖之歌曰：

「入吾愛主之酒倉，既醉而出。
躑躅廣原，一無所識。
所牧羊群，一一散失。
我將用全心，竭力孝之。
羊群不再趕，職業非所知，
惟於愛主之愛，縈其懷以縈其魂。」』㉔

道家的「道」，佛教的「眞如」，爲絕對的實體；但爲一渺茫的實體，無位稱的實體，不是有心靈的神明，不能愛。天主乃一有位稱的神明，至高至上，至美至善，

㉔ 聖嬰彷德蘭　靈心小史　頁一八八。

有熱誠的愛，有體貼人情的智慧。天主一切至完善，至成全，至高深。天主的愛便至高深而至完美。靈魂的生命結合於天主的生命，接納了天主無限的愛，溶化在愛以內。這種愛不適合象徵爲男女之愛，可稱爲『生命之愛』。天主乃生命的泉源，愛所授與的生命；靈魂接受了天主所施的生命，整體生命傾流於泉源。兩方生命相授受，兩方的愛等於生命一樣深。

神見或默觀，提昇靈魂面見天主的本體，使相對的生命回到自己的絕對根由，使分得的眞美善，傾注到眞美善的絕對泉源。靈魂充滿興賞的快樂，整體生命化成了愛，融會在天主的神性愛中，生命神化爲愛。靈魂的本體在受洗禮時已提升與基督本體合而爲一，成爲天主的子女。神見或默觀實現基督神性的生命，面見天主本體，在生命授受的愛裏，融會圓滿。

神見或默觀爲超性的超越，邁出本性以上，相對的生命融合在絕對生命裏。面見絕對眞美善，快樂盈盈，不可言宣。神兒的境界乃偶然的境界，乃短暫境界；要等身後進入永生，「福觀」將永遠長留。

神見或默觀雖消失了，「生命之愛」的融會則不消失，靈魂在現世渡「愛的圓融」之生活。

第一本原稿，一九八四年　民七三年　七月廿四日脫稿

感謝天主

第二本修訂本，一九八八年　民七七年　四月廿四日修訂完畢

感謝天主

第三修訂本，「形上生命哲學」　民八九年　五月廿一日完畢

感謝天主

國家圖書館出版品預行編目資料

形上生命哲學

羅光著. – 初版. – 臺北市：臺灣學生，2001 [民 90]
面；公分.

ISBN 957-15-1060-2 (精裝)
ISBN 957-15-1061-0 (平裝)

1. 人生哲學
2. 形上學

191 90002357

形上生命哲學（全一冊）

著作者：羅光
出版者：臺灣學生書局
發行人：孫善治
發行所：臺灣學生書局
臺北市和平東路一段一九八號
郵政劃撥戶：○○○二四六六八號
電話：（○二）二三六三四一五六
傳真：（○二）二三六三六三三四
本書局登記證字號：行政院新聞局局版北市業字第玖捌壹號
印刷所：宏輝彩色印刷公司
中和市永和路三六三巷四二號
電話：二二二二六八八五三

定價：精裝新臺幣四二○元
平裝新臺幣三六○元

西元二○○一年九月初版

19110

ISBN 957-15-1060-2 (精裝)
ISBN 957-15-1061-0 (平裝)